JN418887

내 마음속의 비행기

내 마음속의
비행기

지은이 박준우
펴낸이 이충석
꾸민이 성상건

펴낸날 2011년 9월 30일
펴낸곳 도서출판 나눔사
주소 (우) 122-943 서울특별시 은평구 진관내동 529-1
전화 02) 359-3429, 359-3453 팩스 02)355-3429
등록번호 2-489호(1988년 2월 16일)
이메일 nanumsa@hanmail.net

ⓒ 박준우, 2011

ISBN 978-89-7027-072-2-03810

값 10,000원

박준우 산문집

나눔사

오늘도 머물 곳을 찾아

이 우주선 저 우주선을 향해 손을 벌리는

모든 은하계의 히치하이커들에게

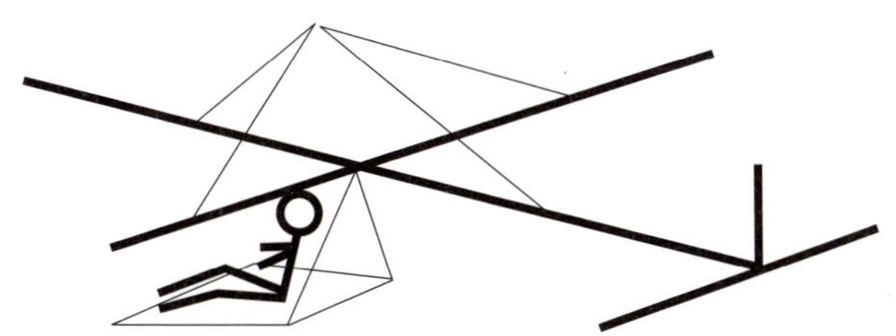

꿈꾸는 시간보다 더 행복한 시간이 있을까.
하고 싶은 그 많은 욕망들로 인해
삶은 언제나 어렵고 힘들지만
하고 싶은 대로 무엇이든 할 수 있는 세상
꿈을 꿀 수 있어서
우리는 오늘도 살아가는 것이 아닐까.

나는 그냥 꿈을 나누고 싶다.

깨어나는 아침을 맞으며
오늘도 일을 찾아 떠나는
젊은이들의 지하철 차칸에서
늦은 오후의 카페에서
공부에 지친 학생들의 책상 곁에서
낯선 도회의 건물 한 모퉁이에서
삶의 무게로 지친
모든 꿈꾸는 내 이웃들과

나만의 꿈이 아닌
모두의 꿈을
함께하고 싶다.

■ 목차

제1부

바람과 물의 이야기

바람과
물의 이야기

햇살이 드는 얕은 개울에 발을 담그고 흔들어 보라.
발가락을 파고드는 물살의 앙증맞은 감촉
물결을 따라 춤추는 빛의 희롱
나는 참으로 이런 평화로운 물살을 좋아한다.

바람이 잠든
봄의 강변으로 나가보라.
그리고 물위에 누워
하늘을 쳐다보라.

당신의 귀밑을 스치고 아지랑이를 흔들며
보리밭을 누비고 지나가는 바람
그 바람에 몸을 맡기고 함께 거닐어 보라.

그것은 마치 봄날 잔디 위에서
사랑하는 여인의 품에 누워
흘러가는 구름을 보는 것과 같다.

그리고 강가에 서서
물결 위를 노니는 바람에게
말을 걸어 보라.

바람은 살아있다.
이제 당신은 봄의 포근함에서 깨어나

서서히 몸을 일으키고
바람과 함께 물위를 달려 보라.

다시 물과 함께 바람을 거슬러 보라.
그리고 깨어나는 바람이

세찬 태풍으로, 노도의 물살을 만들며
감당할 수 없는 힘으로
정열의 여인과도 같이 당신을 휘감을 때
그 격정 속에 당신은 마침내 폭발하고 만다.

그리고 다시
언제 그랬냐는 듯이
봄날의 한없는 부드러움으로
당신의 머리칼을 어루만져 올 때
당신은 마침내
바람과 물의 노예가 되는 것이다.

그 하나,
내 마음속의 비행기

날아다니는 꿈

내가 꾸는 가장 행복한 꿈은 날아다니는 꿈이다. 꿈속에서 나는 불현듯 집을 나와 공중을 날고 있다. 마을을 벗어나 들로 산으로 날아간다. 높이 날랐다가 땅에 닿을 듯 낮게도 난다. 그 무중력의 황홀함, 위에서 내려다보는 세상의 앙증맞음, 아무리 위험한 산도 계곡도 그냥 가볍게 날아다니면서 들여다본다.

나는 스스로를 별로 운이 없는 사람이라고 생각하지만 꿈에서만은 행복한 사람이다. 무섭거나 슬픈 꿈을 잘 꾸지 않는다. 그리고 가끔은 날아다니는 꿈을 꾸기도 한다. 날아다니는 꿈을 꾼 날은 더없이 행복하다. 깨고 나서도 아침이 내내 즐겁다. 세상 근심도 일거리도 다 멀게만 느껴지고 그냥 누워 그 나른한 꿈을 마냥 즐기고 싶어진다. 내가 꿈을 꿀 때 느끼는 이런 행복감을 다른 사람들은 알기나 할까.

나는 마치 세상에서 나 혼자만 이런 꿈을 꾸는 것 같은 착각에 빠져든다. 그러나 이는 그저 나의 착각일 뿐이다. 〈눈사람〉이라는 애니메이션을 보면 작가 역시 나와 같은 느낌을 가지고 있다는 생각을 지울 수 없다.

새처럼 하늘을 나는 것은 인류의 오랜 꿈이었다. 그것은 지상에 착 붙어서 꼼짝 못하는 2차원적 한계로부터의 도피요, 2차원 세계를 희롱하는 3차원 존재만이 누리는 자유에의 희구가 아니던가.

고독했던 유학시절 아들에게 번역편지를 써주며 위안을 삼던 〈Flat Land〉라는 소설이 있다. 1800년대 이름이 알려지지 않은 신부가 쓴 책으로 아이들한테 '납작 세상' 이라고 번역하여 보냈는데, 그 책은 1차원의 점 세상과 2차원의 평면 세상 그리고 우리와 같은 3차원의 세상 이야기를 하고 있다.

우리가 보면 답답하기 그지없는 평면 세상에서도 사람들은 그 세상이 전부인 듯이 행복하게 살고 있고, 심지어 1차원의 점 속에서 꼼짝도 않고 일생을 보내면서도 세상은 넓도다 하면서 살고 있다. 그런 1차원이나 2차원의 사람들은 3차원의 세계가 어떤 것인지 짐작도 못한다. 마찬가지로 하늘을 나는 새가 바닥

존재를 바라보는 느낌 또한 우리 지상에 붙어사는 사람들은 짐작하기 어려우리라.

이런 새의 느낌을 조금이라도 가지고 싶어 나는 비행기를 탄다. 아직 새처럼의 자유는 아니지만 그래도 경비행기는 일상의 여객기에서는 느낄 수 없는 자유를 누리게 해준다. 몸으로 직접 바람을 맞으며 허공을 나는 짜릿한 기쁨을 말이다.

허공을 꿈속처럼 날아다닐 때 나는 동화 속의 피터 팬이 되고 언제까지나 어린아이로 남아 있을 수 있다. 날아다니는 동안 나는 꿈을 꾸는 것이다. 꿈을 꾸는 동안은 먹는 것 입는 것 걱정을 하지 않아도 된다. 세상 걱정이 없는데 더 무엇을 바라랴. 이제 모든 것을 잃어도 좋고, 이대로 이 세상을 떠나도 좋을 성싶다. 언제까지나 꿈속처럼 날 수만 있다면 말이다.

첫 만남, 감격의 하늘

내가 '처음 만났다' 고 말할 때는 '처음으로 그 생각을 하게 되었다' 는 뜻이다. 굳이 '만남(encounter, 해후)' 이라고 하는 것은 내가 생각해내는 것이 아니라 마치 누가 내 뇌 속에 주입하듯이 그 생각이 불현듯 내 머릿속으로 쳐들어오기 때문이다. 어쨌든 내가 비행기를 타고 싶다는 생각과 만나게 된 것은 유학을 떠나면서 피츠버그 공항에서 스테이트 칼리지로 경비행기를 타고 갈 때였다.

처음 가보는 미국 시골로의 여행은 미지에 대한 설렘으로 생각만으로도 이미 흥분되는 것이었다. 그런데 그 여행이라는 것이 열 명 남짓의 승객을 태우고 승무원도 없이 조종사만으로 나지막하게 나는 경비행기였다고 생각해 보라.

미국에 처음 도착하여 며칠을 누나 집에서 보내고 학교로 가는 날이었다. 지금은 유학이라는 것이 마치 옆 동네 놀러 가듯 다반사이고 쉬운 일이 되었지만 당시의 유학 여건은 지금과 비교하면 참으로 어렵고 드문 일이었다.

늦은 나이에 정부 장학금으로 겨우 유학이라는 길에 오른 우리에게는 모든 것이 모험이고 어려움이었지만 첫날부터 우리를 기다리고 있던 것은 이산가족의 아픔이었다. 학교 아파트를 배정받지 못하여 함께 지낼 수 없었던 것이다. 돈이 부족하지 않았다면 학교 밖 아파트를 얻으면 될 일이지만 박봉의 월급조차 어머니께 다 드리고 연수비 조금으로 살아야 하는 처지에 비싼 아파트는 언감생심이어서 학교 아파트가 나오기까지는 떨어져 살 수밖에 없었다.

일단 아내는 아이와 워싱턴의 친정 언니네 집에서 지내기로 하고 샌프란시스코 공항에서 우리는 헤어졌다. 나는 혼자 피츠버그 공항으로 날아갔다. 비행기에서 내려 스테이트 칼리지 행

탑승구가 있는 공항 한구석에서 우두커니 기다리고 있는데 이윽고 구내방송이 들렸다. 스테이트 칼리지로 갈 승객은 탑승하라는 것이었다. 당시만 해도 피츠버그 공항은 한적한 시골공항으로 현대적인 탑승구가 있는 것도 아니어서 버스 터미널처럼 탑승구 문을 열자 작은 비행기 한 대가 우리를 기다리고 있었다.

안내원도 승무원도 없이 어떤 남자가 비행기 밑쪽의 화물칸을 열며 짐을 실으라고 했다. 기다리고 있던 10명 남짓의 승객들이 각자 가방을 밀어 넣자 문을 닫고 난 그 남자는 비행기 표를 거두었다. 그리고 아무데나 앉으라고 했다. 나는 제일 앞자리에 앉았다. 앉고 보니 조종석 바로 뒷자리였다. 조종실과 객실 사이에는 칸막이가 없어 조종석이 다 보였다. 승객들이 모두 자리를 잡자 예의 그 남자가 조종석에 앉더니 "자, 출발합니다!" 하고는 엔진에 시동을 거는 것이었다. 이제껏 생각해오던 첨단문명의 미국과는 도무지 어울리지 않는 시골 풍경이었다.

비행기가 이륙하자 내 기대는 마침내 흥분으로 바뀌었다. 비행기는 겨우 3,000피트 높이의 낮은 고도로 펜실베이니아의 푸른 산골을 한가로이 떠가는데 이건 전혀 상상도 하지 못한 경험이었다. 마치 프랑스 소품영화를 감상하듯 비행기는 내가 손을 내밀면 대지를 스치기라도 할 것처럼 날아가는 것이다. 눈 아래 사람들의 동네가 손에 잡힐 듯 보이고 이따금 비행기를 향해 손을 흔드는 사람, 작은 집들, 그들의 안마당, 마을을 지나면 밭이 나오고 그리고 마침내 끝없이 펼쳐진 초원이 나타난다.

서울에서는 생각도 못할 태곳적 자연의 모습을 간직한 초원 위를 두 시간이라는 짧지 않은 시간을, 그것도 내내 바로 눈 아래 손으로 풀을 스치듯이 내려다보면서 날았다는 사실은 일생을 두고 잊히지 않는 기억이 되었다. 지금은 스테이트 칼리지도 도시화되어 10여 년 전의 그 모습은 많이 사라졌기에 더더욱 기억에 남는 여행이었다.

그렇게 감동적인 자연 풍경 속에 나 자신을 잊은 채 날다보니 어느새 저 멀리 타자기 리본 같은 까만 테이프 하나가 풀밭 위에 놓여 있는 게 눈에 들어왔다. 그 순간 비행기는 동체를 숙이고 하강하기 시작했고, 마침내 그 테이프 위에 살짝 내려앉았다. 그것이 내 감격의 첫 비행이었다.

공항이라는 곳이 그냥 풀밭 위에 난 활주로 하나뿐으로, 활주로 한쪽 옆으로 작은 자동차 길이 나있고, 그 사이를 철책이 칸막이하고 있는 것이 전부였다. 철책 옆으로는 간이 사무실에 낡은 책상이 놓여 있고, 그 앞에 젊은 직원 하나가 조는 듯 앉아 있었다. 그리고 주변이라고는 온통 녹색의 풀밭뿐.

나는 그 녹색에 사로잡혀 한참동안 넋을 잃고 서서 끝없이 펼쳐진 초원을 바라만 보고 있었다. 갑자기 태고의 적막 속에 혼자 버려져 난생 처음 대하는 풍경 속에 내 몸과 마음의 모든 것을 던져버린 채 지금까지 자라온 도시의 과거에서 단절되고 망각되어 가고 있었다. 조종사가 내려서 화물칸 문을 열어주고 승객들이 모두 자기 가방을 꺼내 하나둘 떠나고 난 뒤에도 한참을 나는 그냥 원시 속에 버려져 있었다.

겨우 정신을 차려 픽업을 부탁하는 전화를 걸고 기다리면서 문득 고을로 부임하던 사또가 지나가던 길의 풍경에 마음이 사로잡혀 부임도 않고 그냥 입산했다는 이야기가 생각났다. 나도 그냥 여기 눌러앉아 버릴까. 이 모처럼의 망각은 근 한 시간이나 지속되었지만 나는 그렇게 긴 시간이 지난지도 몰랐다.

"오래 기다리셨죠?"

나를 데리러 온 송 박사의 말을 듣고서야 불현듯 나는 잠에서 깨어날 수 있었다. 그것이 첫 만남이었다. 지금은 그토록 잊히지 않는 평화로웠던 마을이 어느 사이 사람들이 붐비는 도시가 되어 버렸다는 사실이 얼마나 우리를 우울하게 하는지….

어쨌든 그 잊지 못할 여행이 끝나고 나는 날고 싶다는 소망 하나를 가지게 된 나 자신을 발견했다. 그리고 이런 나의 소망은 오랜 시간, 아니 일생을 나와 함께하며 내 마음속의 비행기로 틈만 나면 꿈속에서, 바쁜 일상의 틈새에서, 그리고 잠깐 잠깐의 무료함 속에서 스테이트 칼리지 상공을 무시로 날아다녔다.

비행 입문

그러나 비행 입문은 참으로 어려운 과제였다. 초기 유학시절 학교 근처에 비행 스쿨이 있다는 정보를 입수했다. 나는 전화번호부를 샅샅이 뒤져봤지만 끝내 찾을 수가 없었다. 그래도 포기할 수 없어 시간만 나면 전화번호를 수소문하고 있었는데 어느 날 동네 신문에 비행기 추락사고 기사가 났다. 어느 건물 지붕에 불시착하면서 심하게 부서진 비행기 사진과 함께. 나는 비행에 대한 도전을 잠시 접을 수밖에 없었다.

그렇다고 날고 싶다는 욕망이 완전히 사라진 것은 아니어서 귀국 후 나는 여전히 기회를 찾고 있었다. 그러던 중 우연히 일산의 종합운동장에서 경비행기 한 대를 보게 되었다. 나는 마치 자석에라도 이끌리듯 비행기에 다가갔고 조종석에 앉아 있는 비행사에게 말을 붙였다. 이것저것 궁금해 하는 나에게 그 조종사는 신이 나서 설명을 해주었다.

현직 민간항공 조종사인 이 사람은 휴가 때 취미로 경비행기를 몬다는 것이다. 여객기 같은 큰 비행기와는 전혀 재미가 다르다며 여러 가지 이야기를 들려주었다. 가장 귀에 솔깃한 것은 한국에서도 비행을 배울 수 있다는 사실이었다.

그날로 집에 돌아와 인터넷 창에 '비행'이라는 검색어를 두드려 넣었다. 두드리면 열리리라. 과연 그랬다. 일련의 비행 스쿨들이 눈앞에 쫙 전개되었다. 그것은 마치 오래되어 낡아빠진 보물지도 한 장 들고 오지를 헤맨 끝에 마침내 보물상자와 맞닥뜨리는 느낌이었다. 와, 정말 한국에도 비행교육 과정이 있구나.

감격도 잠시 부지런히 사이트를 방문해가며 가장 저렴한 한국비행스쿨을 찍었다. 그리고 10월의 어느 일요일 아침 나는 안산으로 향했다. 적막하기 짝이 없는 텅 빈 공간에 컨테이너들이 여기저기 서있고 그 앞으로 작은 비행기들이 늘어서 있는 비행장은 평화로운 시골 풍경 그대로였다.

스키복을 입은 젊은 교관을 만나 간단한 인사를 나누고 바로 체험비행에 들어갔다. 엔진에 스위치를 넣자 굉음을 내면서 동체가 금방이라도 튀어나갈 듯이 떨기 시작했다. 그와 함께 서서히 앞으로 나아가는가 싶더니 이내 빠른 속도로 활주로를 내달렸다. 하도 빨리 달려 활주로 끝에 부딪치지 않나 하는 순간 기체는 공중으로 훌쩍 날아올랐다. 있는 힘을 다해 하늘로 오른 기체는 이어 좌측으로 선회하면서 더욱 높이 솟아올랐다.

이내 동체는 조용해지고 엔진 소리만 들리는데 눈앞으로는 허공뿐이었다. 시선을 조금 낮추니 바다가 보이고 여러 섬들이 눈앞에 펼쳐졌다. 무게감의 상실과 함께 나는 듯 멈추는 듯 엔진 소리 이외에는 아무것도 들리지 않는 고요 속에서 나는 불현듯 10여 년 전의 스테이트 칼리지 상공으로 돌아가고 있었다.

바다, 그리고 섬, 다리…. 이 모두가 그 오랜 세월 내 마음속의 비행기와 함께 놀러 다녔던 그 광경 그대로였다. 그래, 이것이야. 처음으로 비행기를 타던 날 나는 이렇게 말했다. 그래, 이것이야. 교관은 무섭지 않느냐고 물었지만 나는 왜 그렇게 묻는지 이해가 되지 않았다. 재미있기만 한데 무섭다니. 20분의 체험비행은 너무 짧아 아쉽기만 할 따름이었다.

행복한 아침들

나는 근무 때문에 훈련시간을 이른 아침으로 정했다. 출근시간 전에 새벽같이 비행장으로 나갔고, 바람이 잠잠한 날이면 틈나는 대로 비행장으로 향했다. 평소 늦잠이 많은 내가 어떻게 그 새벽 훈련을 감당했는지 모를 일이다. 아침이면 인터넷으로 인천지역의 기상을 확인하는 일로 하루 일과를 시작하고 자기 전에 일기예보를 듣고서야 잠자리에 들었다. 일어나면 먼저 굴뚝의 연기를 보고 바람의 속도를 가늠하는 일이 습관이 되었다. 한강 물이 잔잔하면 그렇게 행복할 수가 없었다. 바로 교관에게 전화를 걸어 약속을 했고, 날씨가 흐리거나 비가 오거나 바람이 심해 비행기를 못 타는 날은 하루 종일 우울했다.

말이 났으니 말이지 우리나라는 여러모로 비행 여건이 좋지 않다. 비행 공역이 매우 제한적인데다가 열악하기 그지없는 비행장 시설에 비행 가능일 또한 매우 적다. 수도권의 경비행기 훈련장이 모여 있는 안산이나 어도 지역은 기상이 가변적이어서 1년에 100일 정도 비행이 가능하다. 그러니 1년 내내 비행기를 타고 싶은 나로서는 언제나 부족함을 느낄 수밖에 없었다. 사실 내 적은 수입으로 1시간에 15만원씩 드는 비용을 감당하는 것도 비행 가능일 못지않게 나를 고프게 하던 요인이기도 했지만.

그래서 비행 약속이 된 날은 30분이나 1시간 전에 서둘러 나섰고 교관보다 적어도 30분 일찍 비행장에 도착했다. 이른 아침의 어스름한 비행장은 적막하기 그지없다. 혼자서 밤새 나를 기다리고 있던 엑스 에어(X-air)를 잡고 반가운 인사를 한다. 날개에 끼인 성에를 걷어내고 조종간을 움직여 날개의 움직임을 확인하고 동체를 이리저리 흔들면서 기체 이상을 체크한다. 그때까지도 교관이 나오지 않으면 자동차 위에 올라가 섰다 앉았다 하며 착륙연습을 하고 고도훈련을 한다.

내 이 극성 때문에 늦잠이 많은 교관은 매우 힘들어 했지만 덕분에 나는 갈수록 부지런해졌고, 나이 탓도 있겠지만 소위 아침형 인간으로 변했다. 12월 이른 아침에도 가볍게 일어났고 새벽 공기에도 추위를 전혀 느끼지 않았다. 으스름 밝아지는 동녘 하늘을 보며 안산으로 향하는 1시간의 운전이 전혀 지루하지 않았고, 오히려 이제 곧 난다는 기대로 흥분되기만 했다.

100시간 넘게 비행을 하고서도 조종간만 잡으면 긴장과 흥분으로 즐거웠다.

이윽고 교관이 나오면 간단한 인사를 하고 바로 훈련에 들어간다. 먼저 기름을 주유한다. 휘발유에 오일을 혼합하고 한 탱크 가득 기름을 채울 때 가슴 가득 차오르는 포만감을 느낀다. 다음으로 기체를 체크한다. 날개를 들거나 몸체를 움직이며 동체에 균열이 가거나 이상이 없는지 점검한다. 이어 조종석에 앉아서 조종간을 점검한다. 에어론을 움직여 날개의 움직임을 살펴보고 러더를 밟아보며 이상 유무를 체크한다. 조종간 체크가 끝나면 계기를 체크한다. 계기라고 해야 고도계와 속도계, 배기관의 온도계, 수평비행타, 연료계기가 고작이지만. 그래도 0점 조정을 하고 이상 유무를 확인하는 것은 안전비행을 위한 최소한의 조치다.

점검이 끝나면 이제 비행에 들어간다. 스로틀 밸브(throttle valve)를 두세 번 당겨 공기 흡입이 충분히 되도록 한 후 엔진에 시동을 건다. 고물 엔진이라 힘들기는 하지만 대체로 엔진은 힘차게 돌아간다. 엔진이 돌기 시작하면 계기판(EIS, engine instrumentation system)을 본다. 여름에는 과열되기 쉽고 겨울에는 시동이 어렵지만 아무래도 좋다. RPM과 CHT(Cylinder head temperature, 엔진의 피스톤이 움직이는 실린더 온도), 그리고 EGT(exhaust gas temperature, 배기가스 온도)를 체크한다. 택싱

(taxing, 이륙하기 위해 활주로로 비행기를 몰고 가는 일)하기 전에 CHT는 최소 200은 만들어 두어야 한다. 피스톤과 실린더의 재질이 달라서 충분히 예열하지 않고 급하게 엔진을 돌려서 온도가 급상승하면 팽창속도의 차이로 엔진이 엉켜 붙는 사고가 난다.

그래서 우리는 기다린다. 5분 정도 기다려(이때 참으로 인내가 필요하다. 이륙을 앞둔 이 5분이 얼마나 긴 지는 경험해 보지 않은 사람은 모른다) 바람의 방향을 확인하고(이륙이나 착륙 모두 바람이 불어오는 쪽, 즉 정풍을 향해야 한다. 배풍을 받으면 양력이 약해져 부양이 안 된다) 활주로를 택싱한다. 이어 이륙위치에 정열하고 좌우를 살핀다. 레프트 클리어, 라이트 클리어, 전방(공중 위, 다른 비행기기가 없는지) 확인 후(이륙하는 비행기는 착륙하는 비행기에게 활주로를 양보해야 한다) 엔진의 출력을 높인다.

마지막으로 온도가 220도가 되고 RPM이 3,490이 되면 브레이크를 풀고 기체를 출발시킨다. 기체가 출발하면 액셀러레이터 손잡이를 엄지손가락으로 밀어 속도를 올린다. 속도가 붙고 나면 최대의 출력을 내도록 손을 힘껏 밀어올리고 기체가 '왱' 소리를 내며 튕기듯이 튀어나간다. 이때 조종간을 당겨 동체의 앞을 들어 올리고 기다리면(이게 중요하다) 가볍게 비행기가 공중으로 솟아오른다. 이륙거리가 짧거나 공기가 가벼워 부양이 어려우면 기체를 인위적으로 들어 올려 강제로 부양시킨다. 그러나 이 경우 바로 조종간을 밀어서 기체를 내려주지 않으면 실속

(속력이 부족하여 충분한 양력을 얻지 못하는 현상)이 일어날 수 있다.

그렇게 해서 고도 500피트에 이르면 좌로 선회하면서 상승한다. 1,500피트까지 상승하면 방향을 바꾸어 어도로 향한다. 3,000피트에 이르면 RPM이 4,940에 도달하고 정속으로(순항속도는 대개 55MPH 정도) 수평비행으로 들어간다. 이제 CHT는 275, 그리고 EGT는 1,100을 가리키고 있다. 멀리 참조점을 잡고 수평을 유지하는 것은 처음에는 어렵지만 익숙해지면 아무것도 아니다. 그저 조용하고 엔진 소리만 들린다. 바람이 잔잔한 날은 엔진 소리만 귓가를 울리고 아무 움직임이 없어 가만히 머물러 있는 느낌이다. 가끔씩 고도계를 확인하고 일정 고도를 유지한다.

이제 훈련에 들어간다. 처음에는 회전 훈련. "레프트 턴 준비", "레프트 턴" 교관의 말을 반복하고 왼쪽 상공을 살핀다. 레프트 클리어, 그리고 가볍게 왼발 러더를 누른다. 동체가 기울어지면 에어론으로 조정하면서 서서히 선회에 들어간다. 속도가 떨어지면 조금 올리고, 선회가 끝나면 반대방향으로 러더와 에어론을 움직여 수평을 유지한다. 같은 식으로 우선회를 연습하고 상승선회, 하강선회를 연습한다. 조금 익숙해지면 비상훈련도 한다. 실속을 일부러 만들고 실속에서 회복하는 훈련도 한다. 처음에는 철렁 가슴이 내려앉지만 차차 익숙해진다. 비상훈련 시의 ABC. 착륙지점 찾기, 엔진 시동 다시 해보기, 그리고 활강으로 내려앉기 등 어느 경우나 침착한 것이 제일 중요하다. 고도만 충분하다면 활강만으로 착륙이 가능하니까.

내 사랑 엑스 에어(X-air)

내게 있어서 비행기를 타는 가장 큰 즐거움은 자신이 탄 비행기의 그림자를 보는 일이다. 풀밭 위를 또는 바닷물 위를 스치듯이 지나가는 비행기의 그림자를 보라. 그리고 그 그림자의 모습을 내가 마음대로 바꿀 수 있다 생각해 보라. 실제로 에어론을 전후좌우로 움직이거나 러더를 움직여 방향과 각도를 바꾸면 그림자도 길어지거나 짧아지면서 느리게 방향을 바꾼다. 또, 바닥이 울퉁불퉁하면 그림자도 그 면을 따라 굽어진다. 산책하듯이 풀밭 위를 미끄러져 가는 그 광경을 상상해 보라. 그 리드미컬한 움직임에 절로 조용한 웃음이 나올 것이다.

경비행기를 타는 묘미는 느리게, 그리고 낮게 나는 것에 있다. 이런 즐거움을 가장 잘 느끼게 해주는 것이 엑스 에어(X-air)다. 내가 운이 좋은 것은 바로 이 엑스 에어(X-air)로 비행교육을 시작했다는 사실이다. 우리나라에 가장 보급이 많이 된 이 프랑스 기종은 저속 안정성이 좋아 초보자가 배우기 쉽고, 사이드 바이 사이드 방식(좌석이 양옆으로 배치된 비행기)이라 마음이 편하고 교관이 가르치기에도 편하다. 말이 나왔으니 말이지 텐덤 방식 (좌석이 앞뒤로 배치된 비행기)으로 배우면 교관이 뒤에 앉아 있어서 조금은 불편하기도 하다. 또 착륙이 까다로워 배우기가 어렵다. 조금 낡기는 했지만 발아래가 훤히 내다보이는 조종석과 빨간 날개를 나는 참으로 마음에 들어 했다.

나는 자유를 난다

하늘에 오르면 일상의 모든 욕망과 근심에서 자유로워진다. 조금 전까지만 해도 다투고 전전긍긍하고 안절부절 하던 모든 것이 그저 부질없게만 느껴진다. 하늘에 올라보면 내가 내 몸에서 유리된 것 같은 생각이 드는 까닭이다. 마치 사람이 죽으면 영혼이 육신으로부터 이탈하는 것과 같은 느낌이다. 그렇다고

비행이 수련이나 수도의 길은 아니다. 사람들은 일상이 어려울 때 자기 수양을 통해, 또는 감당할 수 없는 엄청난 절망에 빠졌을 때 자기 구원적 노력의 결과로 마음 비우기(포기)를 통해 평정을 얻는 경우가 많다. 이때 세상의 욕망과 근심에서 자유로움을 얻는다. 이런 자유는 그러나 별로 유쾌하지도 또 쉽게 얻어지는 것도 아니다.

그렇지만 비행에서 얻는 평화는 수도적 결과로 얻어지는 것과 같은 초탈적인 것이 아니다. 그저 재미있고 즐거운 느낌을 통해 자유로움과 평정이 얻어진다. 또 비행은 자기 욕망과의 싸움이라는 어려운 과정을 거쳐야 하는 것도 아니다. 비행을 통한 자유로움은 연료통에 기름을 한 통 채우고 비행기에 몸을 싣는 것으로 간단히 이루어진다.

이륙과 함께 금방 세상의 것들은 멀어지고 작아지고 장난감처럼 변해간다. 500피트, 600피트, 1000피트 상공에서 눈 아래 굽어다 보는 세상은 더 이상 현실의 세상이 아니다. 그냥 가지고 놀고 싶은 장난감의 세계일 뿐이다. 지금까지 심각하게만 느껴지던 모든 사물이 그저 귀엽고 앙증맞고 재미있는 장난감들로 변하고, 그것들을 가지고 놀고 싶은 치기로 나도 모르게 작은 웃음이 나온다. 다시 고도를 낮추어 300피트, 200피트로 내려가면 이번에는 작은 모형 세상을 눈을 밀착하여 들여다보는 느낌을 준다. 마치 소인국에 온 걸리버처럼 말이다.

새들과 함께 날아 보라. 새 위에서 또는 새 아래에서 나는 초대받지 않은 그들만의 파티에 동참한다. 그럼에도 그들은 결코 적대적이 아니다. 눈 아래 굽어보는 바다도 해안도 지상에서 올려다보는 그런 세상이 아니다. 아무 것도 특별한 것이 없는 일상의 풍경도 작가가 손가락으로 프레임을 만들어 그 사이를 통해 들여다보면 새로운 풍광으로 다가오듯 작품 속에 던져진 현실은 현실보다 아름답게 느껴진다고 한다. 그냥 지나가다 발에 차이는 돌이라도 영화나 소설 속에서 주인공에게 차이는 돌은 특별한 돌이 된다. 일상의 어떤 것도 작품 속에서는 그 존재의 가치가 더 없이 올라간다. 작품이라는 틀이 일상의 하잘 것 없는 사물에 숨겨진 아름다움을 찾아내게 해주는 까닭일까.

그러고 보면 비행은 세상을 하나의 예술작품에 담아주는 그릇이다. 주말이면 발 디딜 틈도 없이 몰려드는 사람과 넘쳐나는 인파도, 고속도로 위의 긴 자동차 행렬도 나에게는 전혀 짜증나는 것이 아니다. 지금의 나에게는 이 모두가 그저 재미있는 광경일 뿐이다. 그 작은 자동차 안에서 발을 구르거나 짜증을 내거나 지쳐서 한숨을 쉬는 사람들, 얼마나 귀여운 내 장난감들인가. 이건 산타클로스가 실수로 어느 어린이에게 통째로 떨어뜨리고 간 크리스마스 선물 보따리가 아닐까.

바람과의 유희

비행은 또 구경 이외의 장난꺼리를 제공한다. 비행기는 바람의 희롱물이다. 작은 바람의 변화에도 비행기는 어쩔 줄 몰라 한다. 작은 몸짓 하나로 바람은 비행기를 들어올리기도 하고 끌어내리기도 하고 휙 밀어버리는가 하면 옆으로 뒤집고 흔들어 댄다. 이런 바람의 장난 앞에서 비행기는 파도 위에 출렁이는 나뭇잎에 불과하다. 그 위에 올라앉은 사람은 그저 속수무책일 뿐이다. 그런데도 나는 두려움보다는 재미를 느낀다. 그냥 바람이 흔드는 대로 흔들리면서 몸을 맡기고 바람과 함께 노닐다 보면 시간 가는 줄 모른다.

물론 이런 바람의 희롱 앞에서 내 존재의 미약함과 보잘것없음과 자연에 대한 경외감을 갖기도 한다. 그러나 이러한 경외감은 바다 속에서 느끼는 그것과는 차이가 있다. 바다 속에 들어가면 먼저 끝없는 공포를 느낀다. 이 공포는 다시 까닭 모를 절망과 고독으로 이어지고 비로소 자신의 미약함에 대한 인식과 함께 자연에 대한 외경의 감정으로 나타난다. 이에 비해 하늘에서는 공포나 고독의 느낌은 아주 잠깐이고 이내 끝없는 평화의 느낌만을 받는다. 말을 타면서 받는 우쭐함과 세상에 대한 교만이 바다에서는 확 사라진다면 하늘에서는 자연스럽게 재미로 바꾸어진다.

새처럼 나는 것이 아니라 나비처럼 난다

비행은 언제라도 그 나름대로의 즐거움을 선사한다. 아침 비행과 저녁 비행, 그리고 한낮의 비행, 그 모두가 독특한 재미가 있다. 기후에 따라서도 비행의 즐거움은 달라진다. 맑은 날의 비행은 세상이 잘 보여 즐겁고, 바람이 심한 날은 바람 속에 허둥대는 비행기에 몸을 맡기고 금방이라도 떨어질 것만 같은 긴장과 스릴로 시간 가는 줄 모른다. 어둠 속에서나 해무가 올 때의 비행은 신비한 세계로의 여행처럼 황홀한 경험을 하게 된다. 풀밭 위로 혹은 바닷물 위로 내 비행기의 그림자가 지나가는 모습을 본 적이 있는가.

영화 〈Out of Africa〉를 들먹이지 않더라도 하늘에서 내려다보는 세상은 정말 하나님이 왜 세상을 만들었는지 이해할 수 있게 해준다. 비행기 위에서 여자 주인공이 하는 말이 있지 않는가. "Now I understand why God made this world."(하나님이 왜 세상을 만들었는지 이제 알 것 같아) 커다란 계곡 위를 미끄러지듯 날아가는 조그만 비행기, 수풀이 우거진 녹색의 언덕 위를 마치 한 마리 나비처럼 스쳐 나는 듯한 그 광경은 경비행기를 타지 않는 사람일지라도 그 재미를 반쯤은 이해할 수 있지 않을까.

나는 이 영화 덕에 마음 한 구석에 아프리카 상공을 날고 싶다는 되지 않는 꿈을 가지고 있다. 어리석게도 나는 철이 들지 않는다. 그래도 하고 싶은 욕망은 내게는 통제 불능이다. 아내와 아이들에게는 면목이 없는 일이지만 그래도 언젠가는 아프리카로 가서 한달 정도 머물며 몸바사로 가서 경비행기를 빌려 초원을 날아야지 생각하고 있다. 그동안 여러 번 아프리카를 다녀왔지만 불행히도 이런 소망을 아직 이루지는 못했다. 아프리카라고는 하지만 제일 북단의 이집트가 고작이니 말이다. 그것도 출장이라(여행이 아니고) 시간도 없어 남아공은 너무 멀고 비행기는 엄두도 내지 못한 일이 아니던가. 역시 아프리카의 비행은 이루어지지 않는 꿈으로만 남아 있을 것일는지. 한 마리 나비처럼 언제 나는 그렇게 날아볼 수 있을까.

어도와 서해의 낙조

화성시의 어도는 우리나라 비행인들의 서식처다. 철새처럼 떠돌아다니는 비행인들에게 있어 채 개발되지 않고 남겨진 이 작은 섬의 매립지는 보금자리이자 낙원이다. 그러나 이곳 역시 개발의 위험에 고스란히 노출되어 있어 언제 이마저 잃어버릴지 모른다. 혹시 누군가가 철새를 보호하는 마음으로 비행인을 위해 이 서식처를 보존해주자고 나선다면 우리에게는 더 없이 고

마운 일이겠지만 철새보다 더 보호가치가 없다고 여겨지는 우리들이기에, 사치라고 동정도 받지 못하는 우리들이기에, 그래서 철거민처럼 저항 한번 못하고 떠나라면 떠나야 하는 것이 지금의 신세다. 그래도 아직은 많은 비행인들이 이곳에 둥지를 틀고 있다.

어도를 날아 하늘 높이 오르면 서해 바다가 눈앞에 펼쳐진다. 사실 물놀이 바닷가로서의 서해는 별로 좋은 곳이 못된다. 특히 오래 전 잠수를 하기 위해 갔을 때의 경험은 그 후 서해를 다시 찾지 않게 만드는 원인이었다. 그 물의 혼탁함과 짧은 가시거리, 볼 것 하나 없는 척박한 물속의 환경을 나만이 아니라 모든 다이버들이 싫어하는 것이다. 그런데 하늘에서 바라보는 서해는 물속에서의 그것과는 전혀 다르다. 그것이 개펄이든, 흐린 바닷물이든 우리 비행인에게 있어서는 아무런 차이가 없다. 그냥 넓게 펼쳐진 가없는 바다, 그 위에 점점이 흩어져 있는 섬들, 언젠가는 그 한 섬이 나의 보금자리가 될 것이라는 헛된 상상으로 나는 서해 하늘을 즐긴다.

나의 세상, 나의 영지, 나는 그 위를 지배하는 영주가 되는 것이다. 이 비행이 주는 자유와 건방짐과 분에 넘치는 공상으로 나는 그저 행복하기만 하다. 어도 그리고 서해가 언제까지나 우리 철새들의 보금자리로 남아있어 주기를…. 서해의 하늘에서도 나는 개발만능주의에 빠진 사람의 이기심을 원망하면서 인간에게 있어서 자연과 함께한다는 것이 이처럼 어려운 과제라는 것을 새삼 깨닫는다. 이기심을 버릴 수만 있다면, 욕심과 소유에서 자유로워질 수만 있다면, 사람도 새처럼 편하고 자유로울 수 있을 텐데…. 나는 정말이지 뼛속까지 비우는 한 마리 새이고 싶다.

해무를 만나다

비행을 하다보면 여러 가지 기상을 만나게 된다. 정상적인 기상이라도 바람이 요동치거나 비가 내리면 경비행기는 운항이 불가능하다. 그 중에서도 해무가 가장 두렵다고들 한다. 하루는 늦은 오전 훈련비행을 나갔다가 해무를 만났다. 처음에는 잘 모르고 출발을 했는데 구름 같은 것이 몰려오는 것이었다. 나는 경험이 적어 그때까지 별로 두려워하지 않고 있었는데 교관은 바로 돌아가야 한다고 했다. 우리는 급히 회항했고, 때문에 내가 해무를 경험할 수 있는 시간은 짧았다. 그러나 비록 짧은 시간이지만 해무는 나에게 잊을 수 없는 기억을 남겼다.

온몸을 감싸며 다가오는 수증기 뭉치들, 우리는 마치 안개 속을 나는 두 사람의 신선 같았다. 구름 속을 지나는 기분이 이렇겠지. 그 차가운 물기들과 함께 바람처럼 가벼운 공포들이 순간 나를 긴장시키고 경험하지 못한 세계 속으로 인도하는 것이었다. 온 세상을 가득 채운 차가운 수증기 덩어리들. 나는 그 속에 용해되는 하나의 분자가 되어 금방이라도 물질의 궁극적 구성 상태로 환원되는 것이나 아닐까, 어쩌면 이것은 사람들이 꿈꾸는 무지개 넘어 어떤 세상으로 가는 길목은 아닐까, 불현듯 그런 생각이 들었다. 나를 구속하는 나의 존재적 굴레를 버리고 중력의 굴레도 벗고 빛의 지배를 떠나 생각의 한계도 넘어 막힘도 걸림도 없는 절대자유의 초공간으로 넘어가는 것은 아닌가.

내 10대의 많은 시간을 불면에 시달리게 하면서 도무지 머리를 떠나지 않던 존재의 본질에 대한 그 숱한 고뇌들이 다시 살아나면서 나는 전율할 수밖에 없었다. 그렇다. 어쩌면 나는 이제 그 상상으로 괴롭던 개념을 실제로 체험하게 될지도 모른다. 그리고 나는 돌아오지 못할지도 모른다. 이런 생각으로 나는 말을 잊고 가만히 다가오는, 점점 더 크게 다가오는 수증기 덩어리들을 보고 있었다. 초인을 기다리는 예언자처럼.

이제 나는 위상수학의 이론으로만 상상하던 비유크리드 공간(Non-Euclid space), 수학적 개념으로만 존재하는 다른 차원의 초공간(hyper space) 속으로 조금씩 빨려 들어가고 있었다. 그래, 이제 나는 사라지는 것이다. 거대한 자연의 이 작은 몸짓 하나에 내 존재는 문득 의미 없는 편린으로 변해 버리고, 이 무한의 공간과 무한의 시간, 상상을 넘는 생각 속에 나는 버려지고 잊혀지는 것이다. 실체가 없는 관념 속에서의 조작적 존재, 상징적 존재, 어쩌면 처음부터 나는 존재하지 않는 것인지도 모른다. 그리고 나는 그 비존재의 영원한 망각 속으로 흔적도 없이 사라져 가는 것이다.

그런 짧은 무한의 시간이 지나고 나는 우리 비행기가 활주로를 찾아 하강하는 것을 보고 있었다. 그러나 그것이 우리가 떠나온 활주로라는 생각이 들지 않았다. 이미 모든 것은 변해 있었다. 내가 이제까지 살아온 그 세계는 방금 지나간 시간의 역사적 존재로 잊혀진 것이고, 사라진 것이고…. 어쩌면 처음부터 존재하지 않던 내가 만들어낸 상상의 세계, 상상의 시간 속에 원래의 모습으로 돌아가 버린 것이다. 그래서 나는 새로운 세계의 다른 비행장에 착륙하고 있는 것이다. 착륙을 끝내고 기체를 점검하면서 나는 다른 비행장에서 다른 사람과 만나고 있는 것이었다. 이 멍한 상태를 보고 교관은 아무 말도 하지 않았다. 아마도 내가 겁먹어서 그러려니 생각했을 것이다.

그러나 나는 이 기막힌 경험의 충격에서 벗어나지 못하고 이미 다른 세상의 사람이 되어 있었던 것이다. 짧은 해무와의 해후에서 자연은 나에게 많은 이야기를 남겨 주었다. 아마도 나는 그 메시지를 평생 간직하고 살아갈지도 모른다는 생각이 들었다.

착륙, 그 지독한 현실

비행에서 어려운 부분은 역시 착륙이다. 특히나 우리 현실에서 착륙의 난감함은 정말이지 어떻게 할 수 없는 지독한 현실이다. 비행 중에는 시야를 가로막는 아무 것도 없이 그렇게도 자유로운 공간이 착륙지점으로 기수를 돌리는 순간, 갑자기 장면이 바뀌며 아파트의 무리가 나타나고 전신주와 자동차가 뒤엉킨 시장이 눈을 찌른다.

나는 훈련 후반부에는 송도에서 비행연습을 했는데 어찌나 빠르게 변화하는지 처음 시작할 때 조금 남아 있던 공터가 모두 아파트 단지로 바뀌어 아파트 건물과 공장 건물이 뒤섞여 있고 도로 위에는 자동차가 끊임없이 다니고 전깃줄이 복잡하게 얽혀 있었다. 그래서 이륙하는 것도 쉽지 않지만 송도비행장(말이 비행장이지 주차장 옆에 붙은 공터일 뿐이다)에 착륙하는 것은 복잡한 장애물을 헤치고 손가락 길이의 짧은 활주로에 고래 같은 덩치를 얹히는 것 같아 곡예비행이 따로 없었다.

극도의 긴장 속에 계기를 보고 바람의 방향과 착륙지점을 잠시 확인하고는 방향을 잡고 시선을 아래에 집중한다. 기수를 숙여 땅과 가까워지면 밀도 높은 대기의 탄력이 팽팽한 긴장감으로 온몸에 전해온다. 스로틀을 살짝 당겨 엔진의 출력을 줄이면 비행기는 노래 소리를 낮추고 땅으로 내려앉는다. 땅에 충분히 가까워지면 기수를 들어(1차 flare) 평형을 유지하고 땅이 눈 아래로 흐르듯 보이면 다시 한 번 기수를 들어 올려(2차 flare) 조금 위로 향하게 한다. 그렇게 해서 기수를 들고 가다가 뒷바퀴가 먼저 땅에 닿게 한다(이 과정이 제일 어렵다, 소위 소프트 랜딩의 모든 기술은 어떻게 뒷바퀴를 부드럽게 땅에 닿게 하느냐 하는 것이다).

이 과정에서 나는 항상 새가 앉는 모습을 상상하면서 착륙을 부드럽게 하려고 애쓴다. 새의 앉는 모습을 보면 날개를 넓게 벌려 속도를 줄이고 하강속도와 전진속도를 절묘하게 균형을 맞추며 정말 부드럽게 내린다. 그리고 땅에 발이 닿는 순간 종종걸음으로 달려가면서 천천히 정지하는데, 이 부드러운 착륙의 모습은 내가 그리는 이상이지만 새의 입장에서 보면 얼마나 거칠게 땅과 다시 만나는지, 저들이 얼마나 많은 시간을 착륙 연습에 쏟았는지 짐작조차 하기 어려운 것도 사실이다.

뒷바퀴가 땅에 닿은 상태로 활주로 위를 미끄러지다가 서서히 중력에 굴복하며 기수를 내리면 앞바퀴가 닿는다. 그대로 활주로 위를 달리다가 천천히 브레이크를 잡아 기체를 멈추면 착륙은 끝이 나는 것이다. 나도 모르게 한숨이 나오고 엔진을 끄고 나서도 좌석에 앉은 채 한동안 꼼짝도 않는다. 내가 착륙했다는 사실이 현실인지 확인하기 위해 사방을 둘러본다.

엔진 고장과 비상착륙

비행에 있어서 착륙만큼 어렵고 또 감격적인 것은 없다. 비행기 바퀴가 땅위를 미끄러져 공중으로 날아오를 때마다 모든 조종사는 마치 첫 비행인양 설렘과 함께 불안감을 느낀다고 하는데, 이는 곧 착륙에 대한 불안감 때문이 아닌가 생각한다. 착륙의 불안감은 엔진 고장이 언제라도 일어날 수 있다는 데 기인한다. 아무리 좋은 비행기를 타도, 아무리 정비를 잘 한다 해도 엔진은 고장이 난다. 언젠가는. 엔진 고장이 아니라도 비상착륙이 필요한 경우는 수도 없이 많다. 가장 간단히 연료가 떨어져서(참으로 이해하기 어렵지만 실제 연료는 예기치 못한 사정으로 자주 바닥이 난다. 그리고 자동차를 타고 가다가 연료가 떨어지면 그 자리 서 있을 수라도 있지만 비행기는 공중에 서 있을 수가 없으니까), 성애나 얼음 때문에 연료 공급이 멈춰서, 또는 엔진이 과열되거나 고장이 나서 그냥 중력만으로 착륙해야 하는 일은 생각보다 자주 일어난다.

비상착륙은 동력이 없이 활강으로 착륙하는 것인데 안전고도만 확보되면 어려운 일은 아니다. 연습상황에서 혹은 익숙한 공역에서의 이러한 비상착륙은 그저 비행기에 몸을 맡기는 것만으로 쉽게 해결이 되기도 한다. 기체는 스스로 균형을 잡는 경향이 있고 정상적인 바람에서는 안정적으로 활강하기 때문이다. 안전한 고도만 유지하고 있었다면 기체의 자율능력으로 우리는 무사하게 착륙할 수 있다.

그러나 문제는 안전고도를 놓치는 경우에 일어난다. 안전고도를 놓치는 일은 육안비행보다 계기비행에서 더 자주 나타난다. 흔히들 사람의 육안보다는 계기가 더 정확하다고 생각한다. 그러나 초경량 비행기에 있어서는 꼭 그렇지만도 않다. 계기는 언제라도 고장이 날 수 있기 때문이다. 특히 몇 십 년 된 고물 비행기가 대부분인 한국의 비행 현실에서는 아예 멈추어 있는 계기도 적지 않다. 반면에 조종사의 육안과 직감은 고장이 나지 않는다. 그래서 조종사는 계기보다는 육감에 의존한다. 날씨가 흐리거나 기상 사정으로 시야가 확보되지 않는 경우에는 계기에 의존할 수밖에 없지만.

또 너무 낮게 날아서 안전고도를 놓치는 일도 많다. 조금 익숙해진 조종사가 가장 흔하게 경험하는 위험은 너무 낮게 비행하는 것이다. 저공비행의 매력에 이끌려서 혹은 방심하여 너무 낮게 나는 경우가 발생한다. 이때는 정상적으로 작동하는 계기마저 전혀 도움이 되지 않는다. 계기를 읽기에는 시간이 너무 촉박한 것이다. 이런 경험을 내가 좋아하는 아프리카의 여류 비행사 베릴은 이렇게 고백하고 있다.

갑자기 조종석에서 지상의 돌들이 눈에 들어오고 울퉁불퉁한 바닥이 보이면 이미 너무 지상에 가까이 와 있다는 것이며, 이때는 생각하는 시간조차 너무 길어서 도움이 되지 않는다. 그저 본능에 의해 조종사의 손이 조종사도 모르게 조종간을 당겨 추락을 막는다. 이때 조종사의 손은 철저하게 조종사와 남이 된다.

그렇다. 급박한 순간에 내 손은 보이지 않는 곳에서 내 의지와는 상관이 없이 그의 역할을 수행한다. 나라는 낯선 존재 앞에서 나는 무시한 채 부지런히 움직이는 손, 그 손의 움직임을 보는 것은 전혀 경험하지 못한 정적을 경험하는 것이다. 육감이 제대로 작동하지 않는다면? 나는 그런 생각을 해본 적이 없다.

비행기 길들이기, 혹은 바람 길들이기

세상엔 많은 종류의 비행이 있다. 날씨의 종류만큼이나 다양한 비행이 있고 지역마다 다른 종류의 비행이 있다. 같은 공역에서의 비행도 계절마다 다르고 같은 기종의 비행도 조종사에 따라 다르다. 사람마다 다른 목소리를 가지고 있듯이 같은 기종의 비행기라도 조종하는 사람에 따라 다른 소리를 낸다. 그게 비행이다. 그래서 세상에는 비행기의 종류만큼이나 또 조종사의 수만큼이나 많은 종류의 비행이 있다.

그러나 비행기와 조종사가 함께 자연에 도전한다는 점에서 모든 비행은 똑같다. 사람은 장애물과 겨뤄봄으로써 자신의 한계를 이해하게 된다고 하는데, 그 장애의 근본은 우리가 발을 딛고 사는 대지로부터 온다. 대지를 벗어나려는 노력으로부터 우리는 대지의 비밀을 이해하게 되고 자신의 한계와 자연의 비밀을 모두 이해하게 되는 것이다. 진정으로 사물을 이해하는 것은 사고가 아닌 내 몸이 수행하는 행동으로부터 나온다고 믿는 점에서 나는 생떽쥐베리나 말로, 헤밍웨이와 같다고 생각한다.

사실 용감하지도 강하지도 못한 내가 각종 위험에 몸을 맡기는 것은 바로 세상을 이해하기 위한 행동이라고 나는 억지로 변명하곤 한다. 그런데 그런 많은 어리석은 장난 중에서도 비행은 모험과 함께 알지 못하는 것의 발견으로부터의 기쁨, 이런 것을 이해하고 느끼기에 가장 쉬운 방법이다. 그래서 나는 비행이야말로 직접적으로 자연을 이해하는 행동으로 인식한다. 이는 베릴도 마찬가지일 것이다. 베릴은 말한다. 그것은 마치 '하늘이 만들어 놓은' 넓은 링의 한복판에 남겨진 권투선수와 같이 조종사가 '그의 비행기를 사이에 두고 산, 바다, 폭풍우와 한바탕 싸움을 벌이는 것' 이라고….

이러한 자연에의 도전에 있어서 비행기와 조종사는 파트너를 넘어 한 몸이다. 그것은 대부분의 조종사는 기체의 전해오는 말을 통하여 안개와 폭풍우의 전조를 찾아내고 바람의 움직임과 변화의 경고(베릴은 '밤의 상징' 으로 정의한다)를 읽어내기 때문이다. 조종사에게 있어 살아있는 존재인 비행기는 조종사에게 끊임없이 이야기를 한다. 러더를 밟고 있는 발을 통해, 에어론을 잡고 있는 손을 통해 비행기는 그의 근육을 꿈틀거리며 말을 걸어온다. 조종사는 다양한 비행기의 말을 모두 이해한다. 프로펠러의 웅웅거리는 소리, 이따금 강철선과 알루미늄 합금이 공기와 부딪히고 마찰하며 내는 삐거덕거리는 소리, 비단을 찢는 것 같은 쐐쐐하는 소리, 이 모두가 비행기가 조종사에게 서로 다른 내용의 말을 걸고 있는 것이다.

그러나 조종사와 비행기가 이렇게 한 몸이 되는 순간은 천천히 온다. 베릴은 아예 비행기를 '본래부터 의무태만인' 존재로 단정하지만, 정말 '날개는 성실하게 날기보다' 자기를 지배하는 손에서 벗어나지 못해서 안달을 한다. 러더를 밟아도 도무지 움직이지를 않고, 에어론도 '극심한 반항아' 처럼 조종사의 손힘에 계속 저항한다. 기체는 조종사가 향하는 지평선을 떠나 다른 곳으로 흘러 가버리려 하고, 아예 조종사를 떠나 달아나려고 한다.

내가 처음 착륙연습을 한참 할 때는 도무지 기체가 내 말을 듣지 않아 쩔쩔맨 때가 한두 번이 아니었다. 어도의 해안매립지는 바닥이 단단해서 착륙장소로는 아주 이상적이지만 평평한 넓이가 작아서 활주로 길이는 정말 짧다. 조금만 벗어나도 둔덕에 처박히고 말 정도이다. 그래서 극도로 긴장하고 기체를 정열(활주로 정대)시키려고 애를 쓰지만 기체는 내 마음은 아랑곳없이 제멋대로 가려고 한다.

대지는 무서운 속도로 다가오는데 러더를 밟아도 기체는 도무지 꿈쩍을 않고, 그러다가는 또 너무 반대방향으로 틀어서 활주로를 벗어나고, 지그재그로 활주로 위를 달리다가 결국 활주로 정대를 못하고 다시 'go around'(장주 비행, 다시 한 바퀴 도는 것) 하는 경우가 적지 않았다.

그러나 훈련을 통하여 (기다림에) 많이 익숙해지면 기체가 말을 듣기 시작한다. 내 손과 발이 시키는 대로 기체가 움직이기 시작하면 비행기야말로 얼마나 부드러운 존재인지…, 우리는 마침내 한 몸이 되어 세상을 난다. 나는 기체와 함께 기체는 나와 함께.

비행은 지구를 다시 만드는 것이다

초경량 비행기 혹은 스포츠 비행기의 좋은 점은 사방이 트인 조종석을 가지고 있어서 앞은 물론 뒤와 아래 날개 너머까지 잘 보인다는 것이다. 내려다보면 마치 몸이 혼자서 허공을 날아다니는 느낌이다. 비행기 아래로 보이는 대지는 여름이면 더운 수증기가 가득 차 있고, 수증기는 물결이 되어 위로 솟아오르며, 타는 불의 열기가 불티를 공중으로 띄우듯 기체를 위로 띄워 올리기도 한다. 겨울이면 차가운 공기가 굳건하게 기체를 들어 올려서 단단한 땅 위를 굴러가듯 지극히 안정된 비행을 제공한다. 그리고 낯선 지역으로의 비행은 낯선 것 이상의 신비로움을 제공한다. 설익은 광경은 조종사의 상상력으로 인해 어떠한 모습으로도 보일 수 있기 때문이다.

그래서 나는 비행기로 하늘을 난다는 것은 지구를 감상한다기보다는 지구를 재료로 하여 새로운 행성을 창조하는 것이라고 생각한다. 땅과 하늘과 바다, 그리고 사막 위를 걸어가는 바람의 발자국을 보라. 구름 아래서는 황혼에 물든 총천연색의 아름다운 모습이지만 구름 속에서 느끼는 망망대해의 안개와 사라지는 투명의 융해, 그리고 구름 위에서 바라보는 끝없는 평원, 지상에서는 느끼지 못하는 이 새로운 지구는 비행기를 타는 조종사에게만 허용되는 캔버스인 것이다.

조종사는 거기에 다시 스스로의 상념을 투영함으로써 감상하는 주체와 객체가 하나가 되는, 어느 누구도 경험할 수 없는 새로운 세상을 만들어낸다. 나는 지금도 첫 비행의 감격을 기억한다. 시각의 마력이 나의 세계를, 나의 삶 전부를 그릇에 담긴 낱알로 축소시키는 것을 보고 나 아닌 다른 존재에 내 운명을 맡기는 법과 정처 없이 떠도는 법을 배우던 그 첫 경험을 비행 때마다 떠올리고는 한다.

정말이지 비행은 비행기와 조종사가 공동으로 수행하는 예술작업이다. 나는 안다. 비행기가 만들어주는 창작의 영상을, 그리고 그 음률을. 그래서 이따금 비행기와 함께하는 지구의 여행이 너무도 아름다울 때는 에어론을 잡은 손을 멈추고 제 멋대로 가게 내버려둔다. 비행기는 한편으로 기울고 세상 풍광이 비스듬히 누운 액자 속으로 들어온다. 그때 내 액자 속으로 들어오는 지상의 풍광은 현실의 것이 아니다. 샤갈과 미로와 같은 비현실적인 상상들이 존재의 모습을 띠고 등장하는 것이다. 깜작 놀라 다시 비행기를 바로잡으면 상상은 사라지고 현실의 지상이 다시 나타난다. 불안한 감상자를 안심시키기라도 하듯.

또 비행은 지금까지 느껴보지 못했던 새로운 정적을 선사하기도 한다. 정적에도 여러 종류가 있다. 숲속의 아침에 느껴지는 정적, 잠든 도시의 정적, 폭풍우 뒤의 정적과 폭풍우 전의 정적, 생명 없는 물건의 정적, 방금 전까지 경쾌한 소리를 내던 피아노나 북들의 정적, 누군가가 앉아서 수다를 떨던 그 삐걱거리던 의자의 정적….

비행기를 타면 그 모든 정적의 정수가 소리 없는 메아리 되어 주위를 맴돈다. 끊임없이 움직이고 있으면서도 모든 것이 정지한 듯 느껴지는 미니어처 세상 속으로 들어온 이 낯선 정적…. 오늘도 나는 달린다. 모든 것이 정지한 영원 속을 오직 마음의 시간으로….

귀환, 그리고 밤으로의 착륙

일과를 마치고 귀가하는 조종사의 느낌을 짐작할 수 있을까. 혼자서 비행하는 시간이 없어지고 여행이 잦아진 요즈음 착륙하는 여객기 좌석에서 나는 자주 생각한다. 오랜 비행에서 착륙장소로 돌아올 때 눈앞에 펼쳐지는 도시의 불빛, 천천히 자태를 나타내는 사람들의 둥지, 낯익은 풍광, 저만치 하나의 점으로 다가오는 비행장과 불 밝힌 활주로, 조종사에게 이런 것들의 의미는 아무리 비행의 역사가 길어지고 바뀐다 해도 결코 변하지 않을 것이라고.

겨우 한두 시간 비행하였는데도 마치 몇날며칠을 여행한 것처럼 오랜 세월을 사람들의 세상에서 떨어져 산 것 같은 기분이

기도 하고, 돌아오는 길이 영원처럼 멀어서 이제는 정말 사람들의 세상으로 돌아가지 못할 것만 같은 감정…. 이러한 감정은 조종사들의 몸에 밴 착륙에 대한 불안감과 긴장감이 그 원인이겠지만 떠나고 싶었던 일상에서의 탈출이 얼마 지나지 않아 돌아가고 싶은 향수로 변하는 방랑자의 변덕스러운 심리 탓이기도 하리라.

그리고 긴긴 비행 끝에 갑자기 맞닥뜨리게 되는 낯익은 지구의 모습, 얼마나 반가운 정경인가. 그런데 갑자기 낯설음과 어색함이 나를 공격한다. 어제 보고 또 그저께 본 지극히 낯익은 풍광이 도무지 어색하기만 하고 어쩐지 나를 거부할 것만 같은 생각으로 돌아가기 싫어진다.

서먹서먹하기만 한 내 실존의 세상, 불 밝힌 활주로와 창밖으로 빛을 쏟아내는 건물들, 그리고 안간 힘을 다해 안전한 저들의 속으로 돌아가려고 하는 수많은 여행자들이 아직도 헤어나지 못하고 있는 이 광활한 어둠의 존재를 알지도 못하는 듯 저들만의 세상에 침잠해 있는 불빛 속의 낯선 존재들. 그것은 오래 전 오디세이가 오랜 항해에서 돌아와 고향의 바닷가 풍경을 보았을 때의 느낌과 다르지 않을 것이다.

이륙과 착륙, 그 영원한 윤회

조종사가 이륙에서 받는 느낌과 착륙에서 받는 느낌은 참으로 다르다. 이륙은 떠남을 의미한다. 잊혀짐을 의미한다. 지금까지 나를 알고 나를 사랑하던 모든 사람으로부터 잊혀짐을 의미한다. 그래서 조종사는 떠남을 싫어한다. 그러나 시간은 어김없이 다가와서 떠나야 한다. 조종사의 의지와는 상관이 없이 비행기는 지상을 떠난다. 조금 전까지만 해도 나라는 존재를 포로처럼 꽉 잡고 놓아줄 것 같지 않은 그 단단한 현실을 나와는 전혀 상관이 없는 남의 세상으로 만드는 것, 그것이 이륙이다.

그럴 때면 나는 죽음이란 것도 어쩌면 비행과도 같은 것이 아닌가 하고 생각한다. 삶의 무게에서 벗어나는 것, 마치 평면 세상(Flat Land)에서 입체를 사는 사람이 공중으로 떠나듯이 이 차원을 넘어 다른 차원으로 잠시 떠나는 것은 아닐까 하고. 떠나는 사람은 공중에서 다른 세상을 구경하고 있는데 평면 밖에 모르는 사람들은 그가 (평면) 세상을 떠나 죽은 것으로 생각하는 것이다.

그리고 이 사람은 잠시 후 평면 세상으로 돌아오지만 시간의 속도 차이로(공중에서의 한두 시간이 평면 세상에서는 몇 백 년 아니 몇 천 년이 된다면 말이다) 자기와 같이 지내던 사람들도 자기처럼 다른 세상으로 나들이를 가고 없는 세상으로 돌아오기 때문에 자신이 떠났던 세상과는 다른 세상(사후세계)으로 돌아오는 것은 아닌지.

결국 죽음이란 한 세상에서 다른 세상으로 잠시 나들이 가는 것이라는 생각으로 나는 이륙하는 시간을 죽음의 느낌으로 받아들인다. 그리고 죽음의 문턱을 넘어서면 구속이 사라지는 자유가 시작된다. 언제까지나 끝나지 않을 것 같은 암흑의 허공 속에서 생각은 몸을 떠나 해파리처럼 유영하고 비행기는 조종사를 떠나 혼자서 몸만 남은 조종사를 싣고 제 멋대로 가버린다.

이렇게 해서 하늘에서 나는 지상의 사람들과 다른 종족이 되어 버린다. 아까까지도 같이 이야기하고 떠들던 그 사람들과 영원히 같이할 수 없는 유랑자, 외계인, 그렇게 나는 지구를 떠나 다른 세상으로 날아간다. 그리고 오랜 시간이 지나 창밖으로 문득 낯익은 풍광이 나타난다.

그런데 이 무슨 일인가. 조금 전까지도 그렇게 돌아가고 싶은 지구를 만나는 순간 불현듯 돌아가기 싫어지는 생각의 반란을 경험한다. 그것은 마치 미지의 행성에 대해 느끼는 두려움과도 같다. 다시는 빠져나오지 못할 알지 못하는 세계로 들어가는 느낌. 그래서 이륙만큼이나 착륙은 조종사에게 내키지 않는 일이다.

그러나 반란도 잠시, 내 몸은 주인을 잃고 서서히 현실 속으로 속절없이 끌어내려진다. 그럴 때의 나라는 존재가 느끼는 낯설음의 정체는 무엇일까. 비행기에서 내려 발을 딛는 땅바닥은 어쩌면 그리도 낯선 것인지. 다시 만나는 사람들 또한 얼마나 낯선 것인지. 이들은 나를 이전의 나로 기억하는 것일까. 정말 이들 속에 다시 함께할 수 있을까. 모두가 나를 거부할 것만 같은 서먹서먹한 내 실존의 세상…. 외계인이 지구에 도착한 느낌이 이런 것일까.

이런 생각들로 인해 내가 생각하는 귀환은 언제나 처연함으로 그 끝을 맺는다. 어둠이 찾아와 희미한 가로등으로 골목길이 밝혀진 동네 위로 비행기가 내릴 때 내가 살던 곳이면서 낯선 동네로 돌아오는 오랜 여행자의 고독을 느껴본 적이 있는가. 아무도 기억하지 못하는 혼자만의 무용담을 들고 언덕길을 오르는 노인의 가슴저리는 쓸쓸함을 말이다. 이런 이유로 나는 생떽쥐베리와 헤밍웨이와 말로를 누구보다도 사랑한다. 그들도 나와 같은 처연함의 희생자라고 믿기 때문이다.

하나의 작은 행성이 되어

생떽쥐베리는 '조종사는 본질적으로 유랑자'라고 정의하고 있다. 우편기 조종사인 그에게 있어서 "조종사의 방은 언제나 대기소이고, 조종사는 사무실의 짧은 통고 한마디로 짐을 가방 하나에 모두 싣고 홀연히 떠난다. 그전까지의 정들었던 모든 관계를 끊어 버리고" 새가 앉았다 떠나듯 아무런 흔적도 남기지 않은 채 돌아올지 알 수 없는 길을 떠나야 한다. 창밖으로 정원을 내다보다가 갑자기 "어, 저기 새 한 마리가 앉아 있네." 그러다가 잠시 돌아서서 다시 밖을 보고는 "어, 없네." 그렇게 한 마리 새가 되어 조종사는 떠난다. 정말 있었는지도 불명한 찰나 같은 한 순간의 기억을 사람들에게 남겨 주고….

유랑자의 삶은 고독하다. 비행이 고독한 이유는 비행하는 시간만큼 철저하게 혼자인 시간은 없기 때문이다. 비행기는 하나의 행성이다. 조종사 혼자만이 사는 작은 별, 너무 작아서 조종석에서 벗어날 수가 없고 기껏해야 몸의 방향을 조금 틀거나 다른 방향으로 시선을 돌릴 수 있는 작은 공간(전투기 조종석에 앉아본 적이 있는데 정말 그 공간은 작았다. 의자에 꽉 묶인 채 손가락으로 버튼 조작만 가능한 조종석, 죽음은 언제나 창밖에 맴도는 데 아무것도 할수 없는 전투기 조종사의 속절없음을 나는 짐작할 수 있을 것 같았다) 속이지만, 그래도 비행기는 조종사 혼자서 모든 것을 지배하는 자신의 왕국이다.

그러나 이 행성은 조종사 이외에는 아무도 없는 철저하게 고독한 별이다. 그 별이 어디로 가는지 아무도 모르고 아무도 관심이 없는 작은 별, 그 별은 언제까지나 그 작은 빛을 발하고 있을지도 알 수 없고 언젠가 빛을 잃고 사라지고 말지도 모른다. 빛을 발하거나 빛을 잃거나 사람들은 그 별을 보지 않고 있을지도 모른다. 아예 존재 자체를 알지 못할지도 모른다. 이 넓디

넓은 우주에서 작은 행성 하나 사라진다 해도 아무도 모를 일이지 않는가.

그런데 그 별은 지구라는 별로 돌아오고 싶어 한다. 하늘에는 참으로 별이 많다. 그런데 왜 모든 조종사는 반드시 지구로만 돌아오려고 하는 것일까. 그것은 그 '수많은 별 중에서 자기를 위해 불을 깜빡여주는 별은 오직 하나' 이기 때문이다. 보이지는 않지만 그래도 조종사는 이 작은 별을 바라보고 있을지도 모를 그 어느 한 마음, 그 마음을 생각하며 넓디넓은 우주를 헤매면서도 마침내 지구별로 돌아온다. 지구는 아름답기 이전에 내 이 약한 몸이, 그리고 그 보다 더 약한 생각이 머물러야 할 집이고 어머니의 품이기 때문이다.

로그 북(비행기록일지)에 얽힌 사연

비행이 끝나면 모든 조종사는 로그 북에 일지를 기록하게 되어 있다. 비행일지를 읽는 느낌에 있어서 조종사와 일반인은 전혀 다를 것이라고 나는 생각한다. 일반인의 눈에는 단 한 줄의 간단한 비행기록이지만 조종사의 눈에는 길고도 긴, 영원히 끝날 것 같지 않은 고독한 여행의 모든 장도가 이 한 줄에 생생한 기억으로 기록되어 있기 때문이다. 지구의 안전한 땅, 단단한 대지를 떠나는 순간부터 마음 구석에 자리 잡는 불안과 두려움이 끝나는 시간까지가 이 기록에 남는다.

겨우 한두 줄에 불과하지만 이 기록이 말하고 싶은 그 절절한 사연을 나는 안다. 그리고 나는 상상한다. 직업 조종사의 비행 기록을 읽으면서, 그 기록을 남기는 조종사의 고독한 여정을. 그(베릴 헴)는 말한다. 비행기 안에 홀로 있게 되는 것, '파랗게 빛을 내는 계기판의 어슴푸레한 불빛 아래 마치 남의 것처럼 느껴지는 손밖에 볼 수 없는 어두움 속에서 자신의 작은 용기와 이제라도 두려움에 눌려 금방이라도 사라질 것만 같은 이성의 연약한 존재'를 겨우 인식하고 있을 뿐 모든 종류의 확신이 없어지는 시간의 정지를.

생각은 끊임없이 주마등처럼 상념으로 이어지고 내가 움직이고 있는지 아니면 붙박이처럼 우주의 한 곳에 마치 땅 속에 처박힌 바위조각처럼 꿈쩍도 않고 머물고 있는지 도무지 알 수 없는, 그래서 '평소 마음에 담고 있던 모든 믿음과 희망을 이미 잃어버리고 만 것 같은' 이 절망의 작은 공간에서.

'어느 순간 어둠 속에서 내 옆에 낯선 이가 걷고 있다는 것을 알아차렸을 때처럼 가슴이 철렁하는' 일들이 반복되는 것만이 변화하는 것을 확인할 수 있는 유일한 여정을 상상이나 해 보았는가. 그리고 '그 낯선 이가 바로 당신 자신이라는 것'을 알고 나서 얼마나 절망적으로 끊임없이 반복되는 윤회에 대한 단절을 요구하게 되는지 짐작이나 할 수 있을까. 아무리 비행을 계속하여도 돌아가야 할 지구별은 조종사의 우주에는 도무지 존재하지 않는 것처럼 느껴지는 변하지 않는 영겁의 시간을 날면서 모든 조종사가 느끼는 이 절망감을 말이다.

이렇게 완전히 혼자가 되었다고 절망하는 순간 '깜깜한 허공에서 느닷없이 찾아오는 무선신호음', 그것은 마치 피천득의 〈백설부〉에 등장하는 눈과 같이 '기적처럼' 다가온다. 그리고 점처럼 작은 불들이 반짝이다가 점점 커지면서 이윽고 세상의 모든 불들이 손을 들고 오라고 손짓할 때 눈에 익은 이 풍경, 어린아이가 놀다 떨어뜨리고 간 리본 같은 '활주로와 격납고, 그리고 점점이 수놓은 듯 늘어선 불들이 추운 겨울 아침의 따끈한 수프처럼 목구멍으로 넘겨주는' 살아있다는 기쁨, 그것은 오직 이 지구별 위에 다다랐을 때만 얻어지는 것이다.

우주란 참으로 크면서도 또 얼마나 작은 것인가. 그래도 이 기쁨을 표현하는 조종사의 말은 간명하기 그지없다. "알았다, 오버." 조종사의 이 한마디에 함축된 그 많은 의미를 이해하는 사람은 드물 것이다. 비행장을 이륙할 때의 아니 그 이전 집에서 가방을 들고 나올 때부터의 처연함과 어둠 속에 정지한 시간의 영원 속으로 꿈처럼 유영하면서 수도 없이 되뇌는 "돌아갈 수 있을까?"하는 의문, 그리고 비행장의 불빛이 보일 때의 안도

감보다 먼저 찾아오는 영원한 격리의 공포. 돌아갈 수 있을까. 조종사는 갑자기 사람의 세상에서 너무 멀리 떨어져 있다는 느낌에 시달린다. 그리고 마지막으로 모든 것을 토해내고 잃어버리는 망각과 절망의 단절- "오버."

그러고도 여정은 아직 어려운 고비를 남기고 있다. 착륙할 때의 어려움은 활주로의 작음으로부터 시작한다. 착륙 준비에 들어가기 전 5000피트 상공에서 보이는 활주로나 착륙지점은 너무 작아 코끼리가 쥐구멍을 들어가는 것 같은 느낌마저 든다. "저 작은 곳으로 어떻게 이 덩치가 내리지?" 이성에 앞서 마음은 불합리하지만 보이는 대로의 생생하고도 분명한 걱정을 제기한다.

"나보다 충분히 몇 십 배 큰 거야." 논리적으로 감정을 억누르면서 기체는 하강한다. 바람에 흔들리는 동체를 가누면서 겨우겨우 다가가면 그 작은 활주로가 갑자기 클로즈업되면서 눈을 공격한다. 앨리스가 토끼 구멍에 다다른 순간처럼. 그리고 활주로 정대, 감속, 플레어, 이 모든 동작이 조종사의 마음을 아랑곳하지 않고 남이 된 손이 혼자서 감당한다. 멈춰서는 순간 또 하나의 기적이 일어나고 긴장이 풀리면서 조종사는 한동안 움직이지도 않고 조종석에 앉아 있다.

그리고 방으로 돌아와 조용히 로그 북(비행일지)을 펴든다. 그리고 기록한다. 한줄-.

2001년 3월 4일, 기종 엑스 에어(X-air), 비행시간 100분.

비행장 사람들

세상에는 미친 사람들이 많다. 그 중에는 비행기에 미친 사람들도 있다. 대부분 젊은 사람들이다. 그리고 대부분 돈이 없는 사람들이다. 그저 열정 하나로 그 열악한 여건에서 무허가라고 이리저리 쫓겨 다니면서 벌금 물어가면서 오늘도 비행기를 탄다. 끝내 파산하여 도망가는 사람도 있고 몇 십 년 된 엔진을 수리하고 또 수리하여 타는 사람도 있다. 그 중에 내가 참으로 부러워했던 한 사람이 있다.

이 사람의 직업은 굳이 분류하자면 프리랜서 펀드매니저이다. 주식투자를 하기도 하고 사모펀드를 운용하기도 하면서 산다. 말은 않지만 혼자 사는 것 같고 취미에 미친 사람이다. 보통 사람들의 눈에는 딱한 사람이지만 내가 보기에는 정말 인생의 멋을 아는 사람이다. 첫째로 그는 비행기에 미친 사람이다. 조종이야 프로급이지만 그보다 비행기 제작에 더 열심이다. 비행기만이 아니다. 요트는 부전공이다. 한때는 말에 미쳐 마장을 운영한 적도 있다. 너무 열중하기 때문에 뭐든 단기간에 마스터하고 다시 다른 곳으로 흥미를 옮긴다.

처음 한 사설 승마장에서 그를 만났을 때 나는 그 잘생긴 모습에서보다 내가 꿈꾸는 모든 것을 이미 다 하고 있다는 말에서 그만 기가 죽어버렸다. 더구나 나이가 나보다 한참 아래인 사람이라는 점에서 갑자기 나는 그 오랜 세월 무엇을 하고 살았나 하는 생각까지 들었다. 그러나 우리는 기꺼이 친구가 되었고 가까워질수록 나는 그가 진심으로 좋아졌다. 대개의 취미에 미친 사람이 그러하듯이 착하기만 한 그와 가까이 지내면서 나도 어느새 같은 취미에 빠져들고 있었다.

처음에는 말만 같이 탔는데 언젠가 한 번 놀러 오라고 해서 안산의 비행장으로 갔다. 그는 내가 비행훈련을 받고 있는 곳에서 조금 떨어진 곳에 창고 같은 격납고를 가지고 있었다. 거기서 비행기를 하나 제작하고 있었는데 날개 천까지도 재봉틀을 갖다 놓고 직접 제작하고 있었다. 완성까지는 제법 오랜 시간이 걸릴 것이라고 했다. 엔진을 독일서 수입하고 다른 부품들을 기다리다보니 그리 오래 걸린다는 것이다.

그러나 나는 끝내 그의 비행기를 보지는 못했다. 그것은 그 오랜 세월을 기다린 끝에 탄생시킨 비행기가 단 하루 만에 사망해 버렸기 때문이다. 우리 교관을 통해 들은 이야기인데 비행기가 완성되어 막 시험비행을 하기 직전 옆의 교관이 한번 타보자고 했다는 것이다. 아직 안된다고 했는데도 잠깐 한눈을 파는 사이 몰래 타고 날다가 그만 추락해 버렸다. 교관은 크게 다치지는 않았지만 비행기는 박살이 나고 말았다.

얼마나 허무했을까. 몇 년을 고생하며 탄생시킨 아이가 그렇게 걸음마를 떼기도 전에 가버리다니. 제대로 변상도 받지 못하고(가난한 교관이 물어줄 돈이 있겠는가) 크게 상심한 그는 끝내 안산을 떠나고 말았다. 나는 펭귄이 한겨울 그렇게 소중히 품고 있던 알을 다른 짝에게 넘기다가 아차 놓쳐서 얼어버리고 마는 그 아픔을 생각했다. 그때의 상실감과 절망은 그 누구도 이겨내기 어려우리라. 정든 둥지를 떠날 수밖에 없는 유목민의 아픔을…. 나는 한동안 그 일로 마음이 무거웠다.

내가 다시 그를 만난 것은 몇 년이나 지난 뒤였다. 그 얼마 뒤 우리도 모두 안산을 떠났는데 그것은 비행장이 공원으로 바뀌면서 폐쇄되어 버렸기 때문이다. 몇 년 전부터 안산 비행장의 공원화 계획에 따라 나가라는 통보를 받고 있었지만 벌금을 물어가면서까지 미적거리며 버티고 있던 차에 어느 날 시에서 중장비를 동원해 활주로를 부숴버렸다. 비행하는 사람들이 모여서 안산 시장한테 탄원을 넣어보았지만 밀려드는 개발 바람과 소음에 따른 동네사람들의 민원 때문에 계속 견디기란 사실상 불가능한 일이었다.

이리하여 한국에서 가장 좋은 시설을 갖춘 비행장이 사라져 버린 것이다. 사실 안산은 원래 공군 비행장이 들어설 계획으로 활주로를 만들었는데 부대가 다른 곳으로 옮기면서 그냥 버려진 것을 아마추어 비행사들이 무단으로 사용하고 있었다. 다른 비행시설은 다 무허가로 매립지에서 운행을 하는데 반해 안산은 정식 활주로를 가지고 있으니 비행하는 사람들에게는 천국과도 같은 곳이었다.

그 천국이 사라지고 이제는 어도와 송도가 수도권에서는 유일한 장소로 남았다. 일산에 있던 비행장도 개발 바람에 밀려 운동장으로 바뀌었다. 사실 송도도 머지않아 없어질 형편에 처해 있다. 이 엄청난 개발 바람을 누가 막을 수 있을 것인가. 이리하여 우리는 하나씩 낭만을 잃어가고 있는 것이다.

나는 지금도 송도를 지날 때 시간이 나면 비행장에 들리곤 한다. 그때마다 주위는 온통 높은 빌딩으로 가득차고 불도저가 굉음을 울리는 가운데 외로이 남겨진 공터 한쪽에 빨갛고 노란 날개들이 삼삼오오 모여 있는 것을 본다. 마치 금방 문을 닫을 고아원 한구석에 서있는 아이들처럼 불안한 미래와 잃어버려야 하는 지난 아름다운 순간들로 상념에 잠긴 모습들이 가슴을 아리게 한다. 개발이 정말 우리를 행복하게 하는 것일까.

이제 비행기에 미쳐 안산에 불법 기생하면서 개발의 걸림돌이 되었던 골치 아픈 존재들은 삶의 터전을 잃고 뿔뿔이 흩어졌다. 그 중에는 그래도 꿈을 버리지 못하고 또 다른 기생처를 찾아간 사람도 있을 것이고(대부분 어도로 거처를 옮겼다), 이 적자나는 사업(?)을 접고 영영 비행기를 떠난 사람도 있을 것이다.

우리 교관도 그랬다. 먹고 살길이 없어 나보고 비행기를 인수

해 달라고 했지만 나 자신 또한 가족이 있는 몸이라 비행기를 살 형편은 아니었다. 결국 한국비행스쿨은 문을 닫고 교관도 다른 생계거리를 찾아 떠났다. 그래서 우리는 헤어졌다. 그 뒤 딱 한번 어도에서 만나 함께 비행을 하기도 했지만 그 이후 다시 연락이 끊어져 지금은 어디서 무엇을 하는지 모른다.

어쨌건 그 몇 년의 세월이 흐른 뒤 그를 다시 만난 것은 송도에서였다. 그는 아암도 앞 공터에 훈련장을 차려 놓고 미국에서 훈련받은 교관과 같이 운영을 하고 있었다. 거기서 나는 다시 텐덤 방식의 비행기 훈련을 시작했다. 기종 변경은 그다지 어려운 일은 아니지만 오랫동안 비행을 하지 않았고 텐덤 방식이라 적응이 생각보다 쉽지는 않았다. 그보다 더 큰 문제는 이제는 점점 내 자유시간이 사라지고 있다는 사실이었다.

결국 나는 몇 번 타보지도 못하고 약속된 훈련시간을 한참 남겨둔 채 한동안 비행장을 찾을 수가 없었다. 1년 뒤에 다시 송도를 찾았을 때 교관은 파산하여 떠났고 그만 남아 있었다. 사실 나는 돈을 되돌려 받을 생각은 전혀 없었는데 이 양반은 그 사실만 걱정했다. 가끔 만날 수만 있다면 그냥 밥이나 사주고 위로해주고 싶었는데 연락처조차 알려 주지 않았다.

그리고 다시 나는 그를 만나지 못했다. 우선 내가 시간을 내기 어려워 송도에 갈 수 없었고, 그 사이 배를 제작하는 사업으로 바꿨다며 연락이 한번 왔지만 그때 또한 가보지 못했다. 그 뒤 시화호에서 열린 요트시합을 나가면서 한번 찾아가 볼까 했으나 시간이 여의치 않았고, 얼마 전 시흥시장배 요트대회에 갔다가 혹시나 만날까 했지만 그때는 그가 없었다. 아마 거기서도 떠나지 않았나 싶다.

그래도 나는 그가 어디선가 배나 비행기를 만들고 있으리라 믿는다. 꿈을 깨지 않는 사나이, 보통 사람들이 결코 이해하기 쉽지 않은 그의 꿈을 나는 언제나 함께 하고 싶다. 내가 항시 부러워하는 그의 삶을 통해서 나는 간접적이나마 생의 행복을 얻는다. 내가 이 삶을 마감하기 전에 한번만이라도 그를 다시 만날 수 있다면 좋으련만.

못 다한 비행들

비행기를 가지고 노는 데는 여러 가지 방법이 있다. 크로스컨트리, 캠핑, 플로트 플라잉(수상비행), 스키 플라잉, 이 모두가 다 생각만 해도 신나는 놀이다. 그 중에서도 크로스컨트리 비행은 교관과 둘이서 여행 스케줄을 잡았다가 스폰서를 구하지 못해 포기하고만, 지금도 생각하면 아쉽기만 한 종목이다. 무엇보다 전국의 비행 동호인을 다 동원해서 그들의 비행장을 빌려야 하고, 지상요원이 함께해서 비상시 긴급구조를 지원해야 하는 일이라 비용과 인력이 적지 않게 소요된다. 위험지역을 피하고 근거리에 위치한 사설 비행장만 연결이 된다면 우리 수준에서도 가능한 일이 될지도 모른다. 그래서 언젠가 여건이 허락하면 전국의 상공을 한번 크로스컨트리로 날고 싶다. 사실 날고 싶다 수준이 아니라 나는 아직도 그 계획을 버리지 않고 있다.

스키 플라잉도 꼭 한번 해보고 싶은 항목이다. 먼저 겨울 공기는 묵직하고 바람의 방향도 일정해서 안정적인 비행이 가능하다. 그리고 모든 평원이 비행장이 된다. 얼어붙은 호수나 강도 훌륭한 비행장이 된다. 구경거리도 많다. 설원에서 겨울을 즐기는 사람들의 모습, 눈꽃트레킹을 하는 사람들, 설화 만발한 산 풍경, 이따금 발아래 펼쳐지는 눈꽃축제, 얼음조각, 어린아이들의 눈사람과 얼음탑, 얼음집, 얼음 낚시꾼들, 온갖 겨울풍경을 하늘에서 한 군데 다 모아놓고 감상할 수 있다.

그러나 스키 플라잉은 위험하다. 하얀 지표면은 대지 위의 특징적인 물체들을 없애버려서 레퍼런스 포인트(참조점)를 놓치기 쉽다. 참조점이 없다는 것은 수평비행이 어렵다는 뜻이다. 특히 어두운 시간대에는 기체가 상승하는지 하강하는지 알 길이 없어진다. 특히 겨울철에는 하늘이 낮아지기 때문에 감을 놓치면 너무 올라가거나 바닥에 추락할 수도 있다.

너무 많은 눈이나 습기가 많은 눈은 비행기의 속도를 떨어뜨려 이륙이 어렵고, 너무 얕은 눈은 완충능력이 없어 하드 랜딩

이 일어나기 쉽다. 도랑이나 바위 등 방해물이 잘 보이지 않아서 이들과 충돌할 확률도 높아진다. 추위도 중대한 위험요소이다. 바퀴에 부착하는 스키의 무게가 비행에 방해가 되기도 한다. 또 안전하게 단단히 고정되지 않으면 비행 중에 혹은 이착륙 도중에 떨어지거나 흔들거리거나 대롱대롱 매달려서 사고가 날 수도 있다. 이런 모든 위험에도 불구하고 요즈음처럼 눈이 많이 오는 날이 계속된다면 딱 한번만이라도 스키 비행을 해보고 싶다.

수상비행 역시 듣기만 해도 낭만적이다. 중독된 사람도 많다고 한다. 그러나 물 위의 착륙은 매우 고난도의 기술을 요해서 사전에 충분한 훈련 없이는 사고로 이어지기 십상이라고 한다. 참조점을 찾기 어렵고, 특히 바다에서는 기상변화가 심하다(더욱이 공기가 가볍고 불안정한 더운 계절이나 지역에서 비행을 많이 하지 않겠는가). 또 바퀴에 매단 보트로 인해 크게 늘어나는 무게를 이기려면 얼마나 많은 출력이 필요할 것인가.

초경량 비행기에 있어서 무게만큼 중요한 요소는 없다. 조종사의 작은 체중 증가도 비행기에 부담이 되는데 두 개의 보트와 함께, 혹시나 출력 증강을 위해 고성능 엔진을 장착하다보면 그 무게는 어마어마할 것이다. 거기다가 출렁이는 물결 위에 내려앉는다니 생각만 해도 손에 땀이 찬다. 물속에 처박혀 속절없이 가라앉는 모습이 떠오르기도 한다. 그런데도, 그럼에도 불구하고 이 또한 한번만, 딱 한번만이라도 해 보고 싶은 것이다. 나는 여름만 되면 이 말도 안 되는 수상비행을 꿈꾸고 있다.

계곡에서 산등성이를 오르는 비행도 재미있다고 한다. 계곡에서 산비탈을 타고 흐르는 상승기류를 타고 중력과 균형을 이루어 공중에 머물러 있는 것인데 파도 위를 타는 서퍼의 느낌이 아닐까 싶다. 초경량 비행기는 아니지만 비슷한 활강놀이가 많아지고 있다. 행글라이더는 고전적인 운동이지만 패러글라이딩, 패러세일링, 트라이커 등 요즈음 와서 스포츠 비행의 종류가 매우 다양해지고 있고 동호인의 인구도 계속 늘고 있다. 그 중에서

「바람을 받고 솟구치는 행글라이더. 바람의 희롱에 몸을 내맡기고, 자연 앞에 목숨을 던지는 사람들. 형은 이렇게 온몸으로 자연에 도전하면서도 순응하는 삶을 살아왔다.」

트라이커는 몇 번 타보았지만 역시 비행기의 맛은 나지 않았다. 그래도 고전에 속하니까 행글라이더는 한번 꼭 해보고 싶다.

바람의 희롱

비행은 기본적으로 바람이다. 그런데 바람에는 얌전한 새악시 같은 바람도 있지만, 많은 경우 바람은 심술궂고 난폭하며 조종사의 능력과 담력 시험하기를 취미로 삼고 있다. 공중에서 부는 바람은 층이 나누어져 있어서 층별로 속도가 다르다. 이것을 '윈드 그레이디언트' 라고 하는데 온도 차이로 인한 것이다. 바람의 방향과 속도가 다른 것을 또 '윈드 쉐어' 라고도 한다. 비행기가 얼마나 높이 상승하느냐에 따라 만나게 되는 바람의 성격이 다르다보니 조종사는 늘 이 변화에 대비해야 한다. 변화무쌍한 여자친구의 기상을 늘 관찰하고 주의를 해야 하는 것이 데이트를 하는 남자들의 기본 의무사항이라면 조종사는 바람친구의 변화를 언제나 꿰뚫고 있어야 베테랑이라고 불릴 수 있는 것이다.

바람이 바뀌는 것은 첫째로 장애물 때문이다. 건물이나 높은 장애물이 있으면 바람은 소용돌이를 일으키며 그 장애물을 지나가려고 한다. 진행하는 방향으로 가기 위해서 자연스럽게 바람의 방향이 바뀌는 것이며, 바람으로서는 하등 이상할 것이 없다. 그러나 비행기에게 있어서는 보통 심각한 문제가 아니다. 바람이 와류를 일으켜 비행기의 날개에 작용하게 되면 비행기는 기울어지고 균형을 놓치게 된다.

초경량 비행기는 그 가벼움과 최소한의 출력으로 중력과 부양력, 추진력과 항력의 절묘한 균형을 이루고 있기 때문에 작은 바람의 변화는 비행기를 어쩔 줄 모르게 만든다. 그저 춤을 출 수밖에 없는 기체 안에서 조종사는 말을 듣지 않는 조종간과 러더와 씨름을 해야 하며, 그러다가 실속이라도 일어나는 경우 목숨을 건 비상착륙을 해야 한다. 또 리지 리프트라고 산비탈을 따라 오르다가 내려누르는 하강기류(down drafts)를 만나면 아무리 용을 써도 비행기는 내려앉고 결국 산비탈에 충돌하고 만다. 물론 맞바람을 타고 비행할 경우에는 상승기류를 만나 적은 출력으로 상승을 유지할 수 있는 경우도 있다.

돌풍을 만나는 경우도 적지 않다. 대기는 여러 개의 다른 온도 블록으로 이루어져 있어서 다른 온도층을 통과하다보면 이런 돌풍을 자주 만난다. 돌풍은 맞바람의 속도를 증가시켜 부양력을 키워주기도 하지만, 속도를 떨어뜨려 부양력을 순간적으로 급격히 끌어내린다. 배풍으로 비행하는 경우 이런 사고가 많으며, 이런 변화는 순간적이기 때문에 조종사로서는 미쳐 손 쓸 틈이 없다. 그래서 배풍을 안고 비행하는 것은 웬만큼 위기상황이 아니면 피해야 하는 것이다.

다른 비행기가 이륙이나 착륙 전에 만들어내는 와류(Wing tip vortex)도 초경량 비행기에 있어서는 위험요소이다. 이륙하거나 착륙하는 비행기의 날개 끝에서는 통상 와류가 발생한다. 이런 와류는 그다지 큰 것은 아니지만 초경량 비행기에 미치는 위력은 대단하다. 웬만한 비행기가 이륙한 직후 에는 이 와류의 영향을 받지만 초경량 비행기는 더욱 이륙이 어렵고 불안정해진다. 활주로의 길이가 충분하지 못하면 사고로 이어질 수도 있다.

착륙의 경우도 자칫 와류로 인해 활주로를 벗어나 착륙하기 십상이다. 큰 비행기가 만들어내는 와류 속으로 빨려 들어갈 수도 있다. 큰 배의 스크루 근처에서 작은 배가 빨려 들어가듯 말이다. 그만큼 초경량 비행기는 약하디 약한 한 마리의 새와 같다. 때문에 앞선 비행기가 이륙을 완전히 끝내고 와류가 진정될 때까지 기다리는 것이 안전비행의 수칙이기도 하다. 그래서 어떤 비행장은 5분 대기의 룰을 만들어 놓기도 한다.

'먼지악마(dust devils)' 라고 불리는 미니어처 토네이도도 초경량 비행기에 있어서는 보통의 토네이도만큼의 위력을 발휘한다. 비도 아주 위험한 요소이다. 습기가 엔진 고장을 일으키고 계기를 멈추게 하거나 부양력을 떨어뜨리고 추진력을 줄인다. 더구나 바람막이가 없는 초경량 비행기의 조종사에게 있어서는 무서운 총알이 되어 얼굴로 쏟아진다. 아무리 부드럽게 내리는 보슬비라 할지라도 비행기의 속력을 얻어 때리는 비의 속도는 가공할 위력을 지닌다.

더운 계절에는 자주 대기 중에 온도 포켓이 형성되기도 한다. 이 포켓은 부양력으로 작용해서 덕을 보기도 한다. 새들을 자세히 보면 이렇게 공짜 부양력을 이용하며 힘들지 않게 공중에 머물러 있는 모습을 볼 수 있다. 그러나 착륙하려 할 때 이 온도 포켓은 비행기를 들어 올려 더 멀리 가서 착륙하게 만든다. 또 활주로 정대를 어렵게 만들기도 한다. 처음 착륙에 실패해 더 멀리서부터 착륙을 시도하면 이번에는 너무 빨리 착륙하는 일도 벌어진다. 온도 포켓 효과가 사라지기 때문이다.

온도 포켓이 아니라도 그라운드 이펙트라고 해서 착륙 시에는 자주 이런 현상이 나타나기도 한다. 이처럼 지상 가까이에서는 기상변화가 심하고 바람의 방향과 속도가 매우 가변적이어서 저공비행은 어렵다. 물론 엔진 고장이나 실속이 일어났을 때 안전고도를 유지하지 못한다는 위험도 있다.

내 문명은 어떤 것일까

많은 다양한 세상들로 흩어져 있는 나의 관심사는 내 생의 무질서를 극명하게 보여준다. 그래서 내 문명은 특징이 없는 혹은 너무 특징이 많아서 지극히 평범한 것일지도 모른다고 나는 생각해 왔다. 그저 나는 매일 나의 작은 세상을 박차고 다른 더 큰 세상으로 나오려 한다. 그리고 매일 나는 절망한다. 내 작은 세상에서 그리도 소중하게 생각했던 것들이 지천으로 열려 있는 다른 세상에서 나는 그 소중함의 의미를 잃어버리고 울음으로 절망한다. 그리고 어쩔 수 없이 내가 시작한 작은 세상 속으로 돌아가려 한다. 그 작은 것들의 소중함은 그들에게 쏟은 내 시간의 소중함 때문이라고 스스로에게 강변해도 또 다른 흔하기만 한 소중함을 발견하면 나는 바로 그 소중함의 의미를 잃어버렸다. 그래서 내 문명은 더 큰 세상으로의 탈출과 이전 세상으로의 회귀본능이 충돌하는 갈등과 혼돈의 불균형으로 특징 지워질 수 있을 것이라 생각했다.

최근 아프리카를 자주 방문하면서 나는 다시 내 문명에 대한 생각을 바꾸게 되었다. 그것은 추상적으로만 느껴오던 사막과의 만남, 그리고 사막에 대한 내 기존 관념의 폐기가 그러한 변화를 일으키게 만드는 내 몸과 마음의 구조에 대한 생각을 다시 하도록 만들었기 때문이 아닌가 생각한다. 어린 시절 동경하던 나일강에 대한 낭만은 카이로 방문 며칠 만에 잊어버렸지만, 사막과의 만남에서 느껴야 했던 그 외경과 사막에 대한 생각이 빚어주는 잃어버림과 고독의 느낌은 오랫동안 지속되고 있다.

사막과의 처음 만남 이후 나는 자주 꿈속에서 사막을 난다.

그리고 사막으로 버려진다. 바람과 별들과 모래 속에서 나라는 인간은 끝없이 고독하다. 그러면서도 나는 생각한다. 나는 색다른 인종이기는 하지만 지구 어딘가에 나와 같은 종족이 또 있을 것이라고. 이 사막 위에서 그도 고독과 힘겹게 싸우고 있을 것이라고. 그래서 이 고독도 누군가와 함께 할 수 있다고.

개인으로서의 사람들은 아직 건축을 위한 재료에 불과하다. 의미 없이 흩어져 있는 자연의 일부, 그러나 그런 재료들이 모여 하나의 사회를 이루면 그것은 하나의 완성된 작품이요 생명이 되는 것이다. 그 생명은 사회의 어두운 부분과 갈등, 아픔까지도 모두 사회라는 작품 속에 어떤 의미를 가지는 중요한 요소로 둔갑시킨다. 모든 것을 의미 있는 것으로 연관지어주는 이 인간사회 형성의 과정, 그것이 내가 생각하는 나의 문명이다. 이러한 이유로 나의 사막 문명에 있어서는 물이 없어 사람들을 어렵게 하는 사막의 결핍이 중요한 요소가 된다.

사막이 소중한 것은 사막이 우물을 간직하고 있기 때문이다.

이 점에서 나는 철저하게 생떽쥐베리와 같은 종족이다. 아이로니컬하게도 물이 없어서 사막은 더 없이 소중하다. 세상이 온통 물뿐이라면 사막이 왜 소중하겠는가. 하나뿐인 우물일지라도 사막 어딘가에 우물을 간직하고 있어서 사막은 의미 없이 흩어져 있는 사람들을 하나의 의미로 모아 주기 때문이다. 그리고 비로소 나는 더 이상 내가 시작한 작은 세상으로 돌아가고 싶어 하지 않는다. 내 작은 세상 속에서 소중하던 것이 여기서도 변함없이 소중하게 느껴질 것으로 생각되기 때문이다.

가끔 나는 생각한다. 나는 어떤 종족일까 하고. 그리고 나도 비행족에 속한다고 말하고 싶어지는 숨은 욕망을 발견한다. 극한상황 속으로 스스로를 몰아넣고 험한 날씨와 오지의 도전에서 자연과 싸우는 사람들이 오직 조종사들만은 아니겠지만, 자신이 무너지고 세포의 마지막 조각까지도 파괴되는 처절한 자연과의 투쟁에서 존재의의를 느끼는 종족은 닿을 길 없는 대지를 홀연 떠나오는 조종사들뿐이 아닐까. 나 역시 일상을 조종하고 사는 것은 아니지만 언제나 비행을 꿈꾸며 살기에 이들과 같은 종족이 아닐까 하고.

내 마음 속의 비행기

비행기 조종간에서 손을 놓은 지도 여러 해가 흘렀지만 나는 아직도 마음속에서 비행기를 탄다. 비행이 없는 일주일이 참으로 답답하고 감옥생활 같은 느낌 속에서 다음 주를 손꼽아 기다리던 그 시절, 비행에 미쳐 아무 것도 돌아보지 못했던 그 시절이 한여름 밤의 꿈처럼 기억되는 지금, 그래도 나는 늘 비행기를 타면서 산다.

정원에서 나비가 꽃들 사이로 날아다니는 것을 보면 나는 나도 모르게 비행기를 타고 아프리카의 초원을 난다. 그리고 나는 시간을 잊는다. 옆에서는 내가 꽃을 정말 좋아하는구나 하고 생각하겠지만 나는 꽃을 보는 것이 아니라 나비, 나의 비행기를 보는 것이다. 2차원적 평면의 한계로부터 벗어나 3차원의 공간을 자유로이 다니는 이 한없는 자유, 이 평화. 생각만으로 나는 행복하다.

눈을 감고 잠들기 전 그 짧은, 의식이 명멸하는 혼돈의 시간에도 나는 비행기를 타고 서해의 상공을 난다. 일몰의 붉은 하늘을 배경으로 크고 작은 여러 섬들 위를 날아다니는 나의 작은 비행기. 붉은색 날개에 하얀 동체, 하늘거리는 그림자를 바닷물 위에 또는 풀밭 위에 공주의 드레스 자락으로 드리우며 소리도 없이 미끄러져 가는 앙증맞은 내 애기. 그는 이미 내 몸의 일부가 되었고 내 마음의 전부가 되었다. 손을 대면 따뜻한 온기가 느껴지고 귀를 기울이면 다정하게 속삭여 오는 나의 애기를 타고 나는 나만의 세상으로 행복한 비행을 하는 것이다. 깨어나고 싶지 않은 나의 꿈속 세상으로 말이다.

그 나만의 꿈속 세상에서 나는 붉은 돼지가 되어 있다. 아무도 없는 무인도의 바닷가 외진 곳에 수상비행기를 정박시켜 놓고 비치 의자에 길게 누워 낮잠을 즐기는 붉은 돼지. 산들바람에 라디오 소리가 흔들리고 작은 바다물결이 백사장을 부드럽게 쓰다듬으며, 시간이 정지한 어느 계절인지 모르는 한낮.

이런 나의 꿈이 혹시 현실로 이루어질 수 있을까. 나는 막연히 이런 헛된 꿈을 실현하고 싶은 욕망에 오랫동안 사로잡혀 있었다. 길지 않아도 좋으니 잠시나마 이런 평화로운 고독을 즐길 수 있는 축복이 내게도 허락될 수 있을까, 나는 늘 스스로에게 묻고는 했다. 그리고는 내 마음 속에 나는 이미 은퇴 후에 지낼 하나의 섬을 마련하고 있었다.

서해의 작은 섬, 바닷가 한적한 곳에 낡은 컨테이너 하나 갖다 둔다면 그것으로 나의 성은 완성되는 것이다. 앞바다에는 수상비행기 하나 띄워 놓고 백사장에 낡은 의자와 오래 된 라디오 하나, 그리고 아무도 방해하지 못하는 나의 자유로운 시간…. 나는 세상 어떤 것도 부럽지 않을 것이다. 혼자서 서해 위를 날며 새들과 이야기를 나누고, 시화호를 찾는 사람들을 내 동화속의 장난감으로 즐기며 어린아이처럼 그렇게 살 것이다. 매일이 아니라도 좋다. 한 달에 한두 번이라도 이런 나만의 공간을 찾을 수 있다는 것만으로도 나는 남부러울 것이 없을 것이다.

욕심을 더 부려 요트도 한 척 있으면 좋겠지. 오후에는 하얀 돛을 올리고 바람과 희롱하며 그 부드러운 애무를 즐기는 거야. 나에게는 화려한 좋은 배가 필요 없다. 1인승이든 2인승이든 5

인승이든 10년이 넘어 손때가 묻고 자주 손질하여 그냥 나가기만 하면 무어라도 좋다. 그저 바람을 맞는 것만으로도 나는 행복하니까 말이다. 일주일에 한번 찾아오는 아내나 아이들을 태우고 시화호의 물결을 탄다면 아이들도 마냥 좋아하겠지.

비행도 세일링도 끝나면 오두막에 들어가 간식거리를 만들거나 남은 것들을 먹어도 좋겠지. 물가로 걸어가 찰랑거리는 물결에 발을 맡기고 부드러운 모래를 발가락으로 꼬무락거리며 혼자만의 약간은 외로운 하루를 은총으로 즐기는 거야. 그러다가 또 무료해지면 책을 읽어도 좋겠지. 프루스트와 헤세와 토마스 만, 제임스 조이스, 그리고 윌리엄 포크너, 모두 내 청춘을 유혹했던 치명적인 마약들. 이제는 그 마약의 중독에서 벗어나 관조할 수 있는 시기가 되었지만 여전히 그 매력은 남아 있고, 그래서 나는 지금도 그 페이지들을 뒤적거린다.

책 읽기도 싫으면 낮잠을 즐기는 거야. 따뜻한 봄날이든 초여름의 오후든 아침 비행이 끝나거나 세일링이 끝나면 비치의자에 누워 낡은 턴테이블을 하나 옆에 두고 비몽사몽간에 오래 된 레코드 소리로 베토벤의 〈로망스〉나 〈황제〉를 들으며 나는 더 없이 행복할 것이다. 그리고 꿈속에서 나는 한 마리 나비가 되어 있을 것이다. 꽃들 위를 넘나들며 그들과 이야기하고, 시간이 정지한 초원을 낙원처럼 여기며 지낼 것이다. 이런 꿈은 사실 깨고 나도 아쉽지 않다. 한동안은 그 여운으로 계속 꿈속에 있듯이 행복하기 때문이다.

그러고도 하루가 길면 때로는 지바고처럼 때로는 헤밍웨이처럼 글 쓰는 즐거움을 만끽하리라. 'I had a farm in Africa' 대신에 'I had a beach with my own air plane and yacht' 로 시작하는 길고 긴 나만의 이야기를 말이다.

저녁이면 혼자서 먹을 것을 주워 먹고 라디오로 바깥세상을 들으며 사막에 버려진 어린왕자가 되어 보는 것이다. 밤하늘을 올려다보며 도데의 별과 생떽쥐베리의 별을 생각하고, 혼자만의 대화가 끝이 나면 헤밍웨이의 '3일간의 긴 여행' 에서 귀가한 어부처럼 잠을 청하는 것이다.

아침이면 희뿌연 바다의 새벽을 날며 아침에 인사하고 저녁이면 야간비행을 마친 조종사처럼 집으로 향한다. 기다리는 아무도 없지만 집은 아무래도 지친 몸을 쉴 보금자리다. 아침식사가 끝나면 아내나 아이들에게 전화를 걸어보고 혼자만의 생활을 기약 없는 유배처럼 지내보는 것이다.

그러다가, 그러다가, 참을 수 없이 혼자 생활에 지치면 마침내 배를 타고 이 섬을 탈출하는 것이다. 뭍으로, 세상 속으로…. 가족들이 기다리는 집으로 달리면서(I am sailing♪ I am sailing♪) 나는 꿈에서 깨어나는 것이다. 화려한 외출로부터의 귀가…. 그리고 나는 여느 도회사람들처럼 바쁜 일상에 시달리는 필부필부의 생활로 돌아가는 것이다. 이 세상살이도 잠시 들른 하나의 꿈처럼 생각하면서 말이다.

사실 일주일에 한두 번 찾을 수 있는 한적한 나만의 공간이 있다면 나는 더 이상 날지 않아도 좋다. 하얀 쌍엽의 비행기든 빨간 단엽의 프로펠러든 그냥 비행기를 하나 옆에 정박해 두고 그 비행기를 만지작거리며 하늘을 날던 옛날을 생각하는 것만으로도 나는 충분히 행복할 것이다.

아니 사실은 그런 공간마저도 필요 없을지 모른다. 마음 내키면 언제라도 찾아갈 수 있는 내 마음속의 비행장과 비행기-. 아무도 앗아갈 수 없는 나만의 자유와 나만의 행복을 누구에게도 보여주고 싶지 않은 비밀로 언제까지나 간직할 것이다.

「어느 무인도에 숨겨둔 형의 휴식처. 야간 비행이 끝나 한껏 게으름피고 있는 붉은 돼지. 인터넷을 마다하고 트랜지스터 라디오를 고집하는 마지막 아날로그 맨.」

그 둘,

내 일생 바람 가득 부푼 돛에 싣고

꿈속으로 떠난다

언제부터 내가 요트를 꿈꾸게 되었는가. 그것은 참으로 오래 전의 일이다. 라디오조차 없어 베토벤의 〈월광곡〉을 교과서의 글을 통해서만 감상하던 그 시절, 우연히 요트라는 단어가 내 귀에 들어오는 그 순간, 나는 요트를 내가 반드시 해야 할 일로 정해 버리고 말았다.

그리고 그때부터 내 마음 한 구석에는 요트가 버젓이 자리를 잡고 앉았다. 참으로 헛된 꿈을 많이 꾸는 나이지만 요트도 그런 헛된 꿈의 하나로 내 젊은 시절을 함께해 왔다. 하얀 돛을 날리며 먼 대양, 이름 모를 섬으로 훌쩍 떠나는 그날을 나는 기다리고 기다렸다. 그러나 그 꿈은 참으로 다가가기 어려운 꿈이었다. 아직도 그 꿈은 사치스러운, 감당할 수 없는 꿈이다. 그러나 나는 아직 꿈을 버리지 않고 있다.

나는 이제 겨우 1인승 요트를 간신히 몰 수 있는 수준에 불과하다. 그리고 1인승이라도 아직 내 자신의 배를 가지기에는 형편이 턱없이 부족하다. 그러나 언제고 시간이 나면 2인승이나 크루저를 배울 것이고, 퇴직하면 나의 배를 만들 작정이다. 그리고 이름을 이렇게 근사하게 부칠 것이다. 'L' etranger(이방인)'.

이 L' etranger(이방인)를 타고 나는 먼저 한강을 죽 거슬러 올라갈 것이다. 그리고 서해바다를 돌 것이다. 동해도 돌고, 그리고…. 그리고 시간이 되면 내 배를 끌고 가서 지중해를 한 바퀴 돌 것이다. 그리고도 시간이 나면 태평양을 건널 것이다. 대서양도 건널 것이다. 대양을 건너 이름 모를 섬을 찾아다니는 네모 선장.

나는 그 어디에서 죽어도 좋다. 히말라야의 눈 덮인 산봉우리이든, 타히티의 야자그늘 아래든, 내 발이 닫는 마지막 장소, 아무도 모르는 신비의 장소, 그 어디든 내 몸은 새들의 밥이 되고 물고기의 밥이 되더라도 내 영혼의 꿈이 다 하는 곳, 그 곳에서 나는 나의 이 아름다운 꿈을 마감할 것이다. 그리고 다시 다른 꿈속으로 나의 여행을 떠날 것이다.

늦은 나이에 바닷사람으로 나서다

해외연수를 신청하고 나갈 준비를 하던 1973년의 여름, 우연히 영화 〈wind〉를 보고 나는 미쳐버렸다. 파도를 헤치며 바람을 가르는 젊은이들의 낭만을 보며 나는 한없이 그를 부러워했다. 그리고 여자 주인공이 사막 한가운데서 새로 디자인한 돛을 트럭에 싣고 시험해보던 중 줄을 놓치는 바람에 한없이 달려가던 석양의 그 광활한 들판을 보면서 어찌할 수 없이 한숨만 쉬는 나를 보고 스스로 놀라고 있었다.

그 후 한동안을 이유도 모른 채 방황하고 답답해하며 보냈다. 그러던 어느 날 성산대교 아래 한강변으로 산책을 갔다. 그곳에서 우연히 훈련을 하고 있는 요트 스쿨을 보았다. 그와 함께 나는 나도 모르게 이미 교육훈련과정을 등록하고 있었다. 그렇게 나는 요트를 만나게 되었다. 나이 탓도 있고 원래 둔한 탓도 있어서 느리기는 했지만 그래도 초급과정을 무사히 마칠 수 있었다. 물속으로 수 없이 빠지면서 나는 차츰 내 방황의 원인을 알게 되었다. 바로 그것이었다. 그저 넘어지고 빠지면서도 쉼 없이 다시 일어날 수 있는 그 젊음의 패기를 나는 동경하고 있었던 것이다. 그리고 늦었지만 나는 다시 그 젊음의 패기를 찾을 수 있었다.

중학 시절 하교 길에 들리곤 했던 대구 동인동 로터리의 미국

문화원에서 접했던 미국 학생들의 생활, 그 중에서도 스포츠를 즐기는 그들의 생활에서 나는 어느새 그들의 스포츠를 동경해 왔던 것이고, 이제껏 잊어버리고 있었지만 아직 마음 한 구석에 어린 시절의 동경이 그대로 남아 있을 터였다. 그리고 그 스포츠 가운데 하나가 요트였던 것이다. 1984년 대학으로 옮기면서 나는 첫 여름을 윈드서핑을 배우는 일로 보냈다. 어쩌면 생애 최초의 한가로운 시간이었다. 그리고 나는 한동안 물과 관련된 운동을 잊고 있었던 것이다. 어느새 일상에 젖어들면서 자유시간의 소중함을 잊어 갔고 두 번의 유학생활에 너무 지쳐 젊은 시절의 꿈마저 잊고 살았던 것이다.

그러나 이 해후도 다시 몇 년간의 공백을 예고하고 있었다. 해외연수를 떠나면서 훈련 후 자유로이 요트를 탈 수 있는 기회를 놓쳐버렸기 때문이다. 교육을 마친 사람들이 클럽을 만들자고 제안하였지만 돈이 너무 들고 시간이 안 될 것 같아서 참가하지 않았던 것이 그 공백의 원인이었다. 연수 후에도 한강을 찾았지만 다시 요트를 탈 기회는 오지 않았다.

그러나 마음속에는 언제나 그 기회를 찾고 있었고 습관처럼 되뇌고 있었나 보다. 어느 날 강변으로 산책을 갔다가 아내가 "저기 요트 연습이 있네. 한번 해보지?" 그랬다. 용기를 내어 물어 보았더니 60 넘은 아저씨가 나이가 문제냐며 얼른 배우라는 것이었다. 그는 서핑을 하는데 내가 우선 요트부터 배우겠다고 했더니 지금의 윤 코치를 소개해 주었다.

흑인처럼 새까만 피부에 한눈에도 스포츠밖에 모르는 사람이었다. 그의 지도로 다시 나의 요트는 시작되었다. 예전에 배운 실력은 다 잊어버린지라 처음에는 많이 넘어지고 힘들었지만 윤 코치는 아주 마음 좋게 문제없다면서 격려를 아끼지 않았다. 그러나 곧 추위가 닥쳐와 그 해는 그냥 넘어가고 다음해 봄부터 본격적인 연습에 돌입했다.

그리고 윤 코치의 강권으로 시합까지 나가게 되었고, 시화호에서의 시합은 스스로도 놀랄 정도로 실력을 향상시키는 계기가 되었다. 시합에서 서울요트클럽 사람들을 만나게 되었고, 클럽 활동을 통해 여름이면 일주일에 두세 번씩 한강으로 나가면서 어느덧 피부는 바닷사람마냥 검게 타고 근육질의 요트 맨으로 자리 잡게 되었다. 어쨌든 영화 하나로 나는 다시 젊음의 꿈 하나를 되찾게 되었다. 그리고 요트는 마침내 일생의 취미가 되어 버렸다.

가난한 사람들의 꿈, 배

사람들은 요트 하면 대뜸 오나시스를 떠올린다. 또 적어도 영화 속에서나 등장하는 화려하고 사치스러운 장면을 연상한다.

물론 요트는 비싸고 사치스러운 것이기는 하다. 그러나 우리가 타는 요트는 오나시스의 요트와는 한참 멀다. 우리가 타는 요트는 시합용으로 갑부들이 즐기는 초호화 유람선과는 그 세계가 다르다.

요트는 크기에 따라 딩기 클래스와 크루저로 나누는데 딩기 클래스는 1~2인승으로 작은 사이즈이고, 크루저는 시합용의 5~10인승의 작은 사이즈로부터 수십 명이 탈 수 있는 초호화 유람선까지 그 범위가 다양하다. 우리가 주로 타는 배는 시합용인데 나는 주로 1인승의 딩기 클래스를 타고 이따금 2인승인 470 또는 5인승인 J24를 타고 시합에 출전한다. 요트의 종류도 자동차만큼 많지만 나는 얼마나 많은 종류의 요트가 있는지 정확히 모른다. 책 읽기보다 몸 놀리는 것을 더 좋아해서 요트에 대한 이론적 지식이 아직 많이 부족하다. 언젠가 시간이 허락하면 이론을 공부해 보려고 마음은 먹고 있는데 사람 사는 것이 마음처럼 쉽지 않다. 그저 은퇴만 기다리고 있을 뿐이다.

보다 전문적으로 요트는 범장(rig) 방식에 따라 분류된다. 배는 먼저 배를 전복으로부터 되돌리는 역할을 하는 배 밑에 장착된 블레이드에 따라 센터보드형과 킬형의 두 가지 형태로 나누어진다. 보통 소형의 배는 센터보드를 장착하는데 배 가운데 센터보드 자리가 뚫려 있어서 여기에 보드를 집어넣었다가 필요에 따라 물속에 잠기는 길이를 조절할 수 있다. 킬은 배의 선체

(hull)에 고정되어 있으며, 아주 무거운 물체로 만들어 배의 중심을 잡아준다. 보드는 배의 측면으로 부는 바람이 없을 때 완전히 끌어 올려서 속도를 내기 좋고, 배가 아주 예민해져서 미세 조정을 통해 배를 원하는 방향과 속도로 움직이기에 유리하다. 또 배를 육지로 끌어 올릴 때 완전히 끄집어낼 수 있으며, 가격이 싸다는 것도 유리한 점이다.

그러나 센터보드 방식은 배가 뒤집힌다는 불리한 점이 있다. 실제로 배가 잘 캡 사이즈(capsize, 배가 옆으로 넘어지는 것)된다. 잘못하다가는 컬렙스(collapse 배가 완전히 뒤집어 지는 것)되기도 한다. 반면에 킬은 배를 무겁게 하여 속도에 불리하고, 배를 육지로 끌어올릴 수가 없으며, 경비도 많이 들지만 쉽게 뒤집어지지 않는다. 배가 기울수록 중력이 더 크게 작용하여 배를 복원시킨다. 바람이 세지면 배가 기울고 그러면 바람을 받는 돛의 면적이 줄어들어 바람의 힘을 약화시키는 것도 배를 안정시키는 역할을 한다.

배는 또 범장 방식과 형태에 따라 슬룹(sloop), 캣보트(catboat), 카터(cutter), 켓치(ketch), 스쿠너(schooner) 등으로 분류한다. 슬룹(sloop)은 마스트 하나에 메인 세일과 집(jib) 세일의 두 가지를 단다. 가끔은 집 대신 제노아(genoa, 큰 집)를 달기도 한다. 마스트 하나에 메인 세일 하나만 다는 배는 캣보트(catboat)라 불리며, 마스트가 슬룹(sloop) 보다 훨씬 앞으로 장착되어 있다. 이것은 집

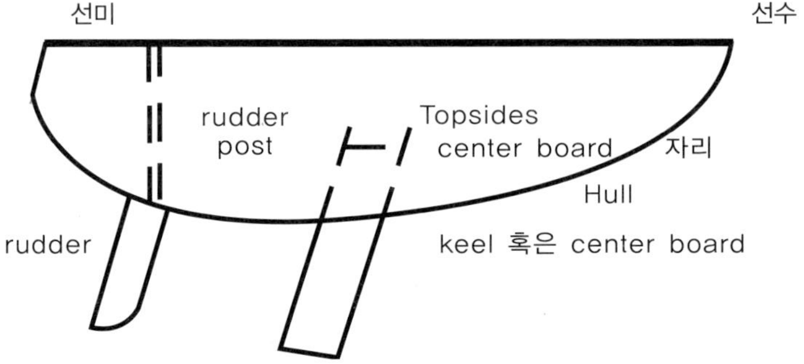

세일이 없는 배의 균형을 잡기 위해서이다. 만일 슬룹(sloop)을 집 세일 없이 메인 세일만으로 달리게 하면 바람이 선미 쪽으로 작용해서 선미를 아래로 향하게 하고 배가 바람 쪽으로 돌게 하여 직진을 방해한다. 마스트를 앞쪽으로 장착하면 바람의 힘이 선미와 선수의 양쪽으로 작용하여 이런 현상을 막아준다.

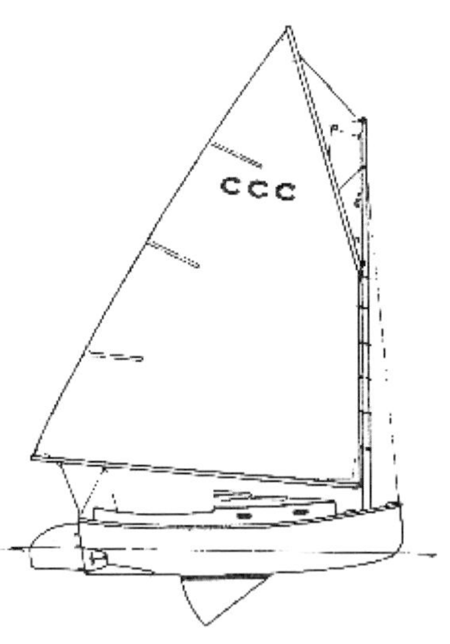

마스트가 하나이지만 슬룹(sloop) 보다 더 뒤에(홀수선 기준으로 적어도 40% 뒤에) 장착하는 배가 카터(cutter)이다. 앞서 말한 바람의 힘이 선미 쪽으로 치우치는 것을 막기 위해서 대부분 집 세일을 두 개 장착한다. 제노아가 없이도 전진력을 키우는데 유리하다. 마스트가 두 개인 배 중 에서 메인 세일이 앞쪽에 장착된 배는 켓치(ketch) 혹은 욜(yawl)이고 뒤쪽에 장착되는 배는 스쿠너(schooner)라고 불린다.

욜(yawl) 중에서 러더가 있는 부분과 헬름스맨(helmsman) 뒤에 장착된 작은 돛이 미젠(mizzen)이라는 것이다. 켓치(ketch)에서는 러더 포스트 보다 앞에 장착하여 더 크고 효과도 좋은 경우도 있다. 전통적인 켓치(ketch)에서는 헬름스맨(helmsman)이 미젠(mizzen)보다 뒤에 가게 하여 전망이 가려지기도 한다. 그래서 현대식 켓치(ketch)에서는 미젠(mizzen) 마스트 앞에 운전대(steering wheel)를 두고 조종석(midships cockpit)을 두기도 한다.

스쿠너(schooner)는 일반적으로 '두 개의 돛을 단 배'로 번역되지만, 기본적으로 앞의 돛이 더 작아야 한다. 이것은 앞을 잘 보기 위해서 그렇게 만든 것으로 앞의 마스트를 포어마스트(foremast)라고 하며, 바람을 맞으면서 달리기는 어렵지만 다른 방향으로 갈 때는 빠르다. 모양이 좋아서 아름다운 배의 대명사로 불린다. 범장이 나뉜 배는 바람이 양쪽으로 나누어지

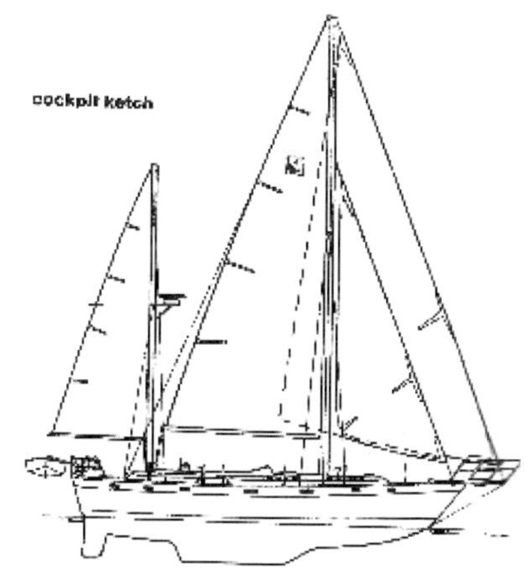

기 때문에 메인 마스트가 그리 높을 필요가 없지만 슬룹(sloop)처럼 마스트가 하나인 배는 돛이 높고 커야 한다. 따라서 두 개의 범장을 하는 배는 제노아가 슬룹(sloop)보다 작아도 된다.

요트는 종류는 달라도 조종 방법과 기술은 다르지 않다. 그러나 나는 탈 때의 느낌과 환경은 사뭇 다르다고 느낀다. 특히 1인승과 다인승은 그 타는 기분이 많이 다르다.

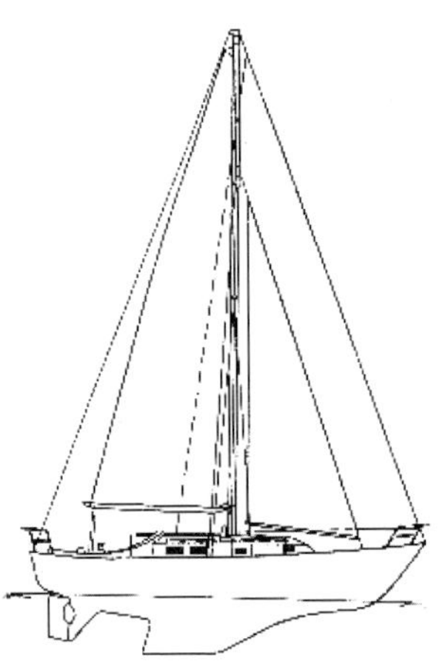

1인승인 레저를 탈 때는 많이 고독하다. 모든 책임을 혼자서 져야 하고 진로의 결정, 테크나 자이빙의 결정, 속도의 결정을 혼자서 해야 하기 때문이다. 캡사이즈나 컬렙스의 경우 혼자서 복원해야 하는 어려움도 있다.

이에 비하여 다인승은 책임이 분산되기 때문에 외롭지 않다. 망망 바다에서 혼자라는 것과 여럿이라는 것은 커다란 차이가 있다. 그러나 공동책임인 탓에 갈등이 생기기도 하고 잘못된 판단에 따

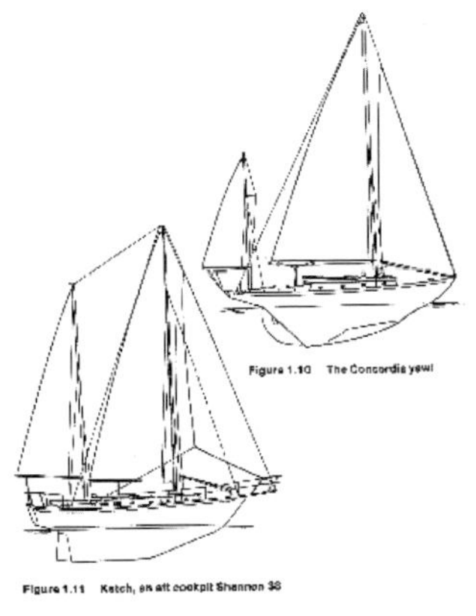
Figure 1.10 The Concordia yawl

Figure 1.11 Ketch, an aft cockpit Shannon 38

른 팀에 대한 부담감이 크기도 하다. 이에 반하여 레저는 총괄적 인 책임을 혼자 지기 때문에 실력을 키우는 데는 보다 유리하다.

범장과 해장, 가난한 세일러들의 애환

요트는 타기 위한 준비과정이 복잡하다. 사실은 복잡할 필요가 없는데 한국적 상황이 복잡하게 만든다. 그것은 범장과 해장을 매번 해야 하기 때문이다. 뉴질랜드나 다른 요트가 일상화된 나라에서는 배가 항상 범장 상태에 있어서 이 과정이 필요 없고 그냥 타고 나가기만 하면 되지만 우리나라에서는 여건상 범장과 해장이 꼭 필요하다. 우선 그냥 배를 정박해 둘 부두(폰톤이라고 한다)가 없다. 그래서 배를 지상으로 끌어 올려두어야 한다. 지상에서는 돛을 내려야 하므로 해장이 필요한 것이다. 그리고 부끄러운 이야기지만 배의 부품들이 종종 도난당하기 때문에 모든 부품을 분리하여 따로 보관해야 한다. 그래서 헐을 마스트와 함께 꼭꼭 묶어 보관하고 세일이나 배튼, 시트, 블록은 따로 보관한다.

배를 타기 위해서는 먼저 범장을 한다. 헐을 씌워 둔 커버를 걷어 내고 메인 블록을 연결한다. 이것은 항상 배에 붙어 있어야 하는 것이지만 분실의 염려가 커서 뗐다 붙였다 하는 것이 우리의 현실이다. 그런데 이 블록 붙이기기 여간 어려운 일이 아니다. 스프링과 같이 연결되어 있어서 몇 분간을 씨름한 끝에 간신히 부착한다.

다음에는 마스트를 조립한다. 상단과 하단을 정렬하여 하나로 연결하는 것이다. 안쪽으로 휘어야 하므로 이 정렬이 필요한 것이다. 다음으로는 청테이프(우리나라 요트에서는 이것이 필수적이다. 모두 고물이어서)를 연결 부위에 둘러 붙여 고정시키고 마스트에 세일을 끼운다. 볼록한 쪽을 바깥으로 하여 세일을 끼우고 나면 세 개의 구멍에 배튼을 끼운다. 위쪽은 짧고 아래 둘은 같은 크기이다. 배튼 홀마다 청테이프를 붙여 빠지지 않도록 한다. 이

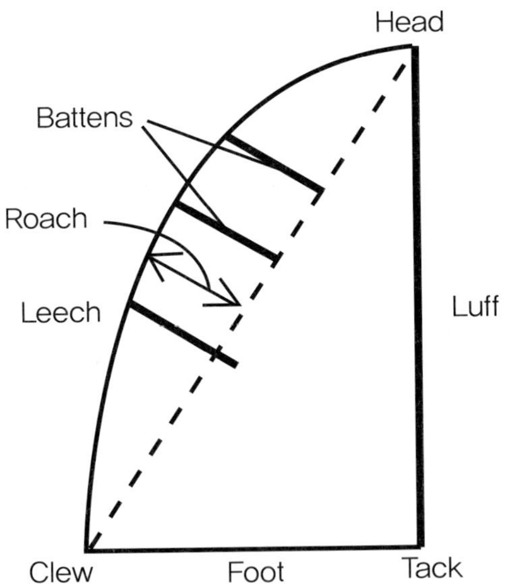

역시 세일이 10년 이상 된 낡은 것이기 때문이다.

이제 세일 이야기를 해보자. 요즈음의 배들은 대부분 직각 삼각형 모양의 마르코니 돛을 사용한다. 이 형태는 바람을 받으면서 달릴 때 저항을 가장 적게 해주는 것으로 알려져 있다. '마르코니' 라고 부르는 이유는 돛이 라디오 송신탑을 닮아서(무선통신, 라디오를 발명한 사람이 마르코니)인데 마르코니가 돛의 발달에 아무 기여도 하지 않았다고 생각하는 사람은 '버뮤다 돛' 이라고 부르기도 한다.

보통 돛은 세 개의 모서리와 세 변을 가지고 있는데 돛을 세웠을 때 제일 위의 꼭짓점이 머리(head), 사변 모서리가 클루(clew), 직각 모서리가 텍(tack)이다. 수직변이 러프(luff)이고, 사변이 리치(leech), 수평변이 풋(foot)이다.

세일이 되면 마스트를 세운다. 이게 좀 어려운 작업이다. 헐을 바람이 불어오는 방향으로 향하도록 해두고 세일을 바람이 흘러가도록 하여 세운다. 보통 힘이 많이 들어 여자들은 혼자서 세우지 못한다. 나는 나이가 많지만 오기로 다른 사람 도움 받기를 싫어하여 혼자서 낑낑거리며 세운다. 헐의 마스트 구멍에 마스트를 끼우고 나면 다음으로 붐을 마스트에 끼운다. 마스트의 구즈넥(goose neck)에 붐을 끼우는 것이다. 그리고 세일을 당겨 붐 끝에 묶고 붐뱅을 연결한다. 붐뱅은 마스트의 높이를 조정하기 위한 것으로 적은 힘으로 움직일 수 있게 도르래로 만들어져 붐을 마스트와 연결하여 둔다.

도르래 이야기가 나왔으니 말인데 요트는 로프와 도르래로 이루어져 있다고 할 수 있다. 중학교 과학시간에 열심히 배우던 힘의 원리가 철저하게 응용된 것이 요트이다. 강이나 바다에 나가면 바람이 매우 세다. 그리고 그 바람을 모아 움직이는 요트의 경우 바람의 위력은 대단하여 그냥 맨 힘으로는 바람을 이기지 못한다. 따라서 모든 장비의 작동은 힘의 원리를 이용한 도르래를 활용하지 않으면 안 된다. 그래서 요트는 먼저 로프의 사용과 매듭방법, 그리고 도르래의 원리를 배우는 일부터 시작한다. 학교 공부에서 이론을 배웠다 하여도 현실에서 적용하는 것은 또 다른 어려움을 가지고 있기 때문이다.

붐뱅이 연결된 다음은 세일을 헐에 연결하는 것으로 시트를 세일 하단 구멍을 통하여 헐의 고리와 연결한다. 역시 도르래를 이용하여 힘의 크기를 늘리는 방법으로 연결한다. 다시 아우트홀(outerhall)을 가지고 세일을 펴고 줄이는 고리를 만든다. 붐 끝의 고리를 통과하여 아우트홀 줄(outerhall sheet)을 꺼내 세일 삼각 끝의 구멍에 연결하고, 다른 끝을 마스트를 둘러 붐을 통과한 다음 두 개의 고리를 만들어 그를 통과시킴으로 다시 움직도르래를 만들고, 마지막으로 손으로 잡아당길 수 있는 매듭고리를 형성한다.

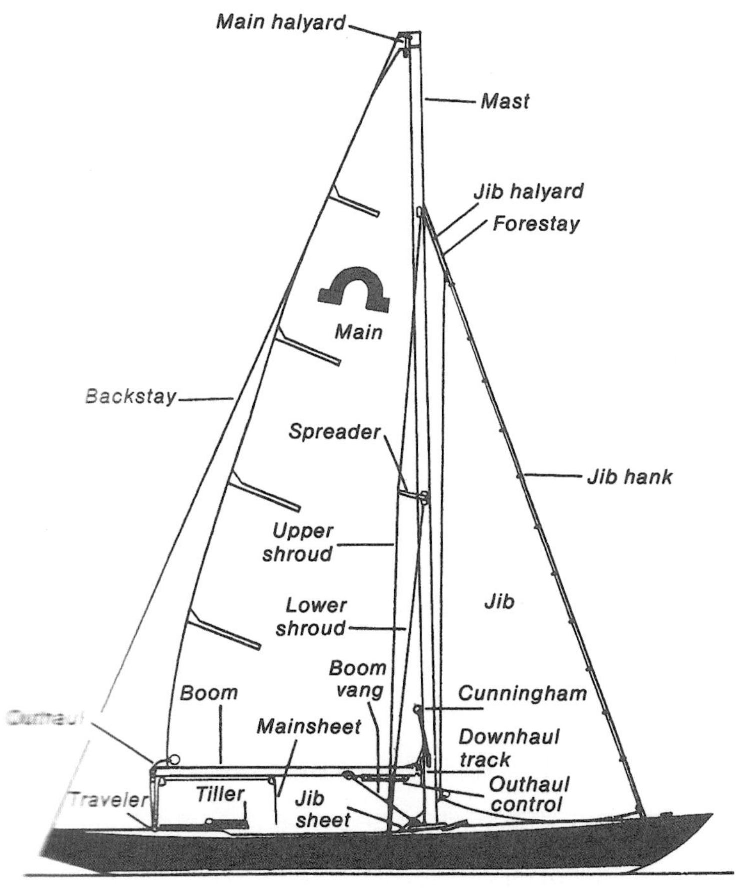
Main halyard
Mast
Jib halyard
Forestay
Main
Backstay
Spreader
Jib hank
Upper
shroud
Lower
shroud
Jib
Boom
vang
Boom
Cunningham
Mainsheet
Downhaul
track
Outhaul
control
Traveler
Tiller
Jib
sheet

세일 장착이 끝나면 러더를 장착하고 트래블러 줄(Traveller rope)을 연결한다. 트래블러(Traveller)는 이름 그대로 메인 세일의 방향을 조정하기 위해 당기고 풀어주는 메인 시트의 중간에 연결되어 블록이 움직여 다니는 통로가 되는 로프이다. 이 트레블러 로프를 헐 스턴(고물)의 위에 장착된 고리를 통과해 길을 만드는 것이다. 메인 시트 블록은 이 트레블러 로프에 끼워 둔다. 그리고 러더를 틸러와 엑스텐션으로 연결한다. 틸러는 러더를 움직이기 위한 손잡이이고 엑스텐션은 힘을 덜기 위해 틸러에 연결된 긴 막대이다.

다음으로 센터보드에 연결된 로프를 마스트 주위를 둘러 묶어 둔다. 이것은 캡사이즈나 컬랩스 시 보드를 잃지 않게 하기 위한 조치이다. 마지막으로 헐의 물구멍을 막는데 우리는 이 역시 청테이프를 사용한다. 대충 물마개를 잃어버리고 있기 때문이다. 제대로 범장이 되었는지 확인 점검하고 이제 슬립(강변의 배를 내리기 위한 시설)으로 배를 끌고 간다. 이때 러더는 들어 올려 바닥에 끌리지 않도록 한다. 역시 우리 장비들은 낡아 이 러더가 그저 내려온다. 그래서 나는 청테이프로 붙여서 고정시키거나 사이에 나무 막대를 끼우거나 하면서 온갖 아이디어를 짜내지만 모든 방법이 잘되지 않는다. 그러다 보면 새 배를 가지고 싶다는 강한 욕망을 가지게 된다. 가난한 세일러들의 한이랄까.

배를 내리기 전에 메인 시트를 연결한다. 메인 시트를 마지막에 연결하는 것은 배를 끌고 가는 도중에 바람의 방향이 바뀌어 세일이 돌아가는 것을 방지하기 위해서이다. 메인 시트는 먼저 메인 블록을 통과시킨 다음 붐의 가운데 고리를 통과하여 엔드 블록을 통과하고, 트레블러 블록을 통과한 후 다시 엔드 블록을 통과시켜 움직도르래를 만든 다음 매듭을 지어 시트가 엔드 블록을 빠져 나가지 못하도록 한다. 이 매듭을 제대로 짓지 못하면 고생 꽤나 한다. 나도 한번은 강 한가운데 나가 이 매듭이 빠져 세일을 조정할 수 없는 상태가 된 적이 있다. 바람은 불어오는데 배를 정지시키고 이 시트를 다시 끼우는 일은 참으로 고생이었다.

이제 바람의 방향을 보면서 배를 물로 밀어 넣고 카트를 육지로 올려둔다. 배를 밀면서 배에 올라탄다. 배가 조금 나가면 센터보드를 꽂고 러더를 내린다. 이제 익스텐션을 잡고 자리를 잡은 다음 메인 시트를 당겨 세일을 펴고 강 가운데로 나간다. 이제 세일이 시작되는 것이다. 우리네 형편은 이렇게 준비기간이 길고 작업이 어렵다. 그래도 힘찬 바람에 몸을 쭉 펴고 누어 당기면 금방 그 고생을 잊어버린다.

세일링이 끝나면 배를 카트에 옮기고 먼저 메인 시트를 푼다. 역시 바람으로 인한 세일의 움직임을 막기 위해서이다. 바람으로 한껏 부푼 세일을 그대로 두고 배를 끄는 것은 무척이나 힘이 든다. 그러지 않아도 힘은 이미 다 빠진 상태라 배를 끌고 슬립을 올라가는 것만으로도 힘든 작업인데 말이다.

배를 육지에 끌어 온 뒤 이제 해장이 이루어진다. 아우트홀 로프를 풀고 세일을 붐에서 분리한 다음에 붐뱅을 탈착하고 러더를 올리고 트레블러 로프를 푼 후 보드를 풀고, 그리고 마스트를 내린다. 배튼을 빼고 세일을 마스트에서 빼내 접는다. 메인 블록을 풀고 각종 시트와 블록 세일을 보관함에 넣고 헐의 물을 빼고 마스트와 붐을 가지런히 하여 헐 위에 두고 커버를 씌우는 것으로 작업 완료다. 사실 이 힘든 일은 열악하기 그지없는 우리 여건 때문에 우리만 해야 하는 작업이다. 요트만 놓고 보면 우리는 아직 후진국이다. 그래도 한 가지 얻는 것은 있다. 요트의 기계적 원리를 훤하게 꿰뚫게 된다는 것이다. 세상에 공짜는 없는 법이다.

바람, I love you

바람이 얼마나 고마운지는 바람 없는 날 배를 타고 나가보면 안다. 왜 없어야 그 가치를 안다고 하지 않는가. 미풍이라도 있으면 러더를 움직이고 세일을 살짝살짝 움직여 조금씩이라도 나가지만(헐은 유선형이고 요트는 작은 힘으로도 전진하게 잘 설계되어 있어서 솜씨만 좋으면 조금의 힘으로도 전진이 가능하다) 전혀 바람이 없는 경우도 많다. 이때는 그저 배가 빙글빙글 돌면서 그 자리에 머물러 있다. 7, 8월의 햇볕은 따갑기 그지없는데 배는 그냥 멈춰 있고 피부는 따갑고 하늘의 태양이 원망스러워진다. 시합 중에도 바람이 멎으면 모든 배들이 멈춰 서서 하늘만 쳐다보고 있다. 그리고 세일러들은 열심히 바람을 찾는다.

저 멀리서 물의 색깔이 진해지고 작은 물결이 보이기 시작하면 이제 바람이 오고 있는 것이다. 선수들은 긴장하고 시트를 쥔 손에 힘을 넣는다. 왔다. 리프 라인이 움직이고 텔 테일이 일어선다. 시트를 당기고 한 줌의 바람이라도 놓치지 않기 위해 돛을 팽팽하게 한다. 드디어 배가 나가기 시작한다. 텔 테일이 평평하게 되도록 세일의 방향을 조정하고 자리를 잡는다. 점점 바람이 세지면 몸을 헐 밖으로 밀어내고 풋 밴드(foot band, 발걸이)에 발을 걸친 다음 마침내 몸을 헐 밖 물위로 눕힌다. 물결을 튕기며 배는 속도를 낸다. 머리 뒤로 물이 스쳐 지나가고 몸을 좀 더 누이면 머리가 물속에 잠긴다.

이제 돛의 끝을 보면 하늘 위로 저 높이 구름을 향하고 있고 뱃전의 물이 마구 튀어나와 배를 적신다. 그리고 배는 그야말로 화살같이 물을 가르며 달린다. 아니 나른다. 이때의 쾌감을 배를 타지 않는 사람들은 짐작이나 할 수 있을까. 팔에 전해지는 팽팽한 긴장감, 몸으로 버티는 바람과의 대결. 물을 가르며 달리는 이 기분은 말로 표현할 수 없다. 특히 바다에서 배를 달리면 집채만 한 파도를 타고 배가 3m 이상을 튀어 올랐다 떨어졌다 하면서 파도를 가르고 달리는 그 기분을 말이다. 이렇게 한참 달리다 보면 등이 물에 젖고 온 얼굴에 물이 튀어 시원하다. 정말 1년치 스트레스가 그냥 날아가 버린다.

이렇게 너무 신나게 달리다 보면 바람을 이기지 못하여 캡사이즈될 수도 있다. 물속에 풍덩했을 때의 신남이란. 그런데 풍상으로 가다가 바람이 세서 캡사이즈되는 경우는 드물다. 대개는 풍하로 가다가 자이빙을 잘못하여 캡사이즈되는 것이다. 풍하로 가다가 캡사이즈되는 경우는 별로 기분이 좋지 않다. 불

안한 상태에서 뒤집어지고 또 배를 일으키기도 어렵기 때문이다. 그러나 바람이 세서 끝까지 버티다가 힘을 이기지 못하여 넘어가는 경우는 시원하다. 이미 넘어갈 것을 알고 자기 한계를 시험하다 넘어간 것이니 후회도 없고 통쾌하며 또 일으키기도 쉽기 때문이다. 대개는 요령이 생겨 캡사이즈되기 전에 시트를 풀어 방지하는 것이지만 일부러 끝까지 버티는 것도 하나의 즐거움이니까.

캡사이즈 이야기가 나왔으니 말이지 초보 때는 이 캡사이즈가 공포의 대상이다. 물속에 빠진다는 것도 부담이려니와 복원이 너무 힘들기 때문이다. 초보 때는 물에 빠질 때 시트에 얽혀서 고생하는 경우도 있다. 특히 라이프 자켓이 시트와 걸려 고생하고 겨우 빠져 나와 센터보드에 올라타면 이미 힘이 다 빠진 상태다. 이렇게 힘이 다 빠진 상태에서 배를 일으켜 세우는 것이 이만저만 어려운 일이 아니기 때문이다.

배를 일으켜 세우는 요령은 풍상을 향하여 배의 방향을 바꾼 뒤 센터 보드에 올라타고 몸무게로 눌러서 배를 일으키는 것이다. 그런데 초보 때는 이 요령이 없고 또 당황하여 잊어버리기 때문에 풍하로 배를 둔 채 바람을 이기며 끌어 올리려니 힘이 배로 들고 운 좋게 배를 일으켜 세우는 데 성공을 해도 배에 타기도 어렵고 타다가 다시 전복되기도 쉽다. 몇 차례 씨름을 하고 나면 정말이지 기진맥진한다. 나도 초보 때는 캡사이즈를 복원하다가 오히려 컬랩스되어 교관이 배를 타고 와서 일으켜 세워준 경우도 있다.

캡사이즈는 배가 90도 넘어간 상태이고 컬랩스는 180도 넘어가서 뒤집힌 경우이다. 어떤 경우에도 위험하지는 않다. 구명조끼를 입고 있어서 물에 빠질 염려는 없기 때문이다. 컬랩스로 배가 거꾸로 뒤집힌 경우에도 어렵지 않은 것이 배 밑에서 숨을 쉴 수 있기 때문이다. 뒤집혀진 배 가운데는 공기층이 형성되어 있다. 왜 그런지는 간단한 물리학 이론을 생각해 보면 된다. 어쨌거나 캡사이즈나 컬랩스가 되어도 힘은 들지만 세일러는 안전하다. 단지 심리적으로 스스로를 안정시키는 것이 중요하다.

지금의 나정도 수준이면(내가 잘 한다는 뜻은 아니다. 아직 한번도 우승이란 것을 해 본 적이 없다. 그저 배를 모는 기초적 기술을 습득한 수준이라는 말이다) 캡사이즈가 잘되지도 않지만 될 징후가 보이면 미리 넘어가서 반대로 일으켜 세우거나 넘어가도 쉽게 일으키기 때문에 더 이상 캡사이즈에 대한 공포는 없다. 그래도 한강물은 너무 더러워서 우리들은 모두 캡사이즈를 아주 싫어한다. 물만 깨끗하다면 일부러 캡사이즈도 하고 싶지만…. 우리 동호인들은 새해 첫 세일링을 캡사이즈로 시작하기도 한다. 배에 쌓인 묵은 먼지를 깨끗이 청소하는 기분으로 말이다. 한강물이 이토록 더럽다는 사실이 참으로 한스럽다.

분수를 희롱하는 세일링

우리가 주로 연습하는 장소는 성산대교 부근이다. 지금의 선착장에서 배를 출발하여 성산대교 밑으로 향한다. 그리고 양화대교까지 갔다가 돌아오는데 성산대교의 교각 사이를 통과하는 것은 매우 즐거운 일이다. 왜냐하면 다리 밑에서는 바람이 약해지거나 갑자기 방향이 바뀌어서 세일을 잘 조정하지 못하면 교각 사이에 갇히거나 물살에 거꾸로 떠밀려 돌아오기 때문이다. 머리 위로 그 긴 돛이 다리 아래를 닿을 듯 스쳐 지나가는 모습을 바라보는 것은 또 다른 즐거움이다.

강변에는 자전거 타는 사람과 인라인 스케이트 타는 사람들이 화려한 복장으로 물가를 수놓고 있어 그 사이를 배를 타고 지나가는 것은 그림 속을 여행하는 것처럼 즐겁다. 한 곳에 가만히 앉아서 고기를 기다리는 낚시꾼들을 마치 조각처럼 바라보면 색다른 전시회에 온 것 같은 생각에 빠져든다. 그리고 이따금 유람선이나 다른 배들과 함께 다니는 재미도 있다. 관광객들이 쳐다보면서 손을 흔들면 함께 손을 흔들어 주기도 한다. 대개는 유람선이 빠르고 우리가 그 진로에 방해가 되기 때문에 유람선이 지나가면서 신호음을 보낸다. 얼른 피해 옆으로 물러서면 유람선이 지나가면서 커다란 파도를 만들어낸다. 배가 흔들려서 조정이 어려워지기는 하지만 그래도 유람선이 만들어내는 파도를 타고 출렁거리는 즐거움을 누린다.

성산대교 밑에서는 분수가 힘찬 물줄기를 하늘 높이 뿜어 올리는데 그 분수 아래를 배를 타고 지나가는 기분은 말로 표현할 수 없는 스릴과 시원함을 선사한다. 바람의 방향이 제 마음대로라서 조정이 어렵기는 하지만 폭포수 같은 물줄기를 온 몸으로 받으며 배를 몰아 지나가거나 잠시 머물러 있으면 그 스릴과 시원함이 어느 리조트보다 더 청량하다. 사람들은 멀리서 분수를 바라보며 구경만 하지만 우리는 어린아이들처럼 분수로 뛰어들어 분수와 함께 노니는 것이다. 그래도 누구도 야단치지 않는다. 요트맨(yacht-men)만의 특권인 것이지.

젊음을 흉내 내며

언젠가 아들 녀석과 〈멤피스 빌〉이라는 영화를 본 적이 있다. 출전을 앞둔 비행사들의 이야기인데 그 젊은 조종사들이 출전을 앞둔 전날 밤에 모여서 노래하고 떠드는 장면에서 갑자기 나는 한없는 젊음의 패기를 동경한 적이 있다. 도무지 내게 그런 시절이 있었다는 생각이 들지 않았다. 한 조종사가 기타를 치면서 〈Oh! Danny Boy〉를 노래 부르는 장면에서 나는 허황되게도 젊어지고 싶다는 생각이 미친 듯이 끓어오르는 자신을 발견하고 깜짝 놀랐다. 그리고 나는 시합이라는 것을 통해 나의 나이를 잊고 이들의 젊음에 동참하기로 했다. 시합, 그래 시합이야말로 나이를 잊어버리게 만드는 것이다. 거기에는 나이에 대한 양보도 배려도 없기 때문이다. 그리고 나도 젊어지지 않으면 출전이 불가능하기 때문이다.

높은 파도를 넘고 물을 뒤집어쓰면서 바람에 몸을 내던지는 이 젊음을 보라. 축구경기장에서 선수들이 보여주는 그 근육의 움직임을 보라. 장애물을 넘기는 그 선수들의 금방이라도 터질 듯 한 긴장을 보라. 흘리는 땀과 내뿜는 가쁜 숨과 거친 호흡의 이 시합에서 나는 진정으로 살아 있음을 느낀다. 이것이 시합이다. 젊음만이 누리는 특권이다. 그래서, 그래서 나는 감히 이 젊은이들만의 잔치에 무모하게도 염치없게도 초대받지 않는 참여를 선언하는 것이다 이것만이 내가 다시 젊어지는 길이기 때문이다. 이 늙어감의 서글픔에 대한 반동은 어려운 세대를 산 우리 50대의 고유한 문화적 특성인가, 아니면 모든 세대를 아우르는 공통의 인류적 본능인가. 나는 이 물음에 대한 대답도 듣지 아니하고 시합에 나갔다.

시흥 시합

처음으로 시합에 나섰다. 윤 코치의 강권으로 시합에 나가게 되었지만 도무지 겁이 난다. 힘들게 배를 끌고 시화호 해변으로 나선다. 배가 하나둘 나가기 시작하는데 나도 그냥 따라간다. 두려움을 숨기고 따라간다. 그런데 내가 겁을 먹는 까닭은 사람들이 끝도 없이 바다 한가운데로 나가는 것이 아닌가. 어쩔 수 없이 그냥 속수무책으로 죽었다고 생각하고 따라간다. 정신을 차려보니 바다 한가운데가 출발점이었다. 시합은 세 개의 포인트를 찍어 놓고 삼각형을 돌아오는 것인데 제일 처음 만난 도전은 출발 라인을 지키는 것이다. 배는 잠시도 서 있기 어렵고 서 있다가 바로 출발할 수 없기 때문에 항상 출발 라인을 왔다갔다 하면서 출발신호를 기다려야 하는데, 아차하면 출발시간에 라인에서 멀어져 있어서 혹은 반대방향으로 가고 있어서 출발이 늦어지기 쉽다.

나는 처음이라 당연히 출발시간을 놓쳐 늦게 출발하게 되었다. 그런데 출발하자마자 달라진 것은 내 마음이었다. 긴장이나 불안감은 어디론가 사라지고 갑자기 승부욕이 발동해 평소에는 하지도 못하던 택킹과 자이빙을 마구 해대는 것이었다. 한강에서는 겁이 나서 함부로 당기지도 못하던 시트를 있는 힘을 다해서 팽팽하게 당기고 드러누워서 마구 배를 몰아갔다. 사람들이 놀라서 쳐다보았다, 시합이 끝나고는 노인네가 어디서 그런 힘이 나오느냐고 물었다. 사실 나는 노인네다. 20대와 30대가 주축인 이 동네에서 50대는 노인이다. 그래도 노인이라고 배척은 하지 않고 오히려 격려해주고 더 응원해주는 이 동네의 분위기를 나는 좋아한다.

어쨌든 나는 이 처음 시합에서 마음껏 기량을 발휘해 신나게 달렸다. 내가 생각해도 빠른 속도로 달려서 처음 출전에 DNF(do not finish)를 면하게 되었다. 얼굴을 때리는 바람과 파도, 온몸을 적시는 땀인지 물인지 모를 것들이 나를 전혀 다른 사람으로 만든다. 머리 뒤로 휙휙 지나가는 물소리, 바람소리, 터질 듯이 팽팽하게 부풀어 오른 돛과 돛 사이로 보이는 하늘과 구름, 나는 내 다리와 팔에 느껴지는 근육의 움직임을 즐기면서 나도 모르게 영화 속의 선수가 되어가고 있었다.

꿈은 이루어지고 있었다. 시합을 거치면서 그 두렵던 자이빙 기술이 몸에 붙었고 캡사이즈도 전혀 두렵지 않게 되었다. 이제는 간단히 캡사이즈를 복원하고 방지할 수도 있게 되었다. 한 번의 시합이 이렇게 사람을 바꿔놓을 줄은 정말 몰랐다. 두려워하던 나를 격려하여 나가게 해준 윤 코치가 너무나 고마웠다. 이 시합 이후 나는 물위를 바람과 함께 달리는 즐거움에 푹 빠져 들었고 스피드에 그만 중독이 되어 버렸다. 단 한 번의 시합으로 영원한 요트맨으로 태어난 것이다.

파도를 가르며 부산 바다를 달리다

시흥시장배 다음으로 출전한 경기가 해양경찰청장배 시합이었다. 서울클럽의 김도균 씨가 같이 가자고 해 참가하게 되었는데 레저급이 아닌 J24 출전이라는 것이다. 레저급은 두 번 출전한 경험이 있지만 단체경기는 처음인데다 사실은 J24는 전혀 경험이 없었다. 그래도 레저 조정 수준이면 충분하다고 해 나서게 되었다. 원래는 여럿이서 시합에 참가할 예정으로 출전 신청을 했는데 사정이 있다고 다 빠지고 둘만 나가게 되었다. 사실 나도 가고 싶지 않았는데 같이 가기로 한 여학생 한 명이 부산에 약속이 되어 있다고 해서 무리해서 떠났다. 긴 운전 끝에 겨우 부산 요트 항에 도착해 빌리기로 한 배를 받았다. 시합 전에 한번 시운전해보자고 해 학생들 몇몇과 배를 타고 나갔다.

그런데 그게 무모한 짓이었다. 태풍 경계령이 내려져서 모든 배가 철수한 사실을 모르고 있었던 것이었다. 모터를 이용해 외항으로 빠져 나간 것까지는 괜찮았는데 나가보니 바람이 전혀 없는 것이 아닌가. 태풍 전야에는 바람이 없는 법이다. 너무 무모한 출범이었다. 결국 돌아와야 했는데 이번에는 모터가 시동이 걸리지 않는 것이었다. 몇 번을 시도한 끝에 결국 포기하고 구조를 요청했다. 그런데 나갈 배가 없다는 것이 아닌가. 모든 배가 태풍을 피해 들어와 있어서 나갈 수가 없다는 것이다.

모든 사람들의 얼굴에 절망과 공포가 스치고 지나갔다. 모터를 포기하고 돛으로 가려 했으나 미풍조차 없어 배는 그 자리에서 뱅뱅 돌았다. 더구나 배튼도 끼우지 않아서 돛이 그냥 말려버리는 것이었다. 돛만 문제가 없어도 조금씩은 움직여볼 수 있을 텐데. 우리는 우리의 무모함을 후회했지만 때는 늦었다. 학생들은 겁에 질렸다.

나는 최후의 방법을 생각했다. 오늘 밤은 그냥 여기서 지내고 내일 아침에 태풍이 몰려오면 그 바람을 타고 가자. 위험하기는 하지만 그래도 내항이 멀지 않으니 그 정도는 할 수 있을 것 같았다. 그래서 나는 학생들을 안심시키려고 했다. 나중에 알고 보니 학생들은 대부분 요트 경험이 거의 없는 초보자였다. 그래서인지 학생들은 더 겁을 먹는 것 같았다. 결국 우리는 하는 데까지 해보자고 다시 엔진에 시동을 걸어보았다.

수차례의 시도와 실패 끝에 모두 지치고 절망에 빠져 있을 때 기적처럼 시동이 걸렸다. 겨우 출발한 배는 조금씩 움직이기 시작했다. 다시 엔진이 꺼질 새라 노심초사하며 겨우 내항으로 들어왔다. 그때의 안도란…. 사지에서 빠져나온 우리는 모두가 말없이 배에서 내리고 배를 정박시킨 다음 그냥 헤어졌다. 학생들이 많이 피곤하고 후회가 되었는가 싶었다.

다음날 다시 배를 타자고 했더니 그냥 도망가 버린다. 속절없이 우리는 전혀 신뢰가 없는 사람이 되어 버린 것이다, 사전에 철저한 준비 없이 배를 탄다는 것은 목숨을 버리는 것과 같은 것이다. 뼈저린 경험을 하고 새삼 정비와 준비의 필요성을 절감했다. 생각해보니 그 겁먹은 학생들과 함께 태풍을 등지고 달린다는 것이 말이 그렇지 목숨을 내놓은 것과 다름없는 일이 아니었나. 지금 생각해도 아득하기만 하다.

다음 날 배도 타지 못하고 우리는 서울로 돌아왔다. 이렇게 불발로 끝난 시합은 다음해에 결국 이루어졌다. 다시 해양경찰청장배 시합에 도균 씨와 둘이서만 출전하게 되었다. 그래도 실력을 자신하며 무모한 도전을 시작했다. 처음 출발은 순조로웠다. 비록 손이 부족하기는 했지만 집 세일과 매인 세일을 번갈아 잡아가며 그래도 선두그룹에 끼어 달렸다.

그러다가 도균 씨가 제노아 세일을 펴자고 했다. 제노아 세일은 바람을 등지고 달릴 때(run) 바람을 최대로 받아 달리게 하는 영화 〈WIND〉 속의 여주인공이 개발한 바로 그 세일이다. 그러나 나는 그 세일을 사용해 본 적이 없어서 어떻게 해야 할지 몰랐고, 더구나 두 사람뿐이어서 그 바람 속에 달아낼 수 있을지 자신이 없어 망설였다.

그러나 무모하기라면 둘째가기 서러워할 도균 씨에 나 또한 무모함에는 별로 뒤지지 않는 성격이라 기어이 "해보자!" 한 것이 화근이 되었다. 예상대로 그 센 바람에 돛을 잡을 수가 없었고, 결국 메인세일과 키까지 놓고 둘이서 매달렸지만 돛은 더욱

펄럭일 뿐이었다. 그 사이 배는 제멋대로 가버렸고 우리가 포기하고 제노아를 다시 감아 뱃전에 두고 일어섰을 때는 이미 우리가 어디 있는지도 알 수 없게 되었다. 주위에 배들이 보이지 않았다. 우리는 전혀 엉뚱한 곳으로 가버린 것이었다.

통상의 경우에도 바다는 워낙 넓어서 작은 부표(마크)가 잘 보이지 않는다. 더구나 파도가 세면 도무지 방향을 잡기도 어렵다. 그래서 다른 배들을 따라가면서 가까이 이르러 부표를 확인하는데, 우리는 다른 배도 놓쳐서 망망대해를 10분 이상 헤매고 다녔다. 파도는 5미터 이상으로 쳐 올라 배는 마치 바다에 처박히는 양상이고, 고군분투 끝에 둘 다 완전히 녹초가 되어 겨우 목표점을 찾아 돌아오니 시합은 이미 다 끝난 상태였다. 허탈한 심정으로 귀가하면서 나는 새삼 무모한 실수를 후회하고 또 후회했다.

이순신배 시합

생각해보니 무슨 연유인지 근 1년을 배를 타지 않았다. 그래서 오랜만에 한강에 나갔다가 최근의 이야기를 들었다. 올해는 요트가 붐이라는 것이며, 이제 사람들이 딩기를 타지 않고 크루저를 타기 시작했다는 것이다. 그래서 나도 크루저 시합에 나가고 싶다는 생각을 했는데 마침 윤 코치한테서 전화가 왔다. 통영에서 열리는 이순신배 시합에 참가하지 않겠느냐는 것이다. 당근 환영이지.

바로 협회에 선수 등록을 하고 이 사장과 연락해서 출발 날짜를 잡았다. 금요일 저녁에 출발하기로 했으나 갑자기 우 박사가 같이 간다고 해 토요일 새벽에 출발하게 되었다. 가다가 길을 놓쳐 시간이 좀 지체되었지만 그래도 시합 전에 통영에 도착해 두 사람은 마제스틱을 타고 나는 이 교수의 쾌지나를 타게 되었다. 준비해간 옷이 맞지 않아서 이 교수가 주는 두꺼운 점퍼를 입고 시합 준비에 임했다.

시합을 앞둔 선착장은 부산하다. 저마다 높은 마스트를 한 두 개씩 올린 크고 작은 배들이 각양각색의 형태에 나름의 치장을 하고 바람에 출전번호기를 날리며 출항 준비를 서두른다. 재미있는 것은 상대 선수들에게는 잘하라고 격려를 하면서도 자기 선수들끼리는 그 흔한 "파이팅!" 한번 외치지 않는다는 사실이다. 선수들은 배를 점검하느라 분주하고 사이사이를 구경꾼들이 돌아다닌다. 여러 형태의 요트 앞에서 신기해하면서 눈을 반짝거리는 구경꾼들, 마음에 드는 배 앞에서 열심히 사진 찍는 사람들, 그들로 선착장은 북적거리고 젊음과 열기로 흥분이 차오른다. 이제 출전 배들은 출항 준비를 끝내고 있다.

우리도 마스트를 점검하고 붐과 세일, 그리고 각종 로프를 확인하며 출전준비를 끝냈다. 먹을 것도 빠뜨리지 않는다. 바람이 세다. 긴장된다. 모두들 긴장하는 눈빛이다. 자, 드디어 준비가 끝나고 우리는 출항한다. 엔진에 시동을 걸고 조용히 부두를 빠져나간다. 연이어 배들이 내항을 빠져나간다. 시합장에는 이미 많은 배들이 집결해 있다. 출발을 기다리며 시합 라인을 따라 조용히 횡단하고 있다. 시합 라인은 본부정과 마크 사이를 연결하는 수평선이다. 우리도 시동을 끄고 출발을 준비한다. 시합 5분 전이면 본부정의 시합기가 올라간다. '삑' 하는 신호음과 함께 배들이 긴장한다. 이제 출발 준비다. 우리는 드디어 세일을 올린다. 먼저 메인 세일을 올리고 제노아를 올린다. 바람이 강하고 경험이 적다하여 스핀을 올리지 않기로 한다.

세일을 다 펴자 2분 전 기가 올라간다. 이제 배들은 시합 라인으로 모여든다. 이때가 주의할 시점이다. 배는 머물러 있지 못하기 때문에 계속 움직여야 하는데 아차 잘못해 출발 신호 전에 시합 라인을 통과하면 다시 돌아와서 출발해야 하기 때문에 낭패를 본다. 그렇다고 시합 라인에서 너무 떨어져 있으면 출발 신호에 맞추어 출발을 못한다. 따라서 신호 전에 시합 라인을 통과하지 않으면서도 최대한 가까이 있으려고 애쓴다. 그래서 시합 라인 부근은 배들로 북적거리며 충돌하지 않으려 서로 피해 다니며 물러서라고 고함치느라 부산하다.

드디어 출발 1분 전 기가 올라간다. 막판 시합 라인 부근은 더욱 복잡해진다. 그리고 마침내 시합기가 내려가고 신호음이 울린다. 마침내 배는 시합 라인을 통과한다. 우리는 노력했지만 실력 탓인지 한참 뒤에야 출발 라인을 통과한다. 감독하는 배들이 달려와서는 이 배 저 배를 가리키며 돌아가라고 한다. 우리도 혹시 사전 출발하지 않았는지 걱정했는데 다행히 우리는 지적받지 않았다. 돌아가는 배를 보면 즐겁다. 아마추어답게 우리는 사뭇 느긋하게 배를 몰아간다.

처음에는 바람이 너무 강해 축범하여 달렸다. 한참 가다보니 바람이 약해져 세일을 완전히 열었다. 그런데 여기서 스핀을 펴지 않은 것이 실책이었다. 다른 배들은 스핀을 활짝 펴고 보무도 당당하게 미끄러져 가는데 우리 배는 점점 뒤처지는 것이었다. 할 수 없다고 포기하고 천천히 뒤를 쫓아간다. 참가에 의의가 있다고 자위하면서.

그런데 문제가 생겼다. 제노아를 당기던 크루가 실수를 하여 로프가 윈치에 묶여서 돌아가지 않는 것이다. 할 수 없이 제노아에 연결된 로프를 풀고 윈치에서 풀어냈다. 그리고 제노아에 다시 로프를 연결하려고 했다. 그런데 바람이 너무 심해 도무지 묶을 수가 없다. 겨우겨우 묶었으나 문제는 여기에서 발단되었다. 묶은 로프가 바람에 풀려버리는 것이다. 다시 배를 늦추고 로프를 연결했지만 또 풀렸다. 결국 스키퍼가 포기를 선언했다.

내가 메인 시트를 잡았는데 태킹할 때 딩기 타던 버릇이 있어 배가 캡사이즈되지 않도록 시트를 조금 풀어주는 습관이 있었지만 그것이 크루저에서는 통하지 않는지 스키퍼가 풀지 말라는 것이다. 배의 속도를 떨어뜨리기 때문이다. 크루저는 전복의 염려는 없으니까 속도조절이 더 중요한 것이다. 이 부분에서 의사소통이 잘되지 않은 것도 스키퍼가 시합 포기를 한 원인이 되었을 것이다. 어쨌든 크루에 대한 스키퍼의 불만 때문에 결국 경기를 포기했다. 게다가 시합 룰을 제대로 몰라 두 번째 경기마저 포기하고 말았다.

경기가 끝나고 나는 메저스 숙소에 같이 잠을 잤다. 메저스는 2등과 3등을 했단다. 배도 새로 장만하고 사전 훈련까지 하면서 1등을 노리고 열심히 연습한 결과이다. GPS로 항로까지 컴퓨터에 입력해 시간대별 속도를 조사하며 숙고하고 작전도 짜고 있었다. 우리는 한참 멀었다는 생각이 들었다. 배도 가히 앤티크 수준이지만 시합 전에 경로 답사도 않고, 선수들끼리 한번 맞춰 보지도 않고. 그것도 인원이 모자라는 수준에서. 또 유치원처럼 아이들을 모아서 한 참으로 한심한 참가였다. 그래도 다음 경기를 기대하며 일찍 잠자리에 들었다.

이튿날 어제 크루들은 모두 가버렸다. 결국 옆 선착장의 모터보트 주인을 새 크루로 불러 셋에다 이 교수 사모님까지 겨우 넷을 만들어 그래도 시합에 임한다. 오늘은 바람이 어제보다는 약해 우리는 전의를 살리며 다시 출항한다. 오늘은 실수 없이 잘 달린다. 나도 레저 버릇을 버리고 세일끈을 늦추지 않는다. 생각해보면 조금만 잘해도 승산이 있는 시합이었다. 누가 뭐래도 우리는 다년간 레저로 실력을 다진 베테랑이 아닌가. 그래도 다른 배들을 앞지르며 잘 달렸다. 이교수도 기분이 좋았다. 어제 시합을 포기하지만 않았어도 우승권에 진입할 수 있었을 터인데 아쉽기만 했다.

시합이 아니어도 좋다

분명히 배를 탄다는 것은 시합만이 목적은 아니다. 그저 즐기기 위해, 혼자든 여럿이든 물위에서 어린아이처럼 놀기 위해 타기도 한다. 나에게는 참으로 다행인 것이 배를 타는 아무도 나를 늙었다고 차별하지 않는다는 것이다. 그래서 시합이 아니어도 나는 젊은이들과 언제든 함께할 수 있다. 그런 이유로 뱃놀이는 항상 즐겁다. 젊은이들과의 그냥 편안한 항해, 이 또한 즐겁지 아니한가. 사실 나는 내 또래의 늙은이들보다 젊은이들과 함께 배 타기를 더 좋아한다. 술을 싫어하는 것도 원인이기는 하겠지만 나는 고리타분한 과거적 이야기를 싫어한다, 그것도 못 견디게. 때문에 나는 동창회도 나가지 않고 술자리마저 피한다. 그러기에 더더욱 나는 배가 좋다.

함께 즐기기에는 아무래도 레저보다는 J24나 470이 좋다. J24가 항해용이라면 470은 시합용으로 만들어진 것이기는 하지만 그냥 둘이서 타고 놀기에도 좋다. 우리는 주로 한강에서 타는데 바람이 그다지 일정하지 않아도 조정이 쉽기 때문에 마음이 편하다. 혼자가 아니라서 레저급보다 마음도 편하다. 시합 때는 둘이서 다투기도 하지만 시합이 아니라면 그저 편한 것이다. 캡사이즈가 되어도 둘이서 복원하기는 한결 쉽다.

우리는 마냥 편안한 마음으로 나들이를 가듯이 마스트를 세우고 배를 밀어 물위로 나간다. 센터보드를 내리고 틸러와 메인시트를 양손에 쥐고 양다리를 걸친다. 가볍게 바람이 일고 배는 모든 것이 정지된 듯 조용한 수면 위를 꿈꾸듯 미끄러진다. 배가 물 한가운데로 나가면 조용히 바람이 인사를 한다. 노고존 (NO Go Zone, 바람이 불어오는 방향을 기준으로 양쪽으로 45도 영역, 배가 나갈

수 없다)을 벗어나기 위해 우리는 테크를 시행한다. 붐이 머리 위를 스치고 지나간다. 배는 풍상을 향한다.

어느 새 리프라인이 움직이고 세일에 바람이 차면서 손으로 압박이 전해 온다. 바람이 도전해 오는 것이다. 스키퍼와 크루의 심장이 가볍게 뛰기 시작한다. 우리는 방향을 정하고 먼 수평선을 향한다. 다시 한 번 테크를 시행한다. 그리고 우리는 강 상류로 방향을 바꾼다. 여전히 배는 풍상 방향이다. 우리는 한쪽으로 걸터앉아 양 다리에 힘을 주고 로프를 움켜쥔 다음 버티기를 시작한다. 스키퍼는 레저와 마찬가지로 메인시트를 잡고 러더를 조정한다. 크루는 하네스(배에 사람의 몸을 묶는 장치)를 걸고 뱃전에 올라선다. 레저보다 배가 크기 때문에 바람이 세면 뒤로 누워 온몸으로 균형을 잡아 주어야 하기 때문이다.

바람이 강해진다. 최대의 속력을 얻기 위해 바람이 클로스홀드(Close-Hauled, 바람이 불어오는 방향의 45도 방향으로 뱃머리를 고정하는 것. 가장 큰 힘을 얻는다)를 잡고 달린다. 마침내 배튼과 헬리(바람의 방향을 알려주는 작은 단추에 메달린 끈)는 수평으로 뻗고 돛은 바람으로 팽팽해지면서 배는 활강을 시작한다. 배가 한쪽으로 기울기 때문에 우리는 반대방향으로 모든 체중을 싣는다. 크루는 이제 온몸으로 균형을 잡고 하네스에 매달려 누워버린다. 몸은 수면으로 눕고 등 밑으로 찰랑거리는 물결이 빠른 속도로 스쳐 지나간다. 주위의 모든 것들이 주마등처럼 휙휙 지나가고 감당할 수 없는 속도에 몸을 내맡기고 미끄러져 간다.

바람을 타고 날아 보라. 가슴 가득히 바람을 안고 물 위를 미끄러져 보라. 하얀 돛이 바람을 가득 싣고 먼 바다 위로 미끌어져 가는 광경을 생각만 해보라. 그대가 세상의 어떤 원한과 어떤 슬픔을 가지고 있더라도 당신이 감당할 수 없는 속도로 달려가는 그 순간 당신의 모든 시름과 걱정은 눈 녹은 듯 날아가 버린다.

남은 이야기들

눈부시게 아름다운 바다, 통영의 추억

통영은 참으로 아름다운 도시다. '동양의 나폴리' 라는 수식어를 들먹이지 않더라도 모든 배 타는 사람이면 공감하고 배를 타지 않는 많은 지인들도 이의가 없다. 다들 은퇴하면 통영에서 살아보고 싶다고 한다. 전국을 여행한 어느 작가가 전국에서 가장 살기 좋은 곳으로 통영을 찍은 일화도 있다. 나는 주로 시합 때문에 통영을 찾지만 시합이 없을 때도 그냥 구경삼아 가기도 한다. 아이와 함께 혹은 같은 활동을 하는 지인들과 함께 통영을 찾을 때마다 나는 언제나 행복감을 맛보고는 했다.

과거를 거슬러 올라가면 통영은 우리 부부의 신혼여행지이기도 하다. 그때는 충무관광호텔이 유일한 호텔이었지만 지금은 마리나로 더 유명하다. 그때는 없던 폰톤과 그곳에 가득한 요트들을 보면서 나도 그 위에 한 척 띄워놓고 싶다는 간절한 욕망을 가져본다. 화려하거나 사치스럽지는 않더라도 그냥 혼자서 또는 지인들과 한나절을 보낼 수 있는….

윤이상의 국제음악제가 열려 둘째가 좋아하고 아내도 옛 추억으로 좋아하는, 국제적인 예술가가 태어날 수밖에 없는 이 작은 도시. 박경리의 생가, 자연과 어우러진 문화공간들, 바다와 하나가 된 다리들…. 도시의 하나하나가 갖고 싶은 것들로 채워진 이곳에 서 있으면 괜스레 옛날에 살았던 고향처럼 느껴진다.

그 중에서도 한산도는 정말이지 가지고 싶은 곳이다. 바다가 안으로 쑥 들어와 고즈넉한 평화, 도무지 전쟁과는 상관이 없을 것 같은 무심한 자연, 그 속에서 전쟁을 치렀다는 사실이 믿어지지 않는다. 사람들이 하잘 것 없는 명분이나 목적을 두고 목숨을 걸고 피를 흘리며 쓰러져 가도 자연은 그냥 무심하기만 한 것. 그 무심함이 세월을 넘어 지금의 나에게 전해진다. 이런 무심한 자연 속에 언제까지나 묻혀 세상을 잊고 싶다는 사치스런 공상에 또 빠져든다.

한산도가 아니라도 주위에는 크고 작은 섬들이 숱하게 많다. 한번은 배를 타고 이름 모를 섬을 돌아 작은 섬에서 밤을 보낸 적이 있다. 어찌나 조용하고 평화로운지 바쁜 도회의 모든 일상을 잊고 마치 영원처럼 하루 종일을 섬에서 보냈다. 그리고 약속이나 한 듯이 “은퇴하면 여기 집을 하나 장만하고 살 거야” 하면서 우리 모두는 이미 바다가 보이는 언덕 위에 터를 마련한 한 지기를 부러워하고 있었다.

바람에 미친 사람들

바람에 미친 사람이 나만은 아닌 것 같다. 내 주위에는 나보다 더 미친 사람이 한둘이 아니다. 따지고 보면 내가 가장 덜 미친 사람이다. 어느 몹시 추운 겨울 아침 우리 미친 사람들이 공동으로 미쳐났다. 영하 7도의 추위에 배를 탄다고 나선 것이다. 아침 7시 성산선착장에서 만난 우리 모두는 몹시 추워하면서도 혹 춥다고 가지 말자고 누가 말이라도 꺼낼까 두려워 짐짓 춥지 않다는 표정들을 짓고 있었다. 미친 사람은 다섯이었다. 내 또래의 늙은이들 다섯과 윤 코치가 같이 한 차에 몸을 싣고 어린 애들처럼 신나하며 오천으로 간다. 아침 식사를 마치고 부두로 나간다. 부둣가에는 정신과 의사를 하던 사람이 세운 컨테이너 하우스 카페가 있다.

이 의사 양반은 남의 정신을 치료하기 전에 스스로를 먼저 치료해야 하는 것이 아닌가 싶다. 배에 미쳐서 교수직도 그만두고 오천으로 이사를 와 배만 타고 살았단다. 카페를 차리고 여 종업원을 한 사람 고용하였단다. 그러나 찾아오는 손님이 아무도 없어 늘 자기 스스로 유일한 손님이 되어 맥주를 시켜 마시고 돈을 지불하고는 했단다. 근처에 정신과를 개업했지만 환자가 없어 결국 접고 서울로 다시 가서 병원을 열었다고 한다. 보통 사람들이 도저히 이해하지 못할 삶을 주저 없이 사는 사람들. 그 용기가 부럽기 짝이 없다.

배를 타고 나간다. 제일 나이든 양 사장은 바람이 너무 강하다고 빠지고 나머지 다섯 사람만 배를 탔다. 만을 출발하여 모터로 바다 입구까지 10분가량 빠져 나간 다음 중간에서 돛을 올렸다. 그러나 너무 춥고 바람이 세서 돛을 올리는 작업이 매우 힘들고 오래 걸렸다. 이 사장이 키를 잡고 윤 코치와 다른 사람들이 보조하여 돛을 올렸다. 그러나 그것도 순간 바람이 너무 강해 메인 세일도 내려야 했다. 경험이 적은 다른 사람들은 매우 두려워했다.

어쩔 수 없는 회항. 그러나 돌아와서 보니 잘한 판단이었다. 갈수록 바람은 더욱 강해졌다. 식당에서 보이는 바다까지도 백파가 많이 일었다. 그저 술 한 잔 기울이고 회로 점심하면서 온갖 이야기가 쏟아져 나왔다. 자칭 '또라이'들의 파티. 점심을 끝내고 돌아오는 차 안에서도 '또라이'들의 잡담은 끊이지 않았다. 배에 미친 스스로가 어째서 그리도 자랑스럽고 재미있는 것일까. 훗날을 기약하고 우리는 추위에 떨면서 성산에서 헤어졌다.

이호우의 〈밤배〉

나는 혼자 배타기를 좋아한다. 아무도 없는 한강을 가끔씩 혼자서 배를 밀고 나간다. 약간의 두려움도 있지만 그 두려움을 나는 즐긴다. 고독도 즐긴다. 저녁 무렵 배를 타고 있으면 강변의 사람들이 모두 딴 세상의 사람처럼 느껴진다. 돌아갈 길 없는 먼 길이라도 떠나온 듯 나는 영원히 그 사람들 속으로 돌아가지 못한다는 생각으로 고독에 침잠한다.

이호우의 〈밤배〉를 읊조리면서 어머니로부터 이 세상에 던져진 나라는 이 작디작은 배의 운명을 끌어안고 나는 정처 없이 흘러간다. 주위에 사람들은 많지만 그 어느 누구도 손을 뻗쳐 잡지 못하는 이 물 한가운데의 고독한 여정 속에서 바람과 싸우며 나는 헤밍웨이의 〈노인과 바다〉, 그 고독을 읽는다. 친구이면서 경쟁자인 이 바람을 나는 진정으로 사랑한다.

어느덧 해는 지고 밤이 온다. 노인에게 잡힌 고기처럼 고기도 잠을 청하고 노인도 잠을 청하고 밤의 적막은 깊어만 간다. 노인이 꾸는 아프리카 해변의 꿈, 사자의 고독한 모습, 파도가 일렁이는 해변에서 나는 버려진 아이처럼 바닷가를 혼자 걷는다. 언제나 그리운 어머니, 나의 어머니. 나는 어릴 적의 엄마 품속을 그리워하면서 그 품으로부터 점점 멀어지고 있었다.

다시 해가 뜨고 고기와의 싸움은 시작된다. 당기고 버티고

…. 나와 바람의 싸움도 시작된다. 저만치서 바람이 몰려온다. 물결이 어두워지고 출렁이기 시작한다. 나는 자세를 가다듬고 로프를 당기면서 바람의 도전을 맞이한다. 마침내 바람은 내 돛을 때리고 내 선체는 기우뚱거린다. 다리를 뻗고 엉덩이를 배 밖으로 내어 물 위로 눕는다.

팔과 다리에 힘이 들어가고 있는 힘껏 버팅기기를 한다. 바람은 돛을 찢어 놓겠다는 듯이 성난 사자처럼 맹렬해지고 내 팔에는 힘줄이 돋아난다. 드디어 머리 뒤통수는 수면을 스치고 파도가 배를 덮치며 온 몸을 물로 적신다. 하늘이 씽씽 지나간다. 주변 풍광도 주마등처럼 휙휙 지나간다. 그리고 나는 마침내 터지고 만다. 형용할 수 없는 희열로. 어머니….

시트를 늦추고 나는 마침내 바람과 타협한다. 다시 조용히 바람과 함께 배는 미끄러지듯이 앞으로 나아간다. 그리고 잦아드는 격정에 침잠하며 돌아온 고향처럼 강변의 사람들을 마음속으로 맞이한다. 물 가운데 한 사람의 배는 그저 지나가는 풍경의 하나일 뿐으로 생각하는 저 낚시꾼들과 자전거 타는 사람들과 스케이트 타는 사람과 조깅하는 사람과 걷는 사람과 이들 모두를 나는 내 성의 손님으로 또는 이웃으로 받아들이고 혼자서 고향에 돌아온 평안함으로 조용히 바람에 몸을 맡기고 율리시즈의 귀환을 체험하는 것이다.

여생을 보내고 싶은 동네

일 년에 한 번씩은 찾는 샌프란시스코. 어머니가 계시기에, 누나가 살기에, 아버지가 잠들어 계시기에, 나의 제2의 고향, 사실 고향이 없는 나에게 샌프란시스코가 내 고향이다. 어릴 적 살던 곳은 하나같이 개발바람에 실려 흔적도 없이 사라지고, 내 집 하나 없이 몇 년에 한 번씩은 이사를 다니며 정 붙일 곳이 없던 어린 시절, 낯선 외계인에게 이 지구상에 고향이 있을 리 없다. 그래서 나의 원래 고향은 지금은 아득히 먼 어느 별로 내 마음 속 깊이 숨어 있고 지구상의 고향은 샌프란시스코일 뿐이다. 언제 찾아도 변함이 없는 도시, 참으로 이 동네는 변하지 않는다.

하루가 다르게 새 건물이 들어서고 도로가 생기고 산이 없어지는 한국에 사는 우리에게 있어서 이 동네는 20년 전이나 30년 전이나 도무지 변함이 없다. 공항에서 내려 바다를 가로지르는 도로를 넘어서면 똑 같은 베이 브릿지(Bay Bridge), 그 교차로. 다운타운 가는 마켓가(Market street), 기어리 대로(Geary Blvd). 버거킹 옆에 새 약국이 문을 연 것이 지난 30년간의 오직 하나의 사건인 필모어 거리(Fillmore street), 동생이 샌프란시스코에서 아니 이 세상에서 가장 맛있다고 하는 필모어 식당. 버거킹 위의 작은 2층 방, 창이 많아 햇살이 종일 방안을 비추는 작은 방 하나가 전부인 엄마의 집. 엄마의 동네.

엄마의 집에서 나는 고성의 왕자처럼 유폐가 된다. 어둠이 걷히기 전 가로등 불빛으로 희미한 새벽의 시간에 일어나 창가에 자리를 잡고 엄마의 창을 통해 붉게 물들기 시작하는 아침을 맞이한다. 바쁘게 일터로 향하는 사람과 차들의 행렬을 보면서 일상으로부터 철저하게 격리된 이 감옥의 하루는 시작된다. 엄마가 차려주는 하루 세끼의 밥을 먹는 일 이외에는 아무런 할 일이 없이 그저 창가에서 이따금 지나가는 몇 사람의 행인과 몇 대의 차들이 주차했다가 빠져나가는 광경을 관찰하면서 한낮의 정적과 오후의 한가로움을 내 몸속에 우겨넣는 것이 전부인 나의 하루.

계절의 변화도 없이 오직 햇볕의 많고 적음에 따라서만 변하는 오래 된 도시의 풍광, 어제와 오늘이 도무지 다름이 없는 이 도시. 어쩌다 일요일이나 공휴일이면 축제가 있지만 거리는 작은 판매대로 채워지고 온갖 잡동사니를 파는 집시 같은 사람들. 기웃거리는 얼마 안 되는 구경꾼들이 전부인. 한가함과 무료함이 종일토록 내 작은 화폭 안을 채우고 떠나지 않는 동네. 언제나 외지인으로 시끌벅적한 관광도시의 한켠에 이런 곳이 있다는 것이 신기한 엄마의 동네.

저녁이 되어 사람들이 힘든 하루를 마치고 지친 몸을 이끌고 집으로 향하는 시간에도 나는 여전히 꼼짝도 않고 창가의 자리를 지킨다. 마침내 밤이 되어 도시의 거리는 적막으로 채워지고 이따금 흑인 아이들이 몰려다니면서 노래인지 고함인지 모르는 소리로 그 적막을 깨뜨리지만 이내 거리는 다시 고요 속에 잠겨들고 만다. 그 어떤 것도 이 도시의 적막과 고요를 이길 수는 없다. 나는 기억하지 못한다. 얼마나 많은 날들을 끝없는 공상만이 전부인 혼자만의 시간 속에 침잠해 고성의 창가에서 꼼짝도 않고 지냈었는지.

그런데 내가 정말로 이 엄마의 동네에 살고 싶어 하는 이유는 다른 데 있다. 10분이면 닿는 바닷가, 금문교 밑 하얀 파도와 태평양의 푸른 바다를 나는 좋아한다. 다리를 건너면 내가 그리도 부러워하는 동네 소살리토(Sausalito). 태평양을 면한 튜니스나 산 토리노 같은 언덕 위에 집들이 사이좋게 늘어서서 하나같이 저 먼 바다를 향하고 있다. 몸은 육지 위에 있어도 마음은 언제나 먼 미지의 나라로 대양을 건너 항해를 꿈꾸는 항해사와 방랑자의 동네. 하얀 요트들이 저마다 높은 돛을 자랑하며 물결을 타고 출렁이는 폰톤과, 주말을 빼고는 그저 조용하기만 한 선착장의 시골 동네. 저 많은 배중에 내 것이 하나도 없다니. 언제나 나는 'club members only' 사인 앞에서 돌아서면서 내가 여기 산다면 이사하는 바로 그날 이리 와서 클럽에 가입해야지 생각을 하곤 한다.

요트가 있는 곳은 여기만이 아니다. 샌프란시스코 공항을 가는 길옆에는 커다란 요트장이 있고, 근처의 비치를 찾아가면 곳곳에 선착장이 있고 배들이 졸듯이 물결에 출렁이고 있다. 언제나 알카트래즈섬 근처에는 요트가 몇 척 떠다니고, 시합이 있는 날은 빨강, 파랑, 노랑의 제노아 돛을 단 배들이 바다를 수놓는다. 한껏 바람에 부풀려진 돛을 달고 미끄러지듯 나르듯 태평양을 누비는 배들을 보고 있으면 나도 마치 세일을 끌어당기고 있는 듯이 팔에 힘이 주어지고 다리가 팽팽해지며 가슴이 쿵쿵거린다.

그리고 나는 그 동안 내 사랑을 쏟아 길들여 놓은 많은 세상의 요트와 요트가 떠다니는 바다를 생각해 본다. 시드니, 뉴욕, 나나이모, 그리고 우연히 내 기억 속에 자리 잡은, 나무가 우거진 동굴 속 같은 물 위로 고독하게 흘러가던, 그야말로 너무 평범해서 상상 속의 풍경을 그리는 화가들이 생각 없이 그려 넣을 것 같은 한척의 배. 나도 그런 이름 없는 배를 하나 자식처럼 입양하고 이름 없는 아비가 되어 함께 이 동네 저 동네를 돌아다니며 한가로운 집시의 나날을 보내고 싶다.

내가 꿈꾸는 바다, 그리고 나만의 배

작년 전곡항에서 열린 요트대회를 다녀온 후로 나는 팜플렛 하나를 화장실에 비치하고 있다. 길고 높은 돛을 올리고 미끄러지듯 물위를 떠가는 배, 붉은 색의 스핀(제노아)을 펼치고 바람 가득히 앞으로 나아가는 이 가지고 싶은 배들의 향연. 배 그림들을 매일 보면서 나는 언젠가는 그 배 하나를 내 앞바다에 띄워 놓고 싶다는 사치한 생각을 한다. 저 멀리 작은 섬들이 펼쳐져 있는 푸른 바다, 그 섬들을 뒤로 하고 먼 바다로 나아가는 내 고독한 배, 나의 콜니드라이호(Kol Nidrei). 헤밍웨이가 꿈꾸던 아프리카의 황금해안으로, 지중해로, 그리고 네모 선장의 태평양으로 나는 떠나간다.

돌아올 기약 없는 이 먼 항해, 혼자만의 여정. 때로는 뜨거운 남국의 작열하는 태양을 등지고, 거센 파도와 성난 바람을 견디며, 출렁이는 파도를 따라 달빛이 외길을 비추는 잔잔한 밤의 여정. 별을 쳐다보며 방향을 찾고 그 별들의 이야기에서 내 지나간 날들을 기억하며 못 견디게 돌아가고 싶은 집으로의 향수를 달래는 방랑자의 고독을, 스테이트 카리지(State College) 마을의 언덕에서 연기가 모락모락 피어오르는 인디언 마을 같은 동네를 보며 향수에 젖던 그 고독을 나는 다시 끄집어내고 그렇게 외로운 여행을 마음껏 누려보고 싶은 것이다.

제2부

고독을 찾아서

그 하나,
바다 속 이야기

나는 왜 바다 밑으로 내려가는가

애니메이션 〈공각기동대〉를 보면 주인공인 전뇌인간이 잠수하는 장면이 나온다. 옆에서 사이보그가 인간도 아닌 기계가 왜 바다 밑으로 내려가는가 하는 의문을 던진다. 바닥에 누워 아무것도 않고 물위를 쳐다보면서 도무지 무슨 생각을 하는가. 대체 생각을 하기는 하는가. 바다 속을 내려갈 때마다 나는 스스로에게 물어보고는 한다. 나는 왜 바다 밑으로 내려가는가.

이 물음에 대한 답을 구하기 전에 몇 가지 잠수의 본질에 대해 생각해보자. 첫째로 내가 말하고 싶은 것은 잠수는 스포츠가 아니라는 것이다. 잠수는 스포츠가 가지고 있는 몇 가지 중요한 요소가 결여되어 있다. 첫째, 경쟁요소가 없다. 무엇을 겨루는 경쟁목표가 없고 경쟁자가 없다. 둘째, 신체적인 활동보다 정신적인 요소가 더 많다. 잠수에 이르는 과정이 신체적인 활동을 필요로 하는 것은 사실이지만 이것은 본질적으로 관람에 해당하기 때문이다. 작살을 사용해 사냥을 하는 직업적인 잠수부에 있어서는 스포츠일 수 있겠지만 오늘날에는 대부분의 잠수가 단순한 관람 목적을 띈다. 따라서 잠수는 영화를 보거나 연극을 보거나 다른 예술작품을 감상하기 위해 극장이나 화랑으로 가는 것과 같다. 초대받지 않은 틈입자가 되어 자연이 저들만으로 만들어 놓은 세상을 들여다보는 것이다.

둘째로 잠수는 단순한 여가활동으로 생각하기에는 위험이 너무 크다는 것이다. 작은 공기통 하나에 목숨을 모두 거는 잠수는 생각만으로도 두렵다. 한번 버려지면 사람들의 세상으로 돌아오기 어렵다. 올라오지 못하고 가라앉기가 더 쉽기 때문이다. 시야가 흐린 경우에는 올라오는지 내려가는지 알기도 어렵다. 때문에 야간 잠수의 경우에는 올라와야 하는 상황에 내려가서 영영 사라지는 경우도 있다. 또 조급하여 급히 올라오면 잠수병에 걸리기도 한다. 잠수는 한번 내려가면 일정 시간을 머물러야 하고, 초대받지 않았지만 저들의 세상을 함께해야 한다. 때로는 방관자로 때로는 틈입자로. 또한 물속에는 알지 못하는 위협이 도처에 도사리고 있다. 꼭 상어가 아니더라도 보기에는 아름답지만 독을 가진 많은 생물들이 있고, 반갑지 않은 틈입자를 징벌하는 바다의 지킴이도 있다. 단순한 즐거움이나 호기심을 충족하기 위해 잠수를 하기에는 너무 위험이 크다.

셋째로 잠수는 반드시 짝이 있어야 한다. 잠수에 있어 짝은 철저하게 동반자이다. 많은 스포츠에 있어서 짝이 동반자이면서 경쟁자인 것과 대조적으로. 내가 잠수를 스포츠라고 생각하지 않는 이유가 여기에 있다. 그런데 그 짝이 종종 시야에서 사라진다. 이것이 보통 사람을 불안하게 하는 것이 아니다. 내가 이해하지 못하는 이유로 잠수 장비는 전혀 발달하지 않았다. 21세기 첨단 과학기술시대에 우리가 사용하는 잠수 장비가 30년 전 쿠스토가 만든 그것과 크게 변함이 없다는 사실을 믿을 수 있겠는가. 그래서 아직도 물안경은 매우 불편하다. 물안경을 쓰는 순간 당신의 시야는 절반 이하로 좁아진다. 시야가 좁기 때문에 짝이 있어도 밀착해 있지 않으면 보이지 않고, 그 순간 혼자 버려진 듯 매우 무서워진다.

넷째로 잠수는 이러한 두려움으로 인해 고독하다. 초대받지 않은 방문이기에 더욱 그렇다. 낯선 다른 생명의 세상에서 불청객인 사람 하나 죽는 것쯤은 저들에게 있어 외계 곤충 하나 죽는 것처럼 아무렇지도 않은 일이다. 공격을 받아 죽든 공기가 떨어져 죽든 장비의 문제로 죽든 그물이나 동굴의 해초류 등에 의해 함정에 갇혀 죽든 또는 공포로 죽든, 이런저런 여러 가지 이유로 동정도 없이 그냥 죽는다. 나의 세계가 아닌 다른 생명들의 세상에서 틈입자로 있기에 언제 발각되어 죽을지도 모른다는 두려움, 그래서 내가 속한 세상으로 영영 돌아오지 못할 수도 있다는 공포, 이런 감정들이 잠수자로 하여금 절절히 고독을 느끼게 한다. 짝이 있다 해도 고독의 정도는 덜어지지 않는다. 잠수는 정말이지 사막 한가운데 버려지는 것만큼이나 고독하다. 아니 사막보다 더 외롭고 두려운 것이 바다 속에 버려지는 것이다. 견딜 수 있는 시간이 너무나 한정되어 있기 때문이다.

바다 속을 내려가는 것은 이렇듯 언제나 두렵고 또 고독하다. 즐거움보다 더한 두려움과 공포, 그리고 호기심보다는 고독이 더한 것인데 왜 내려가는 것일까. 정말 잠수에는 이런 위험을 무릅쓰고도 꼭 경험하고 싶은 그 무엇이 있는 것일까. 어려운 스포츠에서 느끼는 성취감만은 결코 아니라고 생각하고 싶다. 그러면 그 무엇은 무엇일까. 인간이 내려가는 이유와 사이보그가 내려가는 이유가 다른 것일까. 사이보그가 인간이고 싶어 내려가는 것이라면 잠수의 그 무엇이 인간을 느끼게 해주는 것일까. 나는 아직도 그 무엇이 무엇인지 알지 못한다. 어쩌면 나는 그것을 알기 위해 내려가는 것인지도 모른다.

잊혀진 세상, 황홀한 신비의 세계로

바다 속으로 갈아 앉은 아틀란티스의 전설은 우리를 한없는 동경으로 내몬다. 나는 가끔 이런 생각을 해본다. 혹시 아틀란티스 그 자체의 세상보다 바다 속으로 가라앉았다는 사실이 더 신비한 매력을 주는 것은 아닐까. 단순히 사라진 세상이라면 과거의 세상이든 과학이 극도로 발달한 미래에 우리가 겪게 될 세상이든 같은 인간의 세상이라는 점에서 낯선 설렘은 적을 것이다.

그러나 그 오랜 세월을 바다 속에 잠겨 있었다면 어떻게 달라졌을 것인가, 우리가 알지 못하는 바다가 얼마나 이 인간의 도시를 변화시켰을 것인가, 그게 궁금하다 못해 신비롭기도 할 것이다. 우리가 타이타닉의 가라앉은 모습에서 흥미를 느끼는 것은 배 그 자체보다 바다 속이라고 하는 예술작품의 틀에 던져진 더 이상 사람의 세상이라고 할 수 없는 달라진 모습에서 더한 아름다움을 느끼는 때문은 아닐까.

아인슈타인은 세상에서 아름다운 것은 신비한 것이라고 했다. 그러나 내 생각에는 신비한 것 자체가 아름다움이 아닌가 싶다. 바다 밑의 세계는 아직도 우리에게는 쉽게 다가갈 수 있는 세계가 아니다. 우리 가까이 있으면서도 자주 접할 수 없는 세상, 그래서 나는 늘 신비함을 느낀다. 신비롭기 때문에 아름답게만 느껴진다. 모르는 여인이 아름답게 느껴지는 것과 같이.

잠수의 매력을 말로 하기는 어렵다. 물속 세계는 너무도 황홀하다. 아차하면 시간을 잊어버리게 된다. 금방 들어온 것 같은데 벌써 나갈 시간이다. 물속을 갖다 오면 나는 늘 코란에 나오는 한 구절이 생각난다.

신이 그를 3백년이나 잠들게 하였다.
그리고 그를 깨우고 나서 물었다.
"너는 여기 얼마나 있었느냐?"
"나는 잠시 여기 있었을 뿐입니다."

틈입자의 행복, 잠수에 대하여

*아래 글은 〈한국경제〉에 실은 칼럼으로 잠수가 보편화되지 않은 초기의 시절, 독자들에게 소개를 위해 써보았다.

해양잠수회는 아직은 보편화되지 않은, 그래서 일상의 사람들에게 남다른 느낌을 주는 잠수동호회이다. 일상의 생활에서 홀연히 떠나 미지의 자연 속에 몸을 던지는 모험을 즐기면서도 거대한 자연의 힘 앞에 보잘것없는 자신을 돌아봄으로써 겸허한 자세를 가다듬는 아마추어 다이버들의 모임이다.

결성된 지 채 2년도 안되지만 회원 간의 단결은 대단하다. 잠수는 절대로 혼자서는 할 수 없는 운동이다. 반드시 짝이 있어야 한다. 잠수에 있어서 짝은 다른 스포츠에 있어서처럼 경쟁상대가 아니다. 잠수 중의 짝은 자신의 생명과 안전을 지키는 보호자이다. 짝이 공기가 떨어지거나 해초에 걸리거나 다른 사고가 나면 상대 짝이 모든 구출업무를 담당하게 된다.

잠수 스포츠의 이러한 특성과, 승부다툼이나 경쟁을 싫어하는 다이버들의 성격으로 인해 잠수동호회 회원들의 동료의식은 다른 동호회에서는 찾아보기 힘들 정도로 각별하다. 이것은 회원들이 대체로 평소 별나다는 인식 때문에 주위의 사람들로부터 격리되어 일종의 외로움 속에 지내는데, 그러한 외로움을 공유하는 사람들과 함께한다는 것이 커다란 위안이 되기 때문일 것이다.

회원은 이범택 혁신전기공사 사장, 개인사업을 하는 설태웁 씨, 송홍규 한국디지탈 구매부 과장, 사진작가 김형주 씨 등 10명. 비교적 시간적으로 여유가 있는 직장인과 자영업자들이다. 현재는 순수한 취미동호인 클럽으로 월 1회 국내 바다를 탐사하는 것을 주요 행사로 하고 있지만 여유가 생기면 해외원정도 나설 계획이다. 그리고 한국잠수협회 산하기구로 등록하여 수중보호운동에 적극 참여하고 있으며, 수중환경 보호를 위한 많은 활동을 계획하고 있다.

회원 중에는 환경 전문가와 수중촬영 전문가가 있어 수중환경 보전에 쏟는 관심은 지대하다. 수중 경관과 동식물의 생태활동, 그리고 수중환경 훼손 현장에 대한 사진을 수집하여 전시회도 가질 예정이며, 이러한 활동을 통해 우리나라 수중자연의 아름다움을 알리고 수중환경 보호에 대한 경각심을 일깨움으로써 환경보전운동에 기여할 것을 기대하고 있다.

해양잠수회는 언제나 문호가 열려 있다. 모험을 즐기면서도 사람간의 경쟁을 싫어하는, 자연에 도전하면서도 자연 속에 동화되려는 겸허한 사람들에 대해서는 아무런 제한 없이 회원으로 받아들이려 하고 있다. (1993. 4. 27 한국경제신문, '동호동락')

천년의 비밀, 숨겨진 정원을 찾아

바다 속에는 아직 숨겨진 곳이 많다. 육지에서 볼 수 없는 광경을 보는 것이 잠수의 즐거움이다. 부력으로 중력의 구속에서 벗어나는 자유 유영이 내가 잠수를 즐기는 더 큰 요인이기는 하지만 남이 숨겨둔 비밀의 정원을 거닌다는 것은 호기심을 넘어 혼자만의 독점적 욕심을 채우기에 부족함이 없다.

제주도로 대학 동창과 함께 잠수를 가게 되었다. 제주대학 경영학과 교수로 있는 이 친구가 잠수를 한다며 같이 가자 한 것이다. 그런데 다이버 샵에 전문 다이버가 없어 사장이 직접 안내를 한다는 것이다. 그의 말만 믿고 따라 나선 것이 우리의 실수였다. 흔들리는 작은 배에서 실컷 멀미를 하다 결국 나는 견디다 못해 먼저 바다로 뛰어 들었고 친구는 토하고 말았다. 바다 속에서도 이 사장이 포인트를 잘못 찾았다. 그래서 우리를 버려두고 그냥 혼자서 나가기만 하니 우리는 그를 놓칠세라 정신없이 따라다녔다. 이런 위험한 가이드는 결코 따라가서는 안 된다. 그러나 어쩌랴. 때는 늦었다. 후회하면서 우리는 살기 위해 마구 헤엄치고 다녔다.

그러나 그 방황하는 사이에 나는 지금도 잊히지 않는 환상적인 경험을 하게 되었다. 갇혀진 세상을 한참 헤엄치다 갑자기 눈앞이 확 트이면서 가없이 펼쳐진 넓은 평원 속에 들어섰다.

사막처럼 넓게 펼쳐진 평원은 해조류가 숲을 이루고 있었는데 나무처럼 늘어선 해조류가 한 방향으로 휘날리고 있었다. 그것은 마치 태풍에 나무가 흔들리는 광경을 하늘 위에서 낮게 날며 구경하는 것 같았다. 나는 잠시 시간을 잊고 그 바람의 한 가운데를 정글 숲을 누비는 한 마리 물고기가 되어 헤엄쳐 다니고 있었다. 언제 닥칠지 모르는 위험에 온몸을 긴장하면서.

난파선, 그 숨겨진 역사가 유혹하는 비밀에 끌려

결혼 30주년 기념으로 우리 부부가 정말 오랜만에 해외여행을 하게 되었다. 코타키나발루. 오랜만에 일에서 해방되어 우리는 참으로 한가한 시간을 보냈다. 단지 아내가 갓 배운 골프를 너무 좋아해서 그 더운 여름에 도착하자마자 골프장으로 나간 것이 내게는 불만이었지만 석양의 해변을 말을 타고 달리며 자못 행복을 만끽할 수 있었다. 그리고 따로 하루를 내어 섬으로 갔고, 처음으로 난파선 탐사를 경험했다.

아내는 혼자서 스노클링을 즐기게 하고 나는 일본 여자 가이드와 함께 난파선을 찾아 나섰다. 물이 생각보다 흐려서 시야가 나쁜 것이 흠이었지만 그래도 처음 보는 난파선이라 약간 흥분도 되었다. 제일 먼저 눈에 들어오는 앵커, 그리고 조타실, 선

실, 타이타닉처럼 많은 사건과 사람들의 그 절절한 사연을 안고 영원히 잠들어 있는 그 잊혀진 세상, 그 사이로 무심코 헤엄쳐 다니는 고기들. 불현듯 나도 언젠가 그 잊혀진 사람들의 하나가 되겠구나 하는 생각이 엄습했다.

홍해, 다이버들의 파라다이스를 가다

2009년 이집트 출장기간 중에 휴가를 내어 홍해로 잠수여행을 떠났다. 사실 이 잠수를 위해 10년 이상을 잊고 지내던 잠수 훈련을 다시 받았다. 내 장비는 오래 되어 쓸 수 없는 상태였지만 내 기술은 그다지 녹슬지 않았다는 것을 확인할 수 있었고, 집중적인 복습을 통해 나는 완전히 자신감을 회복했다.

7. 17(목)

10시, 우리는 떠난다. 짐을 챙기고 먹을 것도 싣고 휴가를 향하여. 카이로 시내를 벗어나는데 한참이 걸린다. 교통규칙은 형식상 만들어져 있고 사람들은 예고 없는 차선변경, 양보 없는 추월, 끊임없는 경적소리, 역주행으로 도로를 무한경쟁의 전쟁터로 만든다. 정부에 대한 불만이 도로 위에서 분출되는 것인지, 배려와 양보는 이들 사전에는 없는 말인 듯하다. 한국 사람들이 제일 싫어하는 링 로드를 따라 동쪽으로 30분 쯤 달리니 겨우 먼지투성이의 카이로 시내를 벗어난다.

조금 편한 마음으로 고속도로를 따라 동북쪽으로 달린다. 양쪽으로는 끝없는 사막이 무심하게 펼쳐져 있다. 사막은 이따금 사람들에게 왜 여기 사느냐고 묻는 듯 사람과는 전혀 상관이 없이 그렇게 오랜 세월을 혼자서 살고 있다. 가끔씩 검문하는 경찰들은 심심한지 "꾸리, 꾸리" 하면서 말을 건 다. 귀찮기는 하지만 그저 "예스, 수크란" 하면서 무사통과하기 위해 웃어준다. 쓸데없는 일을 하면서 그냥 세월을 짓이기는 여기 공무원들, 어디서나 정치와 관료의 병폐가 사람들을 피곤하게 한다.

집을 나선 지 120km 정도, 터널 사인이 나온다. 'Sini' 표지가 나왔지만 확신이 없어 그냥 가는데 검문소에서 친절하게 알려 주었다. 그래도 말을 잘못 이해하는 바람에 한참을 직선으로 가다가 유턴하여 다시 돌아 수에즈운하의 지하차도로 들어갔다. 운하는 보이지 않고 언덕 양쪽에 군인들이 기관총을 들고 서 있는 것이 보였다. 민간인들은 여차하면 총알세례를 퍼부어도 아무렇지도 않은, 그야말로 피지배계급에 불과하다는 믿음을 이 나라 정치가와 군인들은 확실하게 가지고 있는 듯했고, 우리도 그 불쌍한 백성의 일원이 되어 "아이고 무서워라" 하면서 터널을 통과한다. 생각보다 깊지 않아서 겨우 20m 정도의 깊이를 5분 남짓 통과하니 끝이다. 운하 밑이라 굉장한 것을 기대하였던 심리는 "어? 뭐 이래?" 하는 약간의 실망으로 끝난다. 그리고 이제 드디어 신문이나 TV에서 많이 보던 문제의 시나이 반도로 들어선다.

양쪽으로 사막이 펼쳐져 있는 50m 도로를 따라 누에바를 향해 달린다. 시속 120km의 고속으로 달리고 달려도 끝이 없는 사막. 도로변으로는 타이어 찢어진 것이 계속해서 버려져 있다. 사고도 그만큼 많았겠지. 타이어 가격이 너무 비싸서 주로 재생타이어를 사용한단다. 아직 안전을 생각하기에 이들은 너무 가난하다.

한참 달린 뒤 내륙에 들어섰다. 주유를 하기 위해 어느 마을의 주유소에 들렀더니 기름이 없단다. 전기가 고장이 나서 5분 정도 걸린다고 한다. 기다리라는 뜻인지 5분만 가면 다른 주유소가 있다는 말인지 알 수가 없다. 우리는 차를 옆 가게 앞에 세우고 기다렸으나 이들의 평소 행태로 미루어 보건데 한 시간이 더 걸릴지도 모를 일이었다. 현재의 기름으로 목적지까지 갈 수도 있지만 걱정이 되어 이리저리 물으니 서툰 영어로 10km 가면 주유소가 있다는 말을 듣고 그냥 떠난다. 다행히 바로 검문소가 있고 그 앞에 주유소가 있어서 기름을 넣는다. 미국인 여행객이 앞에서 기름을 넣고 있었고 타바로 간다 했다. 주유소에서 젊은 이들이 한국인이라니 반가워하면서 미국은 싫다고 한다.

기름을 넣고 한참을 더 사막길을 달렸다. 이윽고 내륙으로 들어서니 전혀 다른 광경이 우리를 반긴다. 돌산, 돌거리, 돌평지…. 높게 솟은 돌벽이 길 양쪽으로 늘어서 있고 그 사이로 온갖 모양의 돌들이 들어서 있다. 수십 미터로 솟은 돌덩이, 옆으로 펼쳐진 돌무더기, 커다란 돌덩이가 마당에 혼자 서 있기도 하고 몇 개가 모여 있기도 한다. 오직 돌만으로 이루어진, 아프리카 사막과는 너무나 대조적인 이 기이한 풍경은 지구가 아닌 화성이라고나 불러야 마땅할 듯하다. 신기하게도 그 돌산 군데군데 나무들이 자라고 있다. 키 작은 떨기나무도 자라고 꽤 큰 나무도 있다. 물 한 방울 없는 이 돌산에 생명이 자란다는 것이

기특하기도 하고 신기하기도 하다. 더구나 봄빛의 연두색으로 금방 자란 새 생명의 표시를 하고 있으니 정말 대견하다. 생명의 피어남이….

그렇게 돌과 돌이 병풍처럼 둘러싼 좁은 길을 미로를 헤매듯 돌고 돌며 200km 정도 가니 갑자기 돌산 사이로 역삼각형 모양의 푸른빛이 눈에 들어왔다. "바다다!" 탄성이 절로 나왔다. 홍해! 다가가니 옆으로 그 푸른 바다가 펼쳐진다. 시야 가득 푸른 빛! 이게 홍해구나. 우리는 차를 잠시 세우고 갑자기 변한 그 평화스러운 풍경에 빠져 있었다. 수직과 수평이 주는 느낌은 그 차이가 확실히 다르다는 것을 느끼면서 이번에는 다합을 향해 달린다. 누에바에서 다합까지 90km, 왼쪽으로 바다를 끼고 계속 달린다. 그렇게 해서 드디어 우리는 다합으로 들어섰다. 검문소를 거쳐 양쪽으로 난 길은 최근에 공사를 한 듯 깨끗하다. 가로수에 중앙분리대 화단은 꽃으로 가득하다. 사막에 꽃이라, 반가운 인사를 하고 우리는 마을길로 들어섰다.

삼거리에서 전화로 길을 물어보지만 도무지 감을 잡을 수 없다. 랜드 마크가 없는데다 안내하는 혜영 강사가 지리에 익숙지 않는 것인지 한참을 헤매고 있는데 경찰차가 와서 차 세우면 안 된다고 공갈이다. 역시 돈을 요구하는 것이겠지. 모른 척하고 금방 간다면서 길을 물으니 어쩔 수 없는 표정으로 웃으면서 가르쳐 준다. 그 길을 따라 바다 가까이로 간다. 플라자를 지나 몇 번 더 전화하고 헤맨 끝에 겨우 오아시스 파이팅 캥거루 호텔에 도착한다. 그래도 일찍 출발한 덕분에 우리는 해를 한참 남겨 둔 4시경에 짐을 내릴 수 있었다.

방을 보여주는데 두 방이 붙어있고 안쪽 방은 여자용, 바깥쪽 방은 남자용으로 몇 명이 매트리스만 깔고 자게 되어 있다. 좀 망설이니 다른 방도 있다 하여 80파운드짜리 방을 얻어 짐을 풀었다. 그런데 이 강사라는 아가씨가 조금 괴짜이다. 우리를 오라고 했으면 당연히 다이빙에 대해 설명도 해주고 내일 일정도 잡아야 할 텐데 줄곧 딴 이야기만 하고 자기들끼리 수다를 떠느라 우리의 내일 계획 따위는 관심이 없는 듯했다. 할 수 없이 그냥 밖으로 나온 우리는 먼저 와서 훈련받고 있던 경헌이를 우연히 만나 같이 저녁을 먹으러 갔다.

'Shark' 라는 식당은 전망과 달리 음식이 시원치 않았다. 닭고기를 대충 익혀 이건 아예 생닭이다. 다시 익혀달라고 하여 먹었지만 맛은 역시 별로였다. 고양이가 한 마리 다가오더니 식탁 밑에 자리를 잡는다. 손님이 오면 으레 그런다고 했다. 그러더니 이번에는 대여섯 마리가 더 와서 진을 친다. 고기를 던져주니 서로 싸우고 난리다. 말로만 듣던 홍해를 보면서 그렇게 식사를 마치고 방으로 들어와 샤워. 이 샤워라니. 물이 마치 빗물처럼 비누가 안 풀리고 그냥 머리와 몸에 풀처럼 쩍 달라붙는 이 느낌, 아아아…. 그래도 다 잊고 일찍 잠을 청한다.

7. 18(금)

어젯밤에 자면서 생각하니 간단한 다이빙만 할 것이 아니라 이왕이면 정식으로 해봐야겠다는 생각이 들었다. 처음엔 조심해야 한다는 생각이 앞서 블루 홀 가자는 것을 망설였는데 겁낼 것이 없다는 생각도 들었다. 강사한테 이야기했더니 라이트 하우스로 먼저 가자고 해 8시 30분에 샵으로 가 서류를 작성했다. 슈트를 갈아입고 장비를 점검하고 수레에 탱크를 싣고 바다로 갔다. 참으로 엔트리가 쉬운 곳이어서 몇 발자국 가니 내려갈 수 있는 곳이다. 한국에서는 상상하기 어려운 설정이다. 얕은 곳에서 간단히 마스크 물빼기와 호흡기 찾기 체크를 하고 바로 밑으로 내려갔다. 이퀄라이징(equalizing, 양쪽 귀에 전달되는 압력을 균형시켜 통증을 줄인다)이 내심 걱정이었으나 쉽게 해결하고 내려갔다.

금방 30m 아래로 펼쳐지는 풍경은 역시 기대대로였다. 처음이라 긴장해 연신 부력조절을 하면서 강사를 따라가는데 급급하기는 했지만 그래도 구경에 관심을 쏟을 수 있었다. 제주도 해안과는 사뭇 다르다. 코타키누발로보다 가시거리가 길었고 떼 지어 다니는 형형색색의 물고기들, 화려한 색깔의 이름 모를 고기, 산비탈에 연한 산호 군락, 평지에 봉우리를 이룬 산호들, 바닥에 가만히 있는 흰 점박이 큰 물고기도 보인다. 낮은 곳에서 유영도 많이 하고 주로 부력조절 연습에 치중했다.

그렇게 체크 다이빙은 끝났다. 바로 다음 다이빙으로 갔다.

블루 캐넌(blue canyon, 푸른 협곡?). 이번에는 경원이 학생하고 셋이서, 창주 씨는 스노클링하기로 하고. 수트 착용, 장비를 메고 간단한 브리핑 후 바로 물로 들어간다. 역시 몇 발자국 물속을 걷고 바로 엔트리, 셋이서 동시에 잠수한다. 좁은 협곡을 조금 내려가니 넓어진다. 30m, 바닥에 내려서 협곡의 경치를 감상한다. 위로 보는 실루엣이 좋다기에 드러누워 우리가 내뿜는 공기 방울이 점점 커지면서 협곡 사이로 난 하늘로 떠올라 가는 광경을 구경한다. 방울은 그렇게 커지면서 올라가다가 수면에 닿는 순간 확 커지면서 사라져 버린다.

협곡 안의 산호와 고기들을 잠시 보고 올라와 비교적 얕은 곳에서 오르락내리락하면서 산호 군락을 넘나들고 고기를 손으로 잡으려고도 하면서 유영을 계속했다. 이따금씩 특이한 물고기가 나타나면 강사가 손가락질을 해서 보기도 하고, 가끔은 다른 다이버들의 유영 모습도 보면서 산책을 하다 보니 어느새 산소통 하나가 다 비워졌다. 50 잔량을 확인하고 5m 깊이에서 감압을 했다. 그리고 우리는 천천히 다시 물 밖으로 나왔다. 창주 씨가 스노클링이 아주 재미있다고 했다. 우리는 슈트를 입은 채로 장비를 싣고 차 뒤칸에 올라탔다. 20분 정도 해변을 따라 달렸다. 길은 다른 차량과 낙타들로 붐볐다. 낙타 사이를 빠져 블루홀에 도착.

그리고 점심. 두 사람은 밥을 시켰는데 강사와 나는 따메이를 시켰더니 오히려 시간이 더 걸린다. 한참을 기다리니 간단한 따메이가 아니라 거창한 식사가 나온다. 우리는 아침 식사용 따메이를 시켰는데 잘못 알아듣고 저녁 메뉴를 내 온 것이었다. 양이 너무 많고 운동 전 많이 먹으면 안 좋을 듯해 간단히 먹고 장비를 챙긴다. 슈트는 벗지 않아서 윗도리만 다시 걸치고 장비를 짊어진 채 이번에는 30m 정도 걷는다. 블루 홀로. 한 발자국 내딛으니 첫 번째 계단, 한걸음으로 입수하고 바로 두 번째 계단으로 내려간다.

균형이 잘 안 잡혀 힘들게 아치의 입구에 도달, 강사가 먼저 내려가고 다음으로 내가 내려간다. 공기방울이 없어지는 것을 확인하고 하강을 시작한다. 바다 쪽을 향해 내려와야 된다고 했는데 나는 강사가 하는 대로 벽 쪽을 향해 서서 하강했다. 하강 속도가 점점 빨라져서 바위를 잡고 멈춰 서서 이퀄라이징을 했다. 그렇게 한두 번 멈추면서 내려가는데 돌이 하나 떨어져 어깨에 닿았다. 충격은 적었지만 경헌이가 잘못하여 바위를 건드린 것 같았다. 바닥에 도착해 강사를 보는 순간 나는 일러준 대로 공기를 BC(부력 조절기)에 팍팍 불어넣었다. 그리고 둥실 그 푸른 바다를 향해 떠올랐다. 이어 경헌이도 나타나고 우리는 절벽을 보면서 유영을 시작했다.

역시 장관이었다. 절벽 면을 따라 늘어선 산호의 군락들, 색깔이 그렇게 화려하지는 않았지만(많은 산호가 이미 죽었다는 설명을 들으니 미안한 생각이 들었다. 우리의 무심한 구경이 이들의 생명을 앗아가는 것이다) 여러 형상의 산호를 이렇게 많이 보기는 처음이다. 떼 지어 몰려다니는 고기들, 바다 쪽을 향했을 때 확 눈앞에 다가서는 푸름, 신비한 모습으로 바닥을 알 수 없는 깊은 곳에서 올라오는 고기들, 문득 갈치같이 생긴 긴 흰 고기가 공중에 둥실 떠서 우리에게 다가왔다. 손을 뻗어 만지고 싶었으나 닿지 않았다.

그렇게 한참을 절벽 면을 따라 서서히 올라오면서 유영을 계속한다. 그리고 마침내 블루 홀. 모래가 얕게 펼쳐져 있는 분지 같은 곳. 그곳에서 우리는 다시 물고기들과 함께 정원을 산책한다. 군데군데 둔덕처럼 산호들이 봉우리를 이루고 있고, 산호 사이를 분주히 오가는 고기들이 있는가 하면 모래 바닥에서 고독을 즐기기라도 하듯이 한 마리씩의 고기들이 멈춘 듯 우리를 쳐다보고 있다. 여러 가지 꽃들이 피어있는 바다 속 정원에서 한참을 노닐다 보니 어느새 공기 잔량이 50으로 줄었다.

우리는 4m 얕은 곳으로 이동해서 감압을 하면서 사진을 찍는다. 메모리가 차서 겨우 두 컷이라고…. 숨을 적게 내 뿜으면서 폼을 잡고, 그리고 좀 더 보려는데 갑자기 소리가 들린다. 내 장비에서 경고음이 들리는 것이다. 공기 잔량이 50 이하로 내려가서 그런가 보다 싶었다. 올라가야 한다고 알리고 싶은데 살펴보니 두 사람은 저 밑에 가 있다. 내려갈 여유가 없었다. 한참을 빙빙 돌다가 감압도 충분한 듯해 혼자 올라왔다.

창주 씨의 다리가 보였다. 그렇게 올라와서 생각하니 나를 찾지는 않을까 싶었다. 한참을 기다려도 올라오지 않는다. 스노클링으로 물밑을 보아도 보이지 않았다. 걱정하며 기다리는데 저쪽에서 "샘!" 하는 소리가 들렸다. 돌아보니 다른 쪽으로 올라와 있었다. 내가 올라가는 것을 보았다고 했다. 핀이 잘 벗겨지지 않아 겨우 벗고 아이가 도와주어서 파란 색의 짤막한 폰톤으로 올라왔다. 장비를 들고 가려니 지고 오라고 해 다시 등에 메고 나왔다. 이렇게 마지막 다이빙이 끝났다. 몸도 약간 지친듯해 바로 차를 불러 숙소로 향했다. 역시 낙타 사이를 빠져 샵으로 귀환. 장비를 물에 헹구고 옷도 갈아입고 숙소로 가서 샤워하고. 이번에는 비누를 사용하지 않았다.

침대에 누워 잠시 쉬다가 무료해 악기를 들고 밖으로 나왔다. 사람들이 있어 연습장소가 마땅치 않았다. 이리저리 헤매다 물어보니 옥상에 쉴 곳이 있다고 해서 올라가 연습을 했다. 원래는 바닷가에서 홍해를 보면서 연주하고 싶었는데 여의치 않았다. 조금 연습하고 일행을 불러 저녁을 먹으러 간다. 줄지어 선 가게를 지나며 눈은 연신 살 것이 없나 살피지만 없다. 가져오면 어차피 쓰레기로 변할 하찮은 물건들에 사람들이 추억의 단초를 이어붙이는 것들, 따라 하기에 나는 나이가 너무 많다. 너무 오래도 살았다. 앎을 헤아린다는 것은 지혜이기도 하지만 젊음을 잃어가는 상실이기도 하다. 가게마다 내 걸린 'dive now, work later' 는 젊기에 마음 놓고 받아들일 수 있는 구호가 아닐까. 금방 차가운 현실 앞에 부서져 버릴지라도 그런 꿈을 잠시나마 가질 수 있다는 것은 젊음만이 누릴 수 있는 특권이겠지. 나도 그런 때가 있었나 생각하면서 거리를 걷는다.

그리고 작은 식당 앞에 우리는 멈춘다. 〈Kings Chicken〉의 간판을 건 식당, 맛있는 집이란다. 전기구이 통닭집. 나는 양고기를 시켜서 나누어 먹기로 한다. 별로 식욕이 없어 조금만 먹고 혜영 강사의 열심히 먹는 모습을 지켜본다. 혜영 강사와 그 아이 엘리스, 베트남 사람처럼 작고 검은 피부에서 왠지 처량한 감정이 인다. 아무리 다이빙이 좋다 하나 직업으로서의 다이빙이 어찌 즐겁겠는가. 형편없는 잠자리, 식사, 아무런 다른 즐거움이 없는. 그리고 아기는 베두인 족에게 하루 종일 맡겨야 한단다. 이제는 이집트 음식에 진력이 났겠지만 달리 선택의 길이 없는 이 단조로운 생활. 다이빙이 좋아서 눌러앉았다고는 하지만 언제고 더 나은 길이 있다면 다 버리고 훌훌 떠나고 싶을 그 마음들이 엿보였다.

저녁 먹고 해변에서 차를 마신다. 홍해의 석양을 보면서 차를 마신다는 생각만으로도 이국적인 낭만으로 여겨지기는 하지만 연신 시샤를 빨아대는 처녀의 모습에서 나는 한없는 서글픔과 까닭모를 고독을 느낀다. 맨발로 다니는 아기를 보면서 처량한 생각이 드는 것은 도회에 익숙한 나만의 편견이겠지 싶으면서도, 멀리 고국을 두고 왜 이 먼 곳까지 흘러와야 했는지 그 인생의 유전이 집에 대한 향수로 이어진다. 숙소로 돌아와 밤하늘의 별을 보면서 잠시 옥상에서 머물다 다시 잠을 청한다. 질소를 배출하기 위해.

그 둘,
칼 이야기

검도는 죽음과 희롱하는 유희이다.
한 순간에 승자와 패자가 갈라지고
죽음과 삶이 나누어지는.

무사는 시합마다 죽음과 직면한다.

시합이 시작되는 순간에는
세상이 숨을 죽이고
주위는 아무 것도 존재하지 않는다.
경험하지 못한 고요 속에서
찰나의 시간이 지나고
죽은 자와 승자의 그림자 위에 다시

시간이 정지한다.
그리고 세상은 아무 일도 없었다는 듯
평화 속에 고요하다.

검도는 고독한 운동이다.
시합이 끝나면 혼자서 살아남고
혼자서 죽는다.

죽는 것보다 고독한 일이 있을까.
태어나서 가장 고독한 순간

그것은 죽는 순간일 것이다.

아무리 많은 사람 속에 둘러싸여 있어도
당신은
혼자 죽는다.

불패의 꿈,
모든 무사들이 가지고 있는 꿈이다.
그러나 불패의 꿈은
끊임없는 죽음의 반복 속에서만 이루어진다.

살아남는 무사는 죽기 위하여 살아남는 것이다.

검도를 하는 사람은 매일 죽는다.
환상 속에서 죽고
환상 속에서 다시 태어난다.
죽음과 직면할 때의 긴장과 고독

이것이야말로 검도를 통하여 얻고자 하는 것이다.

검도는
태어나서 가장 고독한 순간을
경험하기 위하여 하는 것이다.

내가 왜 검도를 하게 되었는가

어쩌면 내 마음 저 구석에 죽지 않고 격세 유전되어온 투쟁본능이 자리 잡고 있었는지도 모른다. 생각해보면 나는 스포츠를 거의 하지 않고(못하고) 자랐다. 가난한 동네에서 공이라는 것이 없었기에 축구나 야구는 구경도 못하고 자랐다. 그저 애들과 어울려 맞대(자치기)나 제기차기나 술래잡기가 고작이었다. 그런데 나는 운동신경이 둔해서 항상 무엇을 하나 꼴찌를 면하지 못했다. 체력도 엄청 약해 조금만 뛰고 나면 지쳐 쓰러졌다. 말이 났으니 말인데 어릴 때 나는 무척이나 약골이었다. 영양실조로 수시로 현기증에 시달리고 여름이면 한 달 이상 학교를 결석해야 했다. 그러니까 항상 골샌님처럼 방구석에만 처박혀 만화책으로 세월을 보냈다.

그런데 그런 나의 마음 저변에도 공격성이 도사리고 있었나

보다. 마음 한 구석으로 언제나 격렬한 것을 열광하고 있었는지 6학년이 되면서 나에게 변화가 일기 시작했다. 이렇게 약골로 일생을 지낼 수는 없다는 생각이 든 것이다. 그래서 체력을 보강하자고 결심하게 되었다. 운동을 시작했다. 운동이라고 해보았자 달리기나 넓이뛰기가 고작이었지만. 다행히도 국민학교에 그네가 들어오고 철봉이 설치되었다. 그러나 그 많은 학생 수에 비해 철봉은 고작 하나여서 얻어걸리기는 하늘의 별 따기였다. 더구나 약골인 내가 다른 학생을 제치고 그네를 타거나 철봉을 한다는 것은 불가능에 가까운 일이었다.

할 수 없이 나는 늦게까지 남아서 모든 학생들이 집에 가고 난 뒤 어두운 학교 운동장에서 혼자 그네도 타고 철봉도 하고 넓이뛰기를 했다. 이상하게도 그때는 넓이뛰기를 좋아했다. 철봉 또한 얼마나 열심히 연습했던지 손에서 피가 났다. 그래도 계속했다. 지금 생각하면 어린 나이에 어쩌면 그런 기특한 생각이 들었는지 신기할 뿐이다. 그런 노력 덕인지 내 몸은 점차 건강해지기 시작했다. 결석도 훨씬 줄고 현기증도 많이 사라졌다.

중학교 가서는 평행봉을 시작했다. 한 1년 열심히 한 덕분에 내 평행봉 실력은 전교에서 손꼽을 정도가 되었다. 중학교 때는 유도도 즐겨했다. 특별한 이유가 있었던 것은 아니고 학교에서 유도과목이 있었기 때문이다. 다른 학과 공부는 재미가 없었지만 이상하게도 유도시간만은 즐거웠다. 운동신경이 둔해도 그냥 잡고 뒹굴기만 하면 되기 때문인지, 부둥켜안고 뒹구는 게 그저 즐거웠다.

고등학교 가서는 태권도를 시작했다. 나는 유달리 격투기를 좋아했었던 것 같다. 아내의 말대로 내가 공격성이 강한 것인지…. 가만히 보면 그저 치고받는 것을 좋아하는 것 같단다. 영화도 해롭기 짝이 없는 '꽝꽝 영화(폭력, 테러, 폭발이 화면 가득한 저질 영화들)'를 좋아한다. 태권도는 고등학교뿐만 아니라 대학까지 계속했다. 그런데도 초단도 따지 못했다. 이상하게도 심사 무렵이면 이사를 가거나 사정이 생겨 도장을 옮겨야 했다. 아무리 내가 둔하다고 해도 실력은 최소 2~3단은 된다고 생각하는데 만년 1급에서 나이가 들어 그만두었다. 영영.

검도와의 인연은 거슬러 올라가 바로 중학교 시절 방과 후 가끔씩 들리던 유도장 옆의 검도장이라고 할 수 있을 게다. 학교 밖의 유도장은 주로 친구랑 구경하러 갔었는데 그 유도장 옆에 검도장이 있었고 나는 나도 모르게 검도에 흥미를 느꼈다. 한번 해보고 싶다는 생각이 들었다. 나는 한번 하고 싶은 것은 언제라도 해보고야 마는 성질이다(어려서 미끄럼틀을 타보지 못한 내가 대학생이 된 어느 겨울 밤 혼자 효창공원에 가 미끄럼을 타던 기억이 난다). 그 때문일까. 아마도 오래 동안 마음 한 구석에 검도에 대한 관심이 남아 있었던 모양이다. 그런데 여기에 큰놈이 살살 긁었다. 한 두 달만 검도를 배우자는 것이다. 그 다음에는 집에서 자기와 연습하면 되지 않느냐고.

워낙 거절을 못하는 성질인데다 아들이 부탁하는데 어찌 마다할 수 있겠는가. 그래서 하자 했더니 아들 녀석 말이 두 가지가 있는데 하나는 돈이 많이 들고 하나는 비교적 돈이 적게 든다는 것이었다. 당연히 싼 것이 좋지 않겠나. 그래서 해동검도장을 찾게 되었다. 다행히 늙었다고 퇴짜를 놓지는 않아서 이럭저럭 1년을 다녔다. 나는 또 머리 나쁜 사람이 대부분 그렇듯이 융통성이 없어 한번 시작하면 끊을 줄을 모르는 탓에 계속해서 다녔고, 심지어 고3인 아들까지 공부한다는 것을 억지로 끌고 다니면서 초단을 따게 만들었다. 세상에 이런 아버지는 어디다 써먹어야 좋을까. 이 일로 나는 아내에게서 쫓겨날 뻔했다. 그래도 우리 집은 삼부자 합쳐서 검도 3단이다. 내 대한검도까지 합하면 4단이고.

해동검도는 검무라고 하여 거의 본을 중심으로 하기 때문에 보기에는 영화배우같이 폼이 난다. 그러나 막상 내가 좋아하는 치고받는 장면이 없다. 진검이라고 해도 대나무나 베고 짚단이나 벤다. 가만히 있는 물건을 베는 것이 무엇이 신이 나나. 좀처럼 흥미를 잃지 않는 나도 어느 날 불현듯 정말 치고받는 것이 그리워졌다. 그래서 우리 동네 새로이 문을 연 지금의 대한검도장에 나가게 되었다. 지금 이야기지만 관장은 내가 한두 달 하고 그만둘 사람이구나 생각했단다. 내가 남에게 그런 사람으로 보이는 모양이지. 하긴 나는 전형적인 몸치니까 아마도 그게 이마에 씌어져 있나 보다.

그런데 예상을 깨고 지금 벌써 3년째이니 나도 참 끈질기다 싶다. 원래 둔한 사람이 고집이 세고 질긴 법이니까 이상할 것도 없지만. 그래서 지금도 나는 얻어터지고 산다. 왜 이런 말을 하느냐 하면 시합 때 나는 늘 얻어맞기 때문이다. 열 번에 한 번 때리기 위해 아홉 번을 맞는다. 성질은 급하지만 둔한 탓이다. 지금도 관장은 내가 시합을 하면 동네 골목싸움하는 것 같단다. 그러나 맞아도 즐겁다. 머리에 꽝 천둥이 칠 때 나는 이상한 카타르시스를 느낀다. 그렇다고 나를 이상하게 보지는 마시라. 상대방 머리를 내려칠 때면 1년 치 스트레스가 확 날아간다. 내가 맞는 것마저 즐기게 된 것은 순전히 자주 맞기 때문이지 좋아서는 아니다.

어쨌든 이런 인연으로 나는 몇 년째 우리 학교 검도부 '자하랑'의 지도교수를 하고 있다. 사실은 마음뿐이지 시간이 없어 행사에 제대로 참가도 못하고 같이 시합 한번 못한다. 부원들한테는 언제나 미안한 마음이지만 언젠가 시간을 내서 같이 운동하려고 마음먹고 있다. 우리 경제학과 학생은 한 명도 부원이 없다는 사실이 섭섭하기는 하지만 언젠가 한 사람쯤 들어오리라고 기대하고 있다. 누구든 나처럼 맞는 것이 싫어도 참을 수 있다면 이 세계로 한번 와 보시라. 우리 상명 검도부 학생들, 파이팅!

낯선 세상에 와서 사랑을 얻다

그 하나,

말 이야기

걸리버가 기나 긴 여행에서 돌아와 여생을 보낸 것은 오직 말과 함께였다.

한여름을 말과 함께 지낸 시절이 있다. 먹이를 주고 목욕을 시키고 들판에 나가 풀을 뜯기며 이야기를 나누었다. 행복한 그의 모습에서 나는 내가 지금 어떻게 살고 있는지, 무엇을 해야 하는지 모두 잊고 있었다. 복수의 칼을 품고 길을 떠난 협객이 목숨을 구해준 아리따운 낭자와 함께 지내면서 자신의 여행 목적도 잊어버린 채 지내듯이 말이다.

사람과 함께 있으면 아무리 좋은 친구도 한 시간이나 두 시간이면 싫증이 나고 무료해진다. 그것을 부정하기라도 하듯 더 신

명나게 떠들다보면 마음속은 한없이 허해진다. 그러나 말과 함께 지낸 그 여름은 하루가 너무도 짧았다. 우리는 여럿이었지만 말에 미친 우리 모두는 자기의 말과 함께 지내느라 서로 몇 마디 나누지도 않았다. 여름날의 오후는 길었지만 우리들 세상은 아쉽기만 했다. 내일도 있고 또 내일이 있는데도 말이다.

세상살이에 지치는 것이 따지고 보면 사람들 때문이라는 말이 있다. 이유도 없이 미워지는 사람, 이유도 없이 나를 미워하는 사람, 자신의 이기 때문에 미워해야 하는 사람, 계산으로 사귀어야 하는 사람, 사랑도 없이 사랑해마지않는 듯이 해야 하는 사람, 남들끼리 모여서 '우리가 남이가' 하고 외쳐야 하는 사람, 사람, 사람. 생각과 표현이 다른 유일한 종족, 표정이 변하는 종족, 그러면서 속마음과 표정이 다른 사람. 어설픈 꾸밈의 사이로 언뜻 비치는 진실과 그로 인한 실망, 기대가 있어서 실망이 있고 그러면서도 기대를 버릴 수 없는 사람의 사회.

그러나 동물의 세계에는 솔직함만이 있다. 주는 대로 돌아오는. 그래서 기대가 필요 없는 사랑의 세계. 그 중에서도 말은 더더욱 솔직하다. 다른 동물의 먹이가 될 뿐인 이 순진한 초식동물에게서 나는 가식 없는 아름다움을 느낀다. 그리고 진실한 사랑을 배운다. 아는 사람이 다가가면 고개를 흔들며 인사하고 입술을 위로 벌려 들고 코를 갖다 대며 만져달라고 한다. 앞발을 긁으며 자기의 감정을 토로한다. 봄바람이 불어오면 귀를 쫑긋

쫑긋하며 어린아이 무등 태우 듯 사람을 태우고도 기분이 좋아 걸음도 가볍게 봄나들이를 간다. 시원한 나무그늘 아래 사람을 내리고 한가로이 풀을 뜯는다.

말 등에 앉으면 세상이 아래로 보인다. 마치 임금이나 된 듯 천천히 세상을 굽어보며 절로 어깨가 으쓱해진다. 그가 뛰면 내 몸도 뛰어 오르고 온 몸이 춤추듯 즐거워진다. 말에 몸을 붙이고 말과 일체가 되어 그의 감정을 흡수하고 내 감정을 전달하고, 우리는 하루 종일 한마음으로 한 몸으로 그렇게 뛰고 달린다. 그리고 한번 달려 보라. 파도 타듯이 휘청거리는 몸, 양옆으로 스쳐지나가는 풍광, 그가 기분 좋게 내달릴 때면 정신은 혼미해지고 몸에는 땀이 쏟아지고 마침내 정열이 다 소진되어 조용히 무너진다. 그리고 완전히 무너진 다음에는 그야말로 하루의, 아니 한 달의 스트레스가 확 날아가 버린다.

제인 이야기

제인은 내 말 이름이다. 나는 오직 제인 한 마리뿐이다. 그런데 아내는 말이 여러 마리다. 하얀 색깔의 덕마, 파가니니를 닮은 흑마, 그냥 울퉁불퉁한 용비(이런 말을 왜 그토록 좋아하는지 나는 알 수가 없다. 고수의 깊은 뜻을 내 어찌 알리오), 나긋나긋한 비연, 고갯짓 파도처럼 출렁이는 능수…. 그렇지만 내게는 오직 제인 하나밖에 없다.

그런데 이 녀석은 꼭 아내와 닮았다. 아주 예민하다. 조금만 바람이 불어도 깜짝깜짝 놀라고 몇 번이나 나를 떨어뜨렸다. 야단을 치거나 어쩌다 채찍으로 살짝만 때려도 한참동안 토라져서 꿈쩍도 않는다. 마치 믿었던 사람에게 배신이라도 당한 듯 섭섭해서 난리다. 그러니 내 마음인들 얼마나 아프겠는가. 처음에는 미친 듯이 질주해서 그냥 속도 줄이기에 애를 썼지만 지금은 또 말을 잘 듣지 않는다. 내가 말을 타는지 이 녀석이 나를 시중들게 하는지 알 수가 없다.

회장님은 내가 말을 훈련시키는 것이 아니라 내가 말에게 길들여질 뿐이라고 하시는데 나는 도무지 말을 야단칠 수가 없다. 멀리서도 나만 보면 고개를 흔들며 어서 안 오고 무엇 하느냐고 난리다. 당근을 들고 가면 으레 그래야지 하면서 받아먹는데, 다른 말들이 처음에는 제인만 준다고 화가 나서 소리를 지르고 발로 바닥을 긁고 하더니 요즈음은 포기했는지 그냥 쳐다만 본다. 이래서 우리 제인은 왕녀가 되는 것이다. 내가 우리 딸에게 (우리 집에는 여자가 하나밖에 없어서 아내가 곧 딸도 된다) 공주병을 심어주듯이 말도 강아지도 같은 병을 심어주나 보다.

이 녀석은 도무지 자기가 내 친구가 아니라 내가 자기 시종이라도 된 듯이 군다. 하긴 목욕시켜주고 발굽 파주고 이처럼 충실한 하인도 없으니까. 그런데 교관과 아저씨들은 섭섭하게도 제인을 싫어한다. 다른 말들이 싫어하는 것이야 당연히 질투 때문이겠지만. 제인이 워낙 예민해서 사람이 근처에 가는 것을 싫어하기 때문이다. 굴레도 내가 씌워야 된다. 내가 보기에는 사람을 싫어해서가 아니라 유달리 간지럼을 타고 예민해서 그런 것인데 사람들은 그걸 모르고 그냥 미워한다.

전에 있던 교관은 제인을 마구 때려서 얼마나 속이 상했는지 모른다. 제인은 가끔 사람을 물기도 하는데 나는 물지 않는다. 사람들이 만지거나 쓰다듬어서 간지러우면 그냥 입만 갔다대는 것인데 사람들이 피하려다 물리는 것이다. 그래도 사람들은 내 말을 곧이듣지 않는다. 내가 배를 만져주면 온몸을 비비꼬면서 어쩔 줄 몰라 하는데 그래도 싫은 기색이 아니다.

회장님 말이 나왔으니 이야긴데 일흔일곱의 나이에도 멋쟁이 할아버지다. 서양 사람처럼 롱다리로 우리 마장에 오는 사람 중에서 가장 다리가 길다(말을 많이 타서 다리가 길어졌다고 하는데 내가 생각하기는 원래 긴 다리로 태어난 것 같다). 거짓말을 보탰겠지만 60년을 말을 탔다고 하니 그 실력도 가히 도사 급이다. 자세는 영국 왕실 교과서 폼 그대로이고, 어찌나 부드럽게 말을 모는지 내가 아무리 흉내를 내려고 해도 따라갈 수가 없다. 하기야 나는 원래가 운동에 둔하다. 무엇을 하든 바짝 긴장해서 근육이 굳어지는 내가 어찌 부드러움을 탐할 수 있겠는가. 아내와 나는 시작이 같은 동기생이지만 아내는 월반해서 중3이고 나는 이제 초등2년이다.

어쨌든 회장님은 나의 존경 대상이다. 내가 좋아하는 지프를 큰 차 작은 차 두 대씩이나 끌고, 나는 집에서 이사람 저사람, 심지어 강아지한테까지 눈치만 보고 설설 매는데 부인과 아들을, 거기다 종업원까지 불호령하며 제왕처럼 군림한다. 나는 먼저 그 긴 다리에 기가 죽고 그 당당함에 약이 오른다. 무엇보다 말을 그처럼 잘 타는데, 그리고 항상 하라는 대로 해서 틀림이 없는데 어쩌랴!

다시 말 이야기로 돌아가서 전에는 로얄이라는 말이 내 말이었다. 이놈은 키가 크고 황금빛이 도는 갈색으로 황혼 빛에 갈기를 휘날리며 마장을 질주하는 모습은 황홀하기만 했다. 그런데 녀석은 너무 늙어서 승마용으로 부적합했다. 사람들은 '똥말' 이라고 불렀다. 그래도 나는 로얄이 좋았다. 다리를 저는 바람에 미국까지 가서 어렵게 그 비싼 글루코사민까지 사와 한 달이나 먹이기도 했다. 그래도 차도가 없어 지금은 지방의 어느 마장으로 팔려갔다. 그나마 타지는 않고 관상용으로 기른다니 얼마나 다행인가. 여생을 행복하게 지내기를 바란다.

능수는 내가 어쩐지 좋아하는 말인데 팔려갔다가 인기가 없어 되돌아 왔다. 원장님과 아저씨는 실망했지만 나는 내심 기분이 좋았다. 몇 달 전에는 나를 처음으로 떨어뜨린 제니퍼가 늙어 중풍이 와서 팔려갔다. 제니퍼가 떠나던 날 회장님은 울고, 나는 너무 섭섭해서 당근을 먹이다가 정든다고 야단도 맞았다. 어느 시골에 고아들이 사는 천사의 집이 있다고 했다. 거기에 말을 놓아두고 기르는데 아이들과 친구처럼 지낸다고 한다. 제인도 늙으면 그리 보내서 여생을 행복하게 지내게 할 생각이다.

세상에 말보다 정이 가고 친근한 동물은 없다. 우리 미셸과 마리만 빼고 말이다. 조나단 스위프트의 걸리버가 마지막에 말하고만 살았다는 이야기는 정말 그럴 법한 말인 것 같다. 나 역시 이렇듯 동물만 좋아하다가 가뜩이나 사교성이 없는 내가 세상과 등지지나 않을지 모르겠다.

말을 만나다

말과의 첫 인연은 1981년 미국 유학을 마치고 귀국 직후 마사회에 가서였다. 축산진흥기금 업무를 담당한 것이 계기가 되어 동료 두 명과 같이 마사회를 방문했는데 육사 시절 말을 타본 경험이 있는 사무관이 안내해 말 등에 한번 올라 가본 게 전부였다. 나는 잠시지만 무척 재미있어 했는데 일행은 무서워서 쩔쩔맸다고 했다. 아마도 이 잠시의 조우가 내 일생의 오랜 부분을 말과 함께 지내게 만든 계기가 되지 않았나 싶다.

본격적으로 승마를 하게 된 것은 그로부터 16년이 지난 1997년 5월이다. 아내가 직장을 그만 두고 허탈과 상실감으로 힘들어 하고 있었다. 나는 어떻게 해야 우울증에 걸린 아내를 구해줄 수 있을까 생각하다 먼저 자동차를 사주었다. 당시 처음으로 우리나라에서 생산된 스포츠카(사실은 스포츠 룩 카) 티뷰론이었다. 기분전환이 될까 해서. 아내는 무척 좋아했다. 그러나 차만 있으면 무얼 하나, 갈 곳이 있어야지. 나는 아내가 몰두할 수 있는 일을 이리저리 찾아보았다. 그러다가 예전에 아내가 이야기하던 소원이 생각났다. 서울의 갑부는 아니지만 경주에서 그래도 큰 농장집의 여식으로 일꾼들로부터 공주처럼 시중을 받으며 살았던 아

내는 귀족들이나 즐기는 승마를 내심 꿈꾸고 있었던 것을 나는 알고 있었다. 그리고 나 자신도 그런 허황한 꿈이 없지 않아서 승마를 해보기로 마음먹었다. 유학 시절 승마클럽을 찾아갔다가 형편이 되지 않아 포기했던 기억도 되살아났다.

우리는 무엇이든 생각나면 당장 시작하는 버릇이 있다. 그래서 그날로 지금의 마사회 승마교육원으로 달려갔다. 그 자리에서 교육 신청을 한 것은 물론이다. 지금도 그렇지만 그때도 신청자가 많아서 추첨으로 훈련생을 선발하는데 확률을 높이기 위해 아내의 친구들을 꼬드겨서 같이 갔다. J엄마와 또 한사람 같이 간 것 같은데 기억이 잘 나지 않는다. 바둑돌의 색깔로 결정하는데 검정 돌을 집은 사람이 당첨이었다. 아내는 흰 돌을 집었지만 검정 돌을 집은 친구가 바꿔주어 우리는 셋 다 훈련을 받을 수 있게 되었다. 후에 P씨가 추가로 신청해 같이 훈련을 받았다. 이것이 우리가 승마의 세계에 들어간 첫걸음이었다.

교하승마장, 우리들의 작은 성

승마는 생각처럼 쉬운 것이 아니었다. 나처럼 운동신경이 둔한 사람에게 있어서 쉬운 것이 있을까마는 승마는 버거운 도전의 하나였다. 그렇지만 처음 한 마리를 두 사람이 조를 나누어 타면서 말 위에서 너무 흔들거린다고 야단을 맞으면서도 그 즐거움이란…. 우리는 어느새 거기에 젖어들었다. 그렇게 초보 훈련이 끝나고 아내의 친구들은 다 그만 두었지만 우리 부부는 시간 단위로 말을 타기 시작했다.

들어보니 훈련받은 사람들 중 말을 계속 타는 사람은 아주 적다는 것이었다. 평균 한 기에 한 사람 남거나 없는 기도 많다고 하는데 우리 기만 유일하게 두 사람이 살아남았다고 했다. 하지만 시간 단위 훈련은 너무 짧아서 우리의 욕구를 채워주기에는 부족했다. 사설 승마장은 가지 말라고 했지만 우리 현실이 어디 그 원칙이 적용될 수 있는 곳인가. 결국 우리는 사설 승마장을 찾아다녔고, 처음 찾아간 곳이 교하승마장이었다.

보통 사설 승마장은 무척 작은 곳이지만 그래도 교하는 운동장이 두 개나 되는 괜찮은 곳이었다. 승마장 주인인 김 회장은 첫눈에 키가 크고 자신만만한 사람으로 왠지 매력이 있었다. 그래서 우선 3만원씩 내고 한 시간씩 타기로 했는데 한 이틀이 지나 최 회장이라고 불리는 사람 좋아 보이는 아저씨가 한 달씩 타면 돈이 적게 들지 않느냐고 해서 정식 회원으로 가입했다. 회원 수는 몇 사람 되지 않았지만 다들 좋은 사람이었다. 최 회장과 늘 같이 다니는 김 이사, 우리 부부까지 해서 4명. 우리는 작은 원형 마장에서 훈련을 받기 시작했다. 지금 생각하면 훈련이라고도 할 수 없는 것이어서 구보를 배우기까지 6개월이나 걸렸다.

내가 교하에서 일으킨 첫 사건은 말 위에서 그냥 속보를 하던 중 갑자기 내 뒷다리가 울타리 밧줄에 걸린 일이었다. 발은 울타리 밧줄에 걸리어 잡혀 있는데 말은 앞으로 가는 바람에 나는 말 엉덩이에 간신히 걸치게 되었고 드디어 떨어지기 일보 직전까지 간 것이다. 잠시의 시간이었지만 나는 혼비백산했다. 관리사가 잡아 주어 겨우 발을 뺐지만 하마터면 대형사고가 날 뻔했다.

그렇게 우리의 본격적인 승마는 시작되었다. 그때 과천에서는 한 무리의 여성들이 말을 같이 타고 있었는데(나중에 들으니 공우회 회원들이라고 했다) 모두가 날씬하고 어찌나 말을 잘 타는지 마치 귀족처럼 보여 우리는 이들을 무척이나 부러워했다. 우리도 같은 회원이 되고 싶었지만 불가능하다는 이야기만 들었다. 이들은 시간제로 말을 타는 모든 사람들에게 선망의 대상이었다. 그때 아내가 말했다. 일 년만 타고 나도 여기 와서 이들과 겨루어볼 꺼야 하고. 웬만한 일에는 도전정신이 전혀 없는 사람인데 뜻밖이었다. 정말 우리는 말과 같이 지내라는 운명을 타고 난 것이구나 하는 생각마저 들었다.

한 달 정도는 승마장의 말을 빌려서 탔다. 그러던 어느 날 회장님이 우리보고 말을 사라고 했다. 우리는 사실 말을 살 형편이 못된다고 했지만 그래도 자마가 있어야 안심하고 잘 탈 수 있다고 해 어쩔 수 없이 말을 사게 되었다. 그나마 아내가 나보다 잘 타기 때문에 승마장의 말을 타고, 나는 워낙 느려서 자마가 꼭 있어야 된다고 해 내가 자마를 타기로 했다.

처음에 산 말은 로얄이라는 붉은 갈기를 가진 말이었다. 내 말이라고 생각하니 남다른 정이 갔다. 그리고 점점 그 말이 좋아지는 것이었다. 어느 잡지에서 보니 말을 사면 인생이 달라진다고 했다. 내가 그랬다. 말을 사고는 다시는 빠져 나올 수 없는 전혀 다른 세계에 들어가고 말았다. 이제는 말을 타는 것보다 말을 돌보는 것이 더 즐거워졌다. 그래서 말을 타고 난 다음에는 더 많은 시간을 씻겨주거나 풀을 뜯게 하면서 보냈다.

일주일에 닷새는 마장에서 살았고 하루 중의 절반 이상을 말과 보냈다. 말에게 줄 당근을 써는 일은 하루 중의 즐거움이었고, 말이 당근을 먹으며 좋아할 생각은 나를 행복하게 했으며, 우리가 가면 저 멀리서 쫓아오는 말의 모습은 사랑스러움 그 자체였다. 나는 일상에서 보는 것 듣는 것 모두를 나도 모르게 말과 관련짓고 있었다. 온통 말 생각뿐이었다.

그렇게 말에 푹 빠져서 만사를 잊고 살다보니 세상이 어떻게 돌아가는지도 몰랐다. 그러다가 어느 날 문득 생각을 해보니 우리의 지출수준이 너무 많이 커져 있었다. 아차 싶었다. 말 관리비에 자동차 연료비까지 상당한 수준을 말에 쏟아 붓고 있지 않은가. 아내가 이제 그만 두어야 하지 않겠느냐고 했다, 사실 그래야 했다. 그러나 마음은 전혀 그렇지 않았다. 이미 우리는 중독이 되어 있었고 말을 빼고는 삶을 생각할 수 없었다. 이제 그만두어야 한다는 말을 하는 순간 우리는 스스로의 삶에 종지부를 찍는 사형선고를 내리고 있는 것이나 마찬가지였다.

그때 내가 말했다. 우리 천만 원만 투자하자. 그리고 그 돈이 떨어지면 그만두자. 당시로서 천만 원은 무척 큰돈이었지만 나는 호기로 그렇게 말했다. 그래서 우리는 다 잊어버리고 그냥 마음 내키는 대로 타기로 했다. 그런데도 사실은 일 년에 천만 원까지 들어가지는 않았다.

이러면서 우리가 말에 빠져 들게 된 데는 또 상당한 과정이 있었다. 말에서 떨어지거나 말이 거칠어서 타기가 싫어질 때면 아내는 "그만 두자", "안가" 했다. 그러나 그때마다 내가 "가자, 가야 한다"고 고집을 부렸다. 그래서 나 때문에 억지로 가기도 했다. 또 내가 싫어지는 경우도 있었다. 그러면 아내가 가자고 했다. 결국 우리는 하루도 빠지지 않고 승마장을 다녔다. 그렇게 7년을 교하승마장에서 보냈다.

그 사이에 다른 회원들은 많이 바뀌었다. 사람들은 대체적으로 지금의 승마장이 좋지 않다고 생각하는 모양이었다. 관리비가 비싸다거나 관리상태가 좋지 않다거나 회원이 적어서 재미가 없다거나 그러면서 불평들을 해댔다. 나오다가 안 나오다가

하거나 다른 마장으로 옮기는 사람도 적지 않았다. 초보자들 중에는 며칠 타다가 그만 두는 사람, 몇 달 타다가 그만 두는 사람, 그야말로 각양각색이었다. 그렇게 오가는 회원들은 다 저마다 개성이 강해서 회원 간에 갈등도 많았지만 이해관계가 없는 같은 취미로 만난 사이기 때문에 대부분 친하게 지냈다.

그런 변화 속에서도 최 회장과 김 이사는 꾸준했다. 승마장 바로 옆에 위치한 종이가방 제작회사의 신 사장도 마찬가지였다. 그래서 우리 부부를 포함한 다섯이 고정 멤버였고 나머지 회원들은 뜨내기와 같았다. 어쨌든 우리는 같이 몰려서 외승도 자주 다녔다. 초보시절이라 겁이 많았던 나는 긴장하면서 따라다녔는데 아내는 전혀 겁도 없이 외승을 즐겼다. 우리는 언덕을 달리거나 먼 시골길에서 말에게 풀도 뜯기면서 마치 시간이 멈추어 버린 듯 그렇게 하루를 보냈다.

중간에 김 사장이라고 정말 말에 미친 사람이 들어왔는데 우리보다 한참 선배여서 말을 참 잘 탔다. 우리는 부러워하면서 바라볼 뿐이었다. 하루는 김 사장이 주동이 되어 바다로 가자고 했다. 호기심에 우리도 가고 싶었다. 회장님이 안 된다고 했지만(지금 생각해 보면 그게 얼마나 위험하고 말에게 안 좋은지 알 것 같은데 당시에는 몰랐다. 지금도 미안한 생각이 든다) 우리가 우겨서 갔다.

반대하던 회장님도 아내를 생각해서 아끼던 흰말 백두산을 내주었다. 그런데 그 백두산을 다른 사람이 타는 바람에 우리는 탈 말이 없었다. 아내가 무척 섭섭해 하니까 최 회장과 김 이사가 말을 빌려 주어 조금씩 탈 수 있었다. 그나마 조심스러워 다른 사람들처럼 즐겁게 타지는 못했고, 언제가 다시 오겠다는 생각뿐이었다. 그 후 아내는 다른 사람들과 몇 번 다녀왔지만 나는 결국 한 번도 가지 못하고 말았다.

마애집 나들이, 말에 미친 사람들

해변을 갔다 온 후 백두산은 다리를 절어 한동안 고생했다. 그런데 이 김 사장이라는 사람이 좀 괴팍하고 욕심이 많은 사람이었다. 그래서 회장님과 자주 다투었고 나중에는 우리를 선동하기까지 했다. 이 정도의 관리비면 말을 잘 먹일 수도 있는데 말 영양이 형편없다고 다른 데로 가자는 것이다. 사실 말을 가져 본 사람이면 말에 대한 애착이 얼마나 강한지 알겠지만 말을 아이보다 더 소중하게 생각한다. 세상에 자기 아이한테 잘못해 준다는 말을 듣고 가만히 있을 부모는 없을 것이다. 그런데 말은 아이보다 더하다.

그 말을 듣고 난 후 괜히 우리 말이 영양실조 같고 마방 청소 상태도 안 좋은 것 같고 그런 생각이 드는 게 아닌가. 결국 모두가 한패가 되어 교하 마장을 빠져 나오게 되었다. 우리 부부를 각별하게 생각하고 있던 회장님은 우리마저 나간다고 하니 화가 나서 그러라고 했다. 정말 미안한 마음이 들었지만 말을 생각하니 안 나갈 수가 없었다. 회장님이 돌아가시고 안 계신 지금 생각하면 미안한 마음뿐이다.

그렇게 우리의 마애집 나들이는 시작되었다. 김 사장이 먼저 나가 축사를 얻어 마장을 꾸몄고, '마애집' 이라고 이름을 붙인 다음 우리의 조인을 받았다. 그리고 축하잔치를 열었다. 마치 어른들의 압박에서 벗어난 어린아이들처럼. 새 보금자리에는 관리사 한 사람을 두고 말들이 먹고 싶은 대로 사료를 충분히 먹이고 매일 마방 청소를 하면서 마냥 행복했다.

마장도 작고 마사도 조그만 것이었지만 소꿉장난 같은 우리만의 마장을 만들었다며 아기자기하게 마구와 소품들로 꾸미고 외승도 다니면서 하루 종일을 말과 지내는 나날이 이어졌다. 운동이 끝나면 점심 먹으러 같이 다니고, 돌아와서는 다시 마방 관리하면서 말을 씻기고 똥을 치우면서 행복한 시간을 보냈다. 사람이 하고 싶은 일을 강제 당하거나 간섭받지 않고 하면서 지낸다는 것은 그것이 아무리 힘들고 어려운 일이라도 그냥 행복한 것이다. 이런 자유가 또 어디 있겠는가. 우리들은 마냥 행복해 했다.

그러나 이 즐거움은 오래 가지 않았다. 여기가 우리에게 맞지 않는다는 것을 알게 된 것은 일주일도 지나지 않아서였다. 마장이 좁아 제대로 운동도 하지 못하고 외승을 나가려니 논밭을 밟고 다닌다고 농사를 짓는 사람들의 불평이 이만저만이 아니었다. 남은 일하는데 놀고 있다고 화를 내면서 돌을 던지기도 했다. 아내는 마장을 옮기고도 그냥 교하승마장에서 말을 탔다. 그렇게 해서 우리는 나뉘고 또 마애집 사람들과도 갈등이 고조되고 있었다.

결국 한 달을 버티지 못하고 우리는 결별을 선언하고 다시 교하로 돌아왔다. 역시 교하만이 우리의 놀이터였다. 마애집을 나오던 날 나는 길을 잘 몰라 걱정했는데 다행히 말이 혼자서 길을 찾아 교하로 돌아왔다. 고향에 돌아온 것처럼 얼마나 마음이 놓이고 편했던지…. 제인도 고향에 돌아온 듯이 행복해 했다. 다시 교하, 우리의 보금자리에서 우리는 잠깐의 외출을 추억으로 돌리고 행복하게 살았다. lived happily ever after.

돌아온 우리의 성

마애집으로 갈 때 최 회장은 따라가지 않았지만 얼마 가지 않아 교하에도 나오지 않았다. 김 이사는 일찌감치 그만두었다. 그렇게 열심히 타더니 어느 때부터인가 도무지 말과 맞지 않는 것 같았다. 말을 타다 자주 떨어졌다. 지금 생각하면 말을 제대로 못 다뤄 그런 것이었다. 너무 꽉 움켜잡고 말을 괴롭히니 말이 설치고 끝내 떨어지고 만다. 그래도 고집이 세서 오직 자기 방식으로 말을 탔다. 중간에 말을 바꾸기도 했지만 결국은 그만두고 나중에 전화했더니 자전거로 바꿨다는 것이었다.

이렇게 가끔 바뀌기는 했지만 대부분은 그 잠시의 마애집 기간을 빼고는 계속 다녔다. 그러다 보니 승마장 사람들은 한 식구처럼 되었다. 회장님 부부는 아내를 딸처럼 생각했다. 특히 사모님은 친딸보다 더 가깝게 생각했고 마치 죽은 딸이 살아 돌아오기라도 한 것처럼 여겼다. 그래서 회장님이 돌아가시고 승마장을 그만둔 지금도 아내는 사모님을 할머니라 부르며 찾아다닌다.

그렇게 사람 좋은 회장님과 처음에는 다투기도 했다. 말이 다리가 아프다고, 또는 상태가 좋지 않다고 바꿔 달라고 떼를 쓰기도 했다. 지금 생각하면 무리한 이야기였지만 당시에는 몰랐다. 그저 우리 좋은 대로 고집을 부렸다. 말은 한번 사면 바꾸어 주는 것이 아닌데 억지로 우겨서 로얄을 라이더로 바꿨다. 할머니가 회장님께 엄청 압력을 넣어주기도 했다. 그렇게 우리는 온갖 특권을 누리면서 교하를 다녔다.

마지막 얼마동안은 다른 회원들이 다 나가고 우리만 남아서 교하의 승마장은 우리의 전용 마장이나 다름없었다. 우리가 들어서면 말들이 먼저 알아보고 달려오고 회장님도 할머니도 원장님도 종일을 기다리다가 반가이 맞아준다. 아내가 말을 타고 나면 할머니가 주스를 갖다 주고 회장님은 점심을 먹여주고. 우리는 적은 회비를 내면서도 정말 왕자와 공주처럼 극진한 대접을 받았다. 그렇게 우리는 종일을 말과 함께 살았다. 하루하루가 말을 빼고는 의미가 없었다. 내가 학교에 있기 때문에 이만큼의 시간적 여유가 있었던 것도 사실이다. 참으로 운이 좋은 삶이라는 생각도 들었다.

그렇게 7년 가까이 다니는 동안에 곡절도 많았다. 아내가 말에서 떨어져 크게 다친 적도 있었다. 사무실에 있는데 전화가 왔다. 말에서 떨어졌는데 말이 지나가면서 발굽으로 볼을 쳐서 광대뼈가 나갔다는 것이다. 부랴부랴 가보니 어느 작은 동네병원에 볼이 퉁퉁 부은 채 누워 있었다. 회장님도 원장님도 같이 있었다. 사건이 아닐 수 없었다. 가장 아끼는 고객이, 사실은 고객이라기보다 딸처럼 생각하던 사람이었으니 말이다.

수술을 해야 한다고 해 의논 끝에 가까운 일산 복음병원으로 옮겼다. 나는 다른 큰 병원을 찾았지만 아내가 여기 의사가 신뢰가 간다고 해 그냥 수술하기로 했다. 다행히 보험에 들어 있어서 치료비는 들지 않았다. 나는 병원에서 잠을 잤는데 나중에 아내는 내가 잠만 자지 돌봐주지 않는다고 불평이 많았다. 자느라 말을 듣지 못한 모양이었다. 그래도 수술이 잘되어 3주만에 퇴원했고, 우리는 아무도 그만 말을 타야지 하는 말은 하지 않았다. 자연스럽게 다시 마장으로 나갔고 우리들의 말과의 생활은 지속되었다.

이제는 기억 속에 가라앉은 우리의 성

그 사이에 일어난 큰 변화라면 마장이 있는 운정지구 개발 소식과 회장님의 작고였다. 이제 마장도 오래 가지 못할 것이라는 소문이 돌던 무렵 회장님이 급작스레 돌아가신 것이다. 당시 남은 회원이라고는 6명밖에 없었다. 그때까지도 여전히 말도 타고 건강하기만 하던 회장님이 갑자기 아프다고 해 구급차를 불러 병원으로 간 것인데 그게 마지막이 될 줄은 아무도 몰랐다.

마침 나는 없었고 아내만 있었는데 회장님이 갑자기 "죽어"라고 하셨다는 것이다. 강남 성모병원으로 입원시켰다기에 저녁에 같이 병원으로 갔지만 응급실에서 잠깐 보고 수술에 들어간 다음에는 볼 수가 없었다. 가족만 면회가 허락되었고, 김 원장이 복개한 것을 보고 와서는 가망이 없다고 했다. 그렇게 회장님은 돌아가셨다. 내가 부러워도 하고 존경도 하고 좋아도 하던…. 마지막 몇 달간은 또 얼마나 우리한테 잘 대해 주셨는지. 결코 잊지 못할 분이다.

그렇게 해서 승마장 관리는 아들인 김 원장이 맡게 되었지만 그는 마장에는 별로 관심이 없었다. 마지못해 운영은 했지만 적자만 나는 일이라 썩 내켜하지 않는 것 같았다. 부동산에만 관심을 쏟으면서 관리도 소홀해지고 이에 불만을 품은 마지막 회원들도 다 나가버렸다. 결국 우리만 남았다. 우리도 나가달라고 했지만 마땅히 갈 곳도 없고 해서 그냥 미적거리고 있었다.

그 사이 교하승마장은 피폐할 대로 피폐해졌다. 관리사로 몽골인을 고용했는데 견디기 어려웠는지 얼마 가지 않아 나가버려 마지막에는 우리가 마방을 치우고 사료도 주고 관리사의 일까지 해야 했다. 그런데 일이 문제가 아니었다. 사료가 부족해서 말이 굶는 일이 벌어졌다. 우리가 힘든 것은 괜찮았지만 말이 굶는 것은 정말 문제였다.

결국 우리는 말을 마사회에 기증하기로 했다. 원래 우리 말은 아내의 백설이었는데, 마장의 다른 말들은 다 팔고 마지막에는 내가 타던 해피와 둘만 남았다. 그래서 말 두 마리에 회원 둘로 우리는 마치 마장을 전세 낸 것처럼 신나게 놀았다. 우리는 해피를 사서 마사회에 기증하기로 하고 그때까지만 다니기로 했다.

이 마지막 교하의 시기에 두 마리의 말은 정말 부부처럼 다정하게 지내고 있었다. 처음에는 해피가 백설을 못살게 건드리고는 했는데 나중에는 서로 아주 친해지면서 오히려 백설이 해피를 괴롭히는 형상이 되었다. 원래 말은 혼자 두면 일찍 죽는다고 했다. 누구보다도 외로움을 타는 것이 말이다.

마치 망해가는 왕국의 마지막을 지키는 왕과 왕비처럼 우리는 버려진 궁전에서 비록 쓸쓸하지만 즐겁게 둘이서 말을 타고 하루하루를 지내면서 우리 생애의 황금시기를 보내고 있었다. 그 사이 마사회에 말을 가져가는 시기가 늦어지면서 교하에서는 많이 힘들어 했고, 우리도 어쩔 수 없이 철수해야 했기에 결국 어느 날 마차를 불러 두 말을 마사회로 옮겼다. 그렇게 해서 우리의 교하시대는 끝난 것이었다. 아아, 행복했던 우리만의 낙원시대여, 안녕.

승우회 이야기

승우회는 60년이 넘는 우리나라에서 가장 긴 역사를 가진 승마 동호인 클럽이다. 승마의 불모지에서 처음으로 말을 타던 한국 승마 역사의 산 증인들이 결성한 모임으로 작고하신 이회장님과 이교수님은 60년 이상을 말을 타고 있고 변감사님은 아버지 시절부터, 하회장님은 아버지부터 아들까지 3대가 말을 타고 있다고 한다. 나머지 젊은(모두 50대와 60대다) 회원도 일찍이 승마에 입문하여 뚝섬 시절을 거친 원로들이다. 마장마술과 장애물을 넘나드는 20년 베테랑의 안과 이원장 부부와 치과 이원장, 프로급의 장애물 선수 신부행장. 말을 탄지는 오래되었지만 시간이 없어 가끔씩만 나오는 우기자, 거기에 우리 부부만 10년도 안된 풋내기, 영광스럽게도 회원으로 들어가게 된 것이니 아내 말처럼 정말 하느님의 뜻이 아닌가 싶다.

아침 운동의 즐거움

모든 반복되는 것은 중독성이 있다고 한다. 스포츠 중에서도 스키와 골프 그리고 승마가 중독스포츠라고 한다. 말에 대해서 나는 전적으로 이 생각에 동의한다. 회원들 모두가 며칠이라도 말을 못타고 쉬는 아침이면 무엇인가 허전하고 하루 종일 일이 손에 잡히지 않는다고 한다. 그러나 운동하러 나오는 아침은 모두가 그저 즐겁다. 어두운 새벽에 일어나 당근을 써는 순간부터 이 행복은 시작된다. 마장을 들어서면 내 성으로 들어가는 것 같은 뿌듯함과 그리고 마주치는 모든 사람들과의 아침인사가 그리도 즐거운 것은 내 마음이 이미 즐거울 준비가 되어 있기 때문이 아닌가 싶다.

해가 뜰 무렵의 어슴푸레함 속에서 나를 기다리는 해피~ 안녕, 잘 잤어? 목을 두드리고 가볍게 인사를 한다. 고삐를 잡고 마장으로 함께 걸어간다. 내가 말을 타지 않고 걸어가는 것은 안장을 고쳐 메기 위한 것도 있지만 가면서 함께 이야기 하고 쓰다듬어 주는 것이 좋아서다. 해피도 좋아하는지 모르겠지만 그러려니 혼자 생각하는 것이다. 실내에서 타는 경우도 있고 바깥 운동장에서 타는 경우도 있지만 떠오르는 해를 등지고 바깥 운동장에서 타는 것을 나는 더 좋아한다. 한 시간 가량의 운동이 끝나고 당근을 주면 해피는 마치 하루 종일 그것만 기다렸다는 듯이 그렇게 맛있게 먹는다. 비록 이가 시원치 않아서인지 흘리면서 먹지만..

아침 운동은 언제나 한결같다. 회장님이 인솔하는 단체 운동과 이어서 훈련원장님이나 이교수님이 인솔하는 단체운동, 그리고 개별 운동, 주로 실내에서 같이 운동하는 데 가다가 동그랗게 돌기, 허리를 안으로 혹은 밖으로, 대부분이 노인들에 맞는 느린 운동들이다. 이 교수님은 이회장님과 같은 나이임에도 훨씬 활발하여 운동을 강하게 한다. 이회장과 달리 구보도 잘하고... 불행히도 이회장님이 사고로 말을 못 타게 되어 한동안 이 교수님이 회장을 맡고 운동을 선도하였다. 이회장님 시절보다는 운동량이 많았지만 그래도 부족하다는 불평들이 있었다. 그래서 언제부턴가는 밖으로 나가 개별 운동을 하였다. 하회장님, 그리고 아내와 오여사 두 여인들이 이 교수님을 보필하며 실내에서 탔지만 그도 오래 가지 않았다. 나이는 어쩔 수 없어 이 교수님도 결국 물러났다.

조찬회, 일요일 아침이 기다려지는

승우회 회원들은 매주 일요일 조찬회를 한다. 단체운동을 끝내고 "8시 10분까지 오세요" 하는 말로 조찬회는 시작된다. 맥주를 좋아하는 회장님 덕분에 아침부터 맥주로 적당히 얼굴을 붉히고 그저 흥에 겨워서 말과 관련된 이야기를 나눈다. 조찬회는 같이 식사하는 것보다 말과 관련된 옛 이야기를 듣는 것이 더 즐겁다. 대부분이 개인의 무용담 같은 것들이고 재탕하는 것이지만 그래도 조금도 싫증이 나지 않는 것은 모두가 한국 승마역사의 산 증언들이기 때문이다. 일제시대 말 타던 이야기부터 해방 후 말 타고 삼일로를 다니던 일, 동구능을 타고 넘던 이야기, 박대통령과 얽힌 말 이야기에 체육회 회장, 감사원장 등 명사들의 말 이야기가 이어진다.

말 사려고 가서 시승하다가 떨어진 이야기는 이회장님의 단골 메뉴. 말이 뒷발로 차는 바람에 거꾸로 넘어 펜스를 잡고 서커스를 하였다는 이야기, 그 순발력은 자랑이라기보다 80넘은 나이에 아직도 말을 타는 그 체력이 아니고는 불가능한 이야기일 것이다. 김교수의 자랑도 지지 않는다. 주로에서 말을 타다가 고삐가 끊어지고 낙마하였는데 사람을 불러 새로 고삐를 가져오게 하고 습보로 달려 말을 아주 죽여 놓았다는 무용담, 신부행장의 무용담도 있다. 수장굴레를 씌운 채 조마삭 끈을 고삐로 하여 안장 없이 타다가 넓은 데로 나가 말이 질주하는 바람에 말목에 올라탔다가 다시 등에 탔다가 곡예를 하면서 그래도 말을 밀면서 옆으로 떨어졌다는 이야기 등. 들어서 즐겁고 하면서 더 즐거운 이야기들이 아침 식단을 넘치도록 채운다.

이야기 중에는 언제나 낙마에 얽힌 수많은 이야기들이 등장하고, 경마주로에서 구보하다가 말이 전봇대를 정면으로 받고 말은 갈비가 나가고 안장도 부러지고 즉사하였다는 모 검사 이야기 등 낙마하여 돌아가신 유명인사들 이야기도 등장한다. 더하여 낙마도 한 종목이라는 둥 낙마의 대가 변감사의 "반드시 고삐를 놓치지 마라"는 격언도 빠지지 않는다. 마장마술에서 메달을 따고 다시 장애물에 도전하여 아직도 메달을 노리고 있는 겁 없는 사나이 이원장, 떨어지려고 하면 말의 목을 잡고 늘어지는 끈기도 보통이 아니다. 한 번도 안 떨어지다가 벽에 내동댕이쳐져서 한 달 이상 허리가 아파 고생하던 최사장, 제일 잘 타는 사람이 떨어졌다고 모두가 좋아하던 그 광경이라니. 그렇게 말에 열중하더니 최근에는 색스폰에 빠져 말을 떠났다.

한 번도 떨어지지 않는 하회장님, 프로답게 결코 낙마를 해본 적이 없는 신행장. 도무지 안 떨어지지만 다른 회원이나 남편을 생각해서 일부러 몇 년에 한번 떨어지는, 여전사 같은 강인함의 오여사. 말이 났으니 말이지 오여사의 승마 폼은 교과서 그대로이다. 어떤 어려운 말을 타도 조금도 흔들림이 없는 당당한 자세와 유연한 폼은 우리 모두의 귀감이다. 나의 롤 모델로 일찌감치 잡아 놓았다. 이 교수님 다음으로 회장이 되신 김의원님. 시를 쓰고 트럼펫을 연주하며 예순 넘어서 말을 배우고 칠순의 나이에도 길들여진 말보다 거친 말을 더 좋아한다. 몇 시간의 외승도 끄덕 않는 그 힘과 킬리만자로 산을 혼자서 등정하는 열정은 어디서 나오는 것인지…

온 몸을 붕대로 감아 미이라처럼 보이던 김 교수의 낙마와 부상, 그리고 그 투혼, 한일전의 우리나라 대표로 일본원정 출전까지 한 실력을 가지고 있으면서 낙마도 아랑곳 않고 거친 말과 씨름하고 있는 이원장, 우리 회원들은 역시 대단하다. 일당백의 전사들이다. 모두가 한번 이상 낙마해서 다친 경험이 있고 병원 신세를 진 사람도 적지 않다. 이렇게 상처뿐인 영광을 안고 그래도 악착같이 말을 계속 탄다. 먹고 살 일도 아닌 일에 이렇게 목숨을 걸다니 골프보다 더 한 중독성을 가지고 있는 운동, 그것이 바로 승마다.

할아버지 장애물에 도전하다

말을 타기 시작하면서 마음 한구석에는 항상 장애물을 해 보고 싶다는 생각이 있어 왔다. 그러나 나이 탓에 미처 용기를 내지 못했다. 그런데 그 작은 소원이 이루어지는 일이 뜻하지 않게 찾아왔다. 2006년 여름, 일요일 아침이었다. 양 교관이 오더니 갑자기 내 말이 교체되었다고 한다. 무슨 일인가 했더니 내가 장애물 시합에 출전하게 되어 이제부터 훈련에 들어간다는 것이다. 어안이 벙벙하면서도 싫지는 않은 일이라 모른 척 따라갔다. 양 교관은 이건 굉장히 위험하다면서 겁나거나 싫으면 언제든 이야기하라고 했다. 그러나 무섭기는 해도 내심 그렇게 싫은 것은 아니어서 그냥 해 보겠다고 했다. 이렇게 해서 50대 후반 할아버지의 장애물 훈련은 시작되었다. 이하는 짧은 장애물 시합 연습과 출전의 기록이다.

첫 시합

8. 6 (일)

내게 장애물 연습용으로 처음 배정된 말은 덩치가 아주 큰 싱잉 인더 래드(singing in the red). 키가 커서 타는 것부터 겁이 났다. 그러나 내색도 못하고 그냥 연습에 임한다. 먼저 전경 자세로 경속보와 구보 연습. 말목에 엎드려 허리 펴고 발뒤축 내리고 고삐 짧게 잡고 연습. 이미 나의 의사와는 상관이 없이 모든 게 결정된 듯 장화 주문까지 이루어져 있었다. 연습이 끝나고 태흥교역

사장이 장화를 가지고 왔다. 내 사이즈가 전달된 듯 신발은 맞춤처럼 맞았다. 비디오도 빌려 집에서 보면서 공부를 시작했다. 아직은 실감이 나지 않지만 평소 소원 하나가 이제 이루어지려 하고 있다. 흥분되는 일이다. 겁도 많이 나고….

8. 9 (수)

계속 연습. 무릎 안쪽이 벗겨져 매우 쓰라리다. 새 장화가 문제. 전경 자세로 연습. 양 교관이 연습 장면을 촬영하라고 해 카메라는 들고 갔으나 촬영은 안함.

8. 10 (목)

훈련원장이 적은 움직임으로 장애물 넘기 지도. 아내가 촬영해 집에서 복습한다. 덕분에 아내는 자기 연습을 늦게 조금밖에 못한다. 조교로 전락한 것이다. 저녁에는 관산을 오르며 체력단련을 했다. 아내가 트레이너가 되어 출전을 앞둔 선수처럼 훈련시켰다. 그러나 너무 갑작스럽게 강도를 올린 탓인지 목이 움직여지지 않아 밤새 고생했다.

8. 11 (금)

몸의 컨디션이 쉽게 풀리지 않는다. 오른쪽 어깨와 목이 굳어 움직이기 힘들다. 아내가 골프 약속이 있다고 양해를 구해와 조금만 연습.

8. 12 (토)

고무줄로 고삐를 묶어 연습한다. 장애물 비월 후 말이 흥분했는지 계속하여 원형 마장을 돌며 점프한다. 한 번, 두 번, 견딜 수 없어 결국 낙마하고 만다. 고무줄도 끊어지고. 원장한테서 시합용 흰바지를 얻는다. 두 개.

8. 13 (일)

발은 아프고 힘들지만 연습을 계속한다. 아내는 조교가 되어 연습 장면을 계속 촬영하고…. 오늘은 운동장에서 장애물 찾아가는 연습. 구보가 불확실하니까 유도가 잘 안 된다.

8. 16 (수)

역시 장애물 찾아가기 연습. 다른 말들이 진로를 방해해 제대로 하지 못하고 결국 원형 마장으로 들어가서 구보 연습과 낮은 장애물 연습. 비월 후 자세를 잡지 못해 또 낙마. 기본이 약하다. 특히 짝구보가 되지 않도록 우구보 발진을 연습해야 한다. 구보가 되면 전경 자세 연습도 해야 하고…. 너무 많이 한 탓인지 말이 땀으로 목욕한 것 같았다. 나도 마찬가지고. 말의 턱 두 군데나 피부가 벗겨졌다. 얼마나 아플까. 마음이 아프다. 양 교관은 말 아껴야 한다고 거듭 말하는데…. 그래도 목욕할 때 찾아와서 내 무릎 상처를 보고 갔다. 착한 사람이다. 나는 지금 아픈 게 문제가 아니다. 제대로 타는 것이 중요하다. 연습과 요령, 그것이 내게 필요한 것이다.

8. 17 (목)

구보 연습. 훈련 원장이 지접 지도. 말이 무거워 통제하기 힘들다. 아주 지쳤다. 오늘은 그냥 내리고 싶은 것을 억지로 참았다. 우측으로 고개를 돌리게 하는 것이 어렵다. 그래도 조금은 요령을 알 것 같다. 고삐를 반대로 두 손 나란히 돌리고 바깥발로 막아주는 것. 그것도 강하게. 언제나 잊지 말 것은 허리 펴기, 뒤축 내리기, 시선을 장애물 향하기.

8. 18 (금)

장애물 찾아가기 연습. 오늘은 찰리로 연습. singing한테 덜 미안하다. 주말에만 탄단다. 처음이라 많이 긴장했으나 다행히 온순해 비교적 쉽게 운동. 우구보도 쉬웠다. T자 연습과 클로버형 연습을 했다.

8. 19 (토)

오늘도 찰리와 연습. 원형 마장에서 네 개의 장애물을 연속으로 넘는 연습. 착지 후 시트백(sit back, 안장에 깊숙이 눌러 앉기)이 잘 안되어 떨어질 뻔했다. 큰 마장에 나가서 두 번 연습했는데 한 번은 착지 후 시트백이 너무 늦었으나 마지막에는 바로 해 괜찮았다. 요령은 뒤축을 확실히 내리는 것이었다. 잊지 말아야겠다. 구보 발진이 역시 서투르다. 가슴을 펴고 고삐를 당겨 팽팽히 한 상태에서 구보 발진을 해야 하는데 자신감을 가지고 여유 있게.

8. 20 (일)

찰리, My love. 오늘은 시합장에 가서 실제 연습을 했다. 무지개 장애물은 잘 안 넘으려 했다. 억지로 한 번은 넘었으나 다음부터 거부했다. 거부한 뒤 안심시킨다고 목을 두들겨준 것이 잘못 전달되어 거부하라는 뜻이 된 것은 아닌지 모르겠다. 대체로 잘했다는 생각이다. 장애물을 향해 바르게 몰아가는 연습이 많이 필요하다. 올바른 구보 발진도 필요하고. 하루 쉬고 싶었지만 양 교관이 휴가 가기 전에 꼭 해야 한다고 해 10분만 기승했다. 말을 활발하면서도 침착하게 보내기. 구보 빨리 그리고 늦게. 속도 조절 자유롭게. 이것이 숙제다. 골프 약속으로 서둘러 내렸다.

8. 24 (목)

아내는 래프팅 가고 혼자 구보 연습. 여전히 컨트롤이 잘 안 되고 백 교관이 부조가 전달되지 않는다고 한다. 박차를 사용하는 법을 모르기 때문이다. 훈련이 필요하단다. 힘이 너무 들어 다리에 쥐가 나려고 한다. 요령이 없는 탓이지.

8. 25 (금)

아침 일찍 눈이 떠진다. 준비하고 승마장으로. 시합장에서 허 선수 지도로 연습. 양 교관과 약간 요령이 달랐으나 중요한 것은 자신감. 허리 펴기, 가슴 펴기, 뒤축 내리기. 장애물로 바로 진입하도록 말을 몰기가 쉽지 않다. 좀 더 연습하면 될 듯. 꼭 내릴 무렵에 더 잘될 것 같다는 생각이 드니 하루에 몇 번씩 연습하고 싶다. 원장 말처럼 기초가 전혀 안되어 있으니 말이다. 10년을 타도 소용이 없는 것이다.

8. 26 (토)

시합장에 가서 허 선수의 지도를 받는다. 이 원장도 옆에서 봐주고. 그런대로 되지만 여전히 불안정하고 구보로 몰아가기가 어렵다.

8. 27 (일)

피곤한 몸을 이끌고 승마장으로. 시합장에서 다른 두 사람, 신행장, 치과 이 원장과 함께 연습. 나는 조금만 넘고 구경하다. 장애물을 향해 직각으로 몰아가기가 쉽지 않다. 좀 더 멀리 보고 힘차게 달려야 할 것 같다. 비월 후 너무 앞으로 꼬꾸라져 말목에 매달려 떨어질 뻔했다. 확실하게 뒤축을 내리지 않은 탓이다. 허리와 가슴 펴기, 뒤축 내리기. 무엇보다 자신감.

8. 30 (수)

말이 너무 뻣뻣하다. 몰아가기가 어렵다. 이틀 쉬어서 그렇겠지, 위안을 해본다.

8. 31 (목)

시합장에서 연습, 어제보다는 말이 활발해 비교적 잘했다. 여전히 장애물에 직각으로 접근하는 것이 잘 안되고 시선을 고정시키지 못한다는 지적을 받기는 했지만…. 연습 끝내고 원장한테 잡혀서 큰 운동장에서 장애물 넘다가 낙마했다. 갑자기 9월 8일 출전한다는 통보를 받다. 도무지 가능할까 걱정이 앞선다. 장애물 순서를 제대로 외울지, 찾아갈지. 완주는 해야 할 텐데. 연습시간이 부족하다.

9. 1 (금)

오늘은 장애물 하지 않는 날이라고 그냥 구보만 연습. 속도

조절 능력이 부족하다. 그게 한계인가 보다는 교관의 말. 한계라면 극복해야 하는데….

9. 8 (금)

드디어 시합일이다. 몇 번이고 경로 답사하고 연습. 양 교관은 몇 번이고 어려울 거라는 말을 했다. 그래도 내심 해내지 않을까 생각했다. 막상 시합시간이 되자 원장이 학생을 불러 연습도 시키고 했다. 그것이 오히려 부담이 되었다. 어쨌든 시합장에서 경례까지는 잘 했는데 그만 스타트 라인을 잘못 통과해 실패. 깃발 드는 사람 쪽을 스타트 라인으로 착각해 그리로 말을 몰아갔더니 아니었다. 당황해 돌아 나왔으나 너무 작은 원을 그리는 바람에 1번을 비스듬히 억지로 넘어서 말이 2번을 거부했다. 결국 실격 당하고 퇴장. 응원 나온 사람들, 이 원장, 교관 보기가 어찌나 미안한지. 그 많은 기간의 훈련이 물거품이 되다니. 참으로 허무하고 아쉬웠다. 스타트 라인만 제대로 통과했더라면 반은 넘었을 텐데. 기회가 한 번밖에 없다는 사실이 못내 아쉬웠다. 결국 첫 출전의 징크스에 나도 걸리고 만 것이었다.

두 번째 시합

다음의 2차 도전. 이번에는 부산에서의 시합이다.

9. 20 (수)

쥬빌리잭으로 장애물 연습. 말이 너무 빨라서 통제가 어렵다. 결국 낙마도 하고 치과 원장이 “말을 믿으라. 반드시 넘는다. 절대 떨어뜨리지 않는다” 그랬는데 떨어지고 말았으니. 어지간히도 실력이 없다. 이 나이에 장애물을 한다는 것이 무리긴 무리인가 보다.

9. 21 (목)

부용동과 함께 조금. 그리고 멜로디로 장애물 연습. 그래도 4~5개 넘고 잘했다는 칭찬을 들었다. 제발 좀 되어야 하는데 생각만큼 실력이 늘지 않는다.

9. 22 (금)

훈련원장과 마지막 연습. 부용동 잠시 타고 멜로디와 연습. 어제보다 잘 되지 않는다. 원장도 걱정이 되는 표정이다. 무리하게 좀 많이 연습했다. 본부장이 잘 안되니까 원장이 많이 시키나 보다고 위로했다.

9. 23 (토)

부용동 잠시 타고 멜로디를 탔다. 구보 연습하고 혼자서 장애물 넘기를 시도했으나 되지 않았다. 과연 시합에 나갈 수 있을까 걱정이 앞선다. 컨디션 조절이 필요하다는 생각에 그냥 쉰다.

9. 24 (일)

부용동이 까불어 원형 마장에서 탄 후 많이 불안했으나 나중에는 열심히 운동을 시키니 그런대로 통제할 수 있겠다는 자신감이 들었다. 자신감으로 밀어붙여야지. 말이 작으니까. 그리고 가능하면 장애물 말로 훈련시켜야지. 해피도 괜찮은데…. 장애물로. 일요일의 조찬회를 마치고 부산으로 향한다. 비행장에서 택시를 타고 마장 가까이 가니 다시 긴장감이 든다. 시합이란 정말이지 사람을 긴장하게 만드는 것이다. 기다리던 원장과 신부행장을 만나 맥주 한잔 했으나 걱정이 앞서서 신 부행장도 나도 별로 마시지 못한다. 약간 취기가 돈 상태로 잠자리 든다. 무사히 시합을 마쳐야 할 텐데…. 잠시 경로를 머릿속에 그리다가 잠이 들었다.

9. 27 (수)

어제 술 탓인지 머리 상태가 썩 좋지는 않다. 배변도 안 되고. 그래도 일어나 옷 갈아입고 아침식사. 재첩국밥. 마장으로. 시설 좋은 부산마장이다. 쥬빌리잭을 만나 아침인사를 나누고 부탁을 했다. 8시, 경로 답사하고 선수로부터 여러 가지 코치를 받다.

연습장에서 말이 좀 흥분한 듯해 긴장했다. 경속보가 잘 안 된다. 그래도 호명이 되어 연습 장애물 두 번 넘고 그냥 나간다. 그래도 처음보다는 긴장이 덜 되고 장애물이 눈에 들어온다.

경례도 하기 전에 부저가 울려 그냥 출발. 염려했던 1번을 무사히 넘고 어려운 4번도 쉽게 넘었다. 5,6번도 넘고 어렵게 생각했던 7번도 일순 놓친 줄 알았으나 바로 녹색 펜스가 눈에 들어왔다. 비교적 바르게 말을 붙이고 무사히 넘었다. 그러나 그게 높은 옥사라는 사실을 몰랐다. 말이 크게 넘으면서 큰 동작에 적응하지 못해 균형을 잃었나보다. 말이 8번 앞에서 옆으로 빠지고 말았다. 그리고는 흥분했는지 마장을 반 바퀴나 달려 관중석 앞까지 갔다.

오른발 등자가 빠져 그것을 끼우느라 말을 잡지 못하고, 관중석 앞에서 겨우 세워 등자를 끼웠다. 등자를 짧게 하지 않은 것이 실책이었다. 떨어지는 사람도 많았고, 구급차가 가는 것을 보고 너무 겁이 나서 짧게 하지도 않았는데 결국 발이 빠지고 말았다. 통제가 되지 않으니 말이 도망가고 만 것이지. 겨우 말을 잡아 다시 돌아 시도했으나 역시 거부하고 말았다. 정말 아쉬움이 남는다. 그때 무리하게 넘었어야 하는데. 밀어붙이지 못한 것이 후회가 된다. 백 교관은 밀어붙이면 떨어진다 했지만 그렇더라도 밀어볼 걸 하는 아쉬움이 크다.

다시 또 기회가 올까. 한번만 더 출전하면 완주는 할 수 있을 것 같은데. 이제 자신감도 회복했는데 말이다. 원장이 그렇게 애를 많이 쓰고 선수들과 교관이 그토록 지원해 주었는데. 면목이 없다. 한번만 더 기회가 있으면 좋으련만. 내년을 기대해 본다.

세 번째 출전

다시 출전 전 연습. 겨우 이틀이다. 시작도 하기 전에 어깨에 힘이 들어간다. 억지로 마음을 진정시키고 장애물을 향해 구보를 시작한다. 천천히 그리고 장애물을 향해 똑바로. 하나, 둘, 셋. 전경 자세. 뒤축을 내리고, 앞을 보고, 허리를 펴고. 말은 간단히 장애물을 넘고. 얼른 몸을 곧추 세우면서 말을 감속시킨다. 모든 말들이 장애물을 넘고 나면 흥분해 속도가 빨라진다. 속도를 늦추는 게 관건이다.

그리고 이어 다음 장애물을 향해 바르게. 가장 안 되는 것이 다음 장애물을 보는 것이다. 늘 교관한테 야단맞고 아무리 노력을 해도 장애물에서 시선이 떨어진다. 오늘도 낙마시킨다. 장애물 시합을 나가기 전에 20번은 낙마해야 한다고 교관이 그랬는데 그래도 그 20번 중에 네 번밖에 하지 못했다. 이 훈련이 얼마나 지속되어야 자신 있게 할 수 있을지.

드디어 출전이다. 시합장을 보니 왠지 평소보다 장애물 높이가 낮아 보였다. 저 정도면 문제가 없어 보인다. 갑자기 자신감이 솟는다. 당당한 폼으로 시합에 임한다. 여러 번 순서를 외워서 이제는 그대로 기억할 수 있을 것 같다. 시합장 들어가기 전 평소처럼 한두 번 연습을 한다. 그리고 순서가 되어 시합장으로 들어간다. 이제는 긴장도 적고 제법 장애물이 눈에 들어온다.

여유 있게 인사하고 부저가 울리기를 기다려 천천히 스타트한다. 준비한대로 1번부터 넘는다. 문제없이 가볍게. 교관이 지시한 사항이 그대로 떠오르고 현장에 실현된다. 그리고 2번, 3번, 4번의 옥사도 전혀 문제없이, 5~8번의 연속 장애물도 어렵지 않게, 그렇게 여유롭게 달리다 보니 마지막 장애물까지. 완주다! 하나의 걸림도 없이. 시합장을 돌아 나오는데 어찌나 기분이 좋은지 절로 웃음이 나왔다.

어쩌면 내가 태어나 최고로 행복한 날이 아닐까 싶다. 처음으로 완주를 했으니 말이다. 처형이 내가 그렇게 즐거워하는 것을 본 적이 없다고 했다. 그래 경험해 보지 못한 사람은 결코 느낄 수 없는 감정이다. 세 번째 시합에서 나는 드디어 완주를 한 것이다. 마이 쉬라즈, 아시아 선수권대회에 출전했던 말이다. 정말 좋은 말이다. 이 엉터리를 완주시켜 주다니. 우승을 하지는 못했지만 나는 스스로가 자랑스러웠다.

아쉽기만 한 하든 경기

이번 시합도 마이 쉬라즈로 나가게 되었다. 말이 매우 침착하고, 두려워하지 않고 장애물을 넘는다 했다. 쥬빌리 잭은 너무 빨라서 내가 감당하기 어렵지만 마이 쉬라즈는 내가 충분히 신뢰할 수 있다. 마이 쉬라즈를 타면 전혀 겁이 나지 않는다. 그래서 이번에는 자세에 가장 신경을 쓰기로 작전을 세웠다.

그런데 이것이 화근이었다. 장애물 자체는 어렵지 않고 경로도 문제가 없는데 너무 자세에만 신경을 쓰다 보니 짝구보한 것을 그냥 넘어간 것이었다. 평소에는 아래로 내려다보고 확인을 하는데 이번은 그것을 안 한 것이다. 결국 감점 4점으로 우승권에서 밀려났다. 한번이라도 확인을 했으면 우승권에 가볍게 진입하는 것인데 두고두고 아쉬웠다.

마지막 시합

금년의 마지막 시합이다. 사실은 별로 내키지 않아서 안 나가고 싶다고 했다. 그러나 양 교관은 단연코 "안 됩니다" 이다. 어쩔 수 없이 나가야 하지만 왠지 겁이 많이 난다. 더구나 마이 쉬라즈도 없고 시합에 나가보지도 않은 새 말로 나가야 하다니. 안 나가기로 한 김 교수가 부럽다. 잘 판단했다고 생각된다.

무엇보다 내가 말을 잘 통제를 못한다. 시합에서 가장 싫은 부분은 시합 직전 연습장에서다. 사람도 많고 정신이 없는데 연습을 해야 하니. 나는 그저 연습하지 말고 그냥 시합에 나갔으면 하는 마음뿐이다. 내 말이 다른 말에 차여서 피까지 흘리고. 정말이지 포기하고 싶다. 말도 안 갈려고 버틴다. 억지로 끌고 나간다.

어떻든 속도를 높여야 한단다. 채찍을 들고 말을 몰아붙여 본다. 그래도 느리다. 아니다 다를까 1번을 넘고 2번에서 거부하고 만다. 혼자서만 넘으려 하다가 나는 그만 떨어지고 만다. 이 무슨 창피람. 하릴없이 나는 말을 끌고 들어간다. 이젠 그만 시합에 나가야겠다는 생각이 든다.

이튿날 지난 시합에서 낙마했다고 내게 감투상을 주더라고 신 부행장이 상장을 전해 준다. 메달도 이런 메달은 정말 쪽팔리는 일이다. 내게 이제 그만 나가라는 경고라 이해한다고 말했다. 그래도, 그래도 즐겁다. 이러한 모든 일들이 일어날 수 있다는 그 사실 만으로도 말이다.

그리고 다른 시합들

지구력 경기와 조랑말

국내에서 처음으로 지구력 경기가 열려서 원장과 김 교수, 윤 사장이 출전했다. 원장이 개인 1등하고 세 사람이 단체 1등을 했다. 이 일로 윤 사장이 얼마나 자랑을 하는지 샤워실은 연일 그 이야기로 시끄러웠다. 이를 계기로 이번에는 두 팀이 출전하기로 했다. 영천으로 나도 출전했다.

나는 여전히 긴장에서 벗어나지 못해 출전은 어렵기만 했다. 강을 건너지 않아 사람이 끌어 주기도 했다. 윤 사장이 앞장서고 뒤따라가면서 겨우 완주해 냈다. 그런데 맥박 수 체크에서 실격되고 말았다. 처음에는 통과된 줄 알았더니 나중에 보니 실격 처리된 것이었다. 실망이 컸다. 우승인 줄 알았는데. 더 안쓰러웠던 것은 내가 탄 말이 복대 부분에 상처가 난 것이었다. 차라리 내가 다치는 것이 낫지. 얼마나 아팠을까. 마음이 아프다.

지구력 경기 뒤에 장애물 경기가 있었다. 신 행장과 원장이 출전했는데 재시합에서 원장이 발군의 성적으로 우승 후보에 올랐다. 그런데 신 행장이 혼신의 힘을 다해 밀어붙이면서 원장을 따돌리고 우승을 거머쥐었다. 그 투혼이라니. 두 딸들이 아빠를 얼마나 존경했겠는가. 자랑스러운 아버지. 나는 그가 한없이 부러웠다.

일생 처음으로 받은 금메달 이야기

이제 장애물 시대는 끝나고 우리는 공람마술에 도전하기로 했다. 이것은 단체경기이니 개인이 갖는 부담과 긴장은 적다. 그래도 반드시 우승해야 한다는 압박감으로 우리는 팽팽한 긴장 속에 연습에 임했다. 원장이 안무를 맡고 복장은 윤 사장이 맡았다. 처음에는 윤 사장이 아내와 함께 조랑말 타고 한복 차림으로 앞에 나서기로 했으나 유치하다고 반대해 결국 모두 연미복으로 통일했다. 음악은 이 과장이 맡았는데 행진곡을 만들어 음악에 맞추어 계속 연습했다.

원장의 예의 승부사 기질이 살아나 서로 고함도 치고 급기야 싸움도 하면서 그렇게 연습은 강행되었다. 나는 평소 그리 타고 싶던 돈 베스티노를 받았지만 최 사장이 선두를 그 말로 선다고 해 어쩔 수 없이 이 말 저 말 바꾸어가면서 연습했다. 안 그래도 실력이 미치지 못하는데 정말 힘든 연습이었다. 핀잔을 계속 들어가면서.

시합 날은 아침 일찍부터 나와 먼저 말머리 단장을 했다. 아내가 주축이 되어 말들의 머리를 땋고 땀을 뻘뻘 흘리며 시합 준비를 겨우 끝냈다. 급하게 복장을 갈아입고 예행연습에 임한다. 그리고 시합장. 사회자의 거창한 소개에 걸맞게 우리 승우회는 가장 많은 숫자로, 가장 우아한 복장으로 보무도 당당하게 시합장으로 들어간다. 10분의 짧은 시간을, 그러나 우리에게는 긴장으로 숨 막히는 긴 시간을 끝내고 손을 흔들며 경기장을 빠져 나오니 그동안의 온갖 스트레스가 한꺼번에 빠져나간다.

「시합이 끝나고 위풍당당 상기된 표정으로 돌아오는 모습」

결과는 우승, 금메달이다. 우리는 감격의 만세를 불렀다. 시상식에서 우리 부부는 처음으로 금메달이란 것을 목에 걸어 보았다. 나는 그 많은 시합에서 한 번도 우승을 못했는데 처음으로 금메달을 달았으니 이보다 더한 감격이 있겠는가. 이 모두가 훈련원장의 정열과 노력의 덕이니 일생을 감사하면서 살아갈 일이다.

시합장 이야기

이제 더 이상 시합은 안 나갈 거니까 시합장 이야기도 좀 해야겠다. 시합이 있는 날은 시골 장터 같다. 전국에서 올라온 말과 사람들로 운동장은 북적거린다. 주차장과 길가에는 말을 싣고 온 큰 차들이 줄지어 있다. 삼성전자, 거제도승마클럽, 테제베, 부천승마클럽, 쥬뗌무 프랑스 클럽, 경기승협, 저마다 로고를 붙이고 말 그림을 그려서 자기 팀을 자랑한다. 말 한 마리만 싣는 견인차를 끌고 오는 개인들도 있어서 운동장은 여러 가지 말 운반 차량들로 붐빈다. 사람들도 많다.

벌써 연미복이나 출전복을 입고 분주히 시합장을 오고가는 사람들도 있고, 같이 따라온 가족과 친구들은 그저 즐거운 표정으로 이야기를 나누고, 어떤 사람들은 연신 카메라를 돌린다. 말을 내리는 사람, 말을 끌고 마장으로 들어가는 사람, 말이 날뛰어 달래느라 땀을 흘리는 사람, 이미 운동장에서 연습에 몰두하는 사람, 갈색 말, 흰 말, 검은 말, 큰 말, 작은 말, 각양각색의 말들이 갈기를 예쁘게 땋고 말 발목에는 하얀 붕대를 두르고 저마다 자기 자태를 뽐내며 입성한다.

사람들의 복장도 화려하다. 다리에 짝 들어붙는 하얀 바지에 검정이나 곤색 또는 붉은 상의 등을 입고 금단추로 멋을 낸다. 모두 날씬한 몸매로 요즈음 유행하는 S-라인을 살리고 있어, 특히 여자 선수를 보고 있으면 절로 감탄이 나온다. 어떤 여자 선수는 말도 보라색으로 붕대를 감고 옷도 보라색으로 통일해 그야말로 말과 짝꿍이 되어 멋을 내고 있다. 이건 마치 말과 사람의 패션쇼를 보는 것 같다.

또 시합이 있는 날은 초조와 긴장으로 숨 막히는 날이기도 하다. 내가 처음 출전하던 때는 몸무게가 5kg이나 빠졌다. 힘든 연습 때문이기도 하겠지만 두려움과 설렘으로 긴장했기 때문이 아닐까. 사실 모든 시합이 분주하고 선수들도 관람객도 긴장과 흥분으로 설레는 것이지만 승마 시합이 더더욱 흥분이 되는 것은 좁은 공간에서 관람객과 선수가 밀착해 시합하고 관전하는 것이 그 이유가 아닐까. 무엇보다 말이라고 하는 다른 종족과 같이 하기 때문이 아닐까 생각해본다.

남은 이야기들

어느 말의 죽음

오늘 말 한 마리가 죽었다. 오후 늦게 마장에 도착했을 때 그 말은 이미 죽어가고 있었다. 말이 누운 주위는 말이 흘린 피로 붉게 물들고 입에서는 계속 피가 흘러내리고 있었다. 주인이 말을 타려다가 실수로 말이 뒤로 넘어져 머리를 땅바닥에 부딪쳤다는 것이다. 오늘 처음 이사 온 말이라 낯선 환경에 적응도 못하고 흥분상태에 있는 말을 타려고 한 것이 잘못이라는 사람들의 말이었다. 너무 잘생기고 장애물도 넘는 훌륭한 말이라고도 했다. 나는 그 훌륭한 모습을 보지는 못하고 결국 죽어가는 처참한 모습만을 보게 된 셈이다.

한참을 보고 있자니 정신이 드는지 일어나 무릎으로 앉았다. 고개를 흔들며 정신을 가누려고 하지만 넋이 나간 듯 보였다. 그 모습이 너무나 아프게 내 가슴을 저며 왔다. 어떻게 하든 도와주고 싶었다. 그러나 무엇을 내가 할 수 있는지 몰랐다. 그냥 보고만 있었다. 한참의 시간이 흘렀다. 마침내 말이 일어섰다. 그러나 불행히도 몇 발자국 가지 못하고 맨홀에 걸려 다시 넘어지고 말았다. 그 충격으로 또 다친 듯 더 심하게 피를 흘렸다. 꼼짝도 못했다.

한참을 누워 피를 흘리고 있던 말은 조금 정신이 드는지 다시 일어나려고 버둥거렸다. 간신히 윗몸을 일으켜서는 한동안 머리를 흔들며 정신을 차리려고 몸부림쳤다. 그러나 목을 가누지 못하고 다시 땅바닥에 쓰러지고 만다. 힘이 없어 머리를 시멘트 바닥에 사정없이 부딪힌다. 왈칵 피가 쏟아진다. 그리고는 다시 한참을 꼼짝도 못하고 누워 있었다. 그러다가 다시 안간힘을 다해서 일어난다. 하지만 얼마를 버티지 못하고 다시 땅바닥에 머리를 부딪친다. 일어났다가는 쓰러지고 다시 일어났다가는 쓰러지고. 열 번, 스무 번 수도 없이 반복했다.

다가가 목을 받치고 일어나게 도와주려 했다. 목을 안아도 보고, 일어나지 못하게 잡아도 보고, 굴레를 씌워 넘어지는 충격을 줄여 주려고도 했다. 그러나 소용이 없었다. 말은 자꾸만 바닥에 머리를 부딪쳐 얼굴은 상처로 뭉개어지고 피는 점점 더 났다. 아무것도 할 수 없는 자신이 안타까웠다. 나는 그저 부딪히는 충격을 조금이라도 줄여줄까 해서 고무판을 바닥에 깔고 그것을 말의 목이 쓰러지는 쪽으로 계속 옮겨 주었다. 말은 그 자리에서 원을 그렸다. 고무판을 들고 나는 뱅뱅 원을 돌았다. 내 손과 옷은 말의 피로 붉게 물들었다. 사람들은 그냥 보고만 있었다. 여자들은 무섭다고 도망가 버렸다.

그 사이에 수의사 두 사람이 왔다. 경험도 별로 없어 보이는 젊은 그들은 청진기를 대고 관찰을 하더니 진정제와 지혈제를 놓았다. 피는 점차 멎어갔지만 정신을 차리지는 못했다. 결국 수의사는 가망이 없다는 결론을 내렸다. 그런 수의사가 나는 무척도 원망스러웠다. 내 말은 아니지만, 사고 전의 모습을 보지도 못했지만, 내가 무엇보다 사랑하는 말이 이렇게 죽어가야 한다는 것이 너무도 참기 어려웠다. 말을 죽게 한 사람이 원망스러웠다. 불현듯 제인이 불쌍하게 느껴졌다. 요즘에 와서 제대로 관리도 못해주고 자주 만나지도 못한다. 나만 보면 고개를 흔들며 반기는 녀석인데. 언제나 제인한테는 미안한 마음이다.

사람들이 결론을 내렸다. 안락사를 시키기로. 주사약을 준비하는 동안 나는 기적이 일어나기를 기대했다. 지금이라도 일어나기를 간절히 기대했다. 주사를 놓기 전에 제발 일어나라고 애원했다. 안락사 시키기로 준비가 다 된 뒤에도 주사를 마지막까지 늦추고자 하는 회장님이 이때보다 더 고맙게 생각된 적은 없었다. 그러나 결국 말은 일어나지 못했다. 기어이 죽음의 주사약이 말에게 놓아졌다. 나는 수의사가 발로 밟고 주사를 놓는 것에 너무 화가 났다. 그때까지도 나는 말의 몸에 손을 대고 있었다.

갑자기 말이 다리를 심하게 움직이기 시작했다. 정신없이 앞뒤 다리를 놀렸다. 마치 누워서 달리는 듯했다. 사람들이 말은 죽기 전에 질주하고 달리다가 죽는다고 했다. 일어나지 못하기 때문에 누운 채로 말은 달리고 있는 것이었다. 마지막 죽음을 달리는 말. 마침내 호흡이 끊어지고 동작이 멎었다. 눈은 뜬 채로. 아직도 살아있는 느낌이었다. 체온은 여전히 따뜻했다. 나는 손으로 전해지는 그 온기에서 여전히 생명을 느끼고 있었다. 그리고 그의 마지막 눈이 무엇을 보았을까 생각했다. 살아서는 그리도 마음대로 타고 부리던 사람들이 자기가 죽어가는 것을 아무 생각도 없이 쳐다보고 있는 그 응시들을.

수의사는 떠났다. 사람들도 떠났다. 그러나 나는 떠날 수가 없었다. 사람들이 다 떠나고 어둠이 깔리는 마장에서 나는 쭈그리고 앉아 말의 몸에 손을 대고 있었다. 한참동안 말의 몸은 따뜻했다. 말의 마지막 체온을 느끼면서 떠나가는 그의 영혼을 생각하며 말의 가슴에, 얼굴에, 그의 살아있을 때의 당당한 모습에 손을 대고 나는 언제까지나 앉아 있었다. 한편으로는 사람을 태우고 다니느라 고생했던 한 삶이 끝나는 것에 대해서 생각했다. 나는 그 말이 영원한 자유와 안식을 누리기를 소망했다.

어둠이 짙게 깔리고 나서 우리는 말을 매장했다. 구덩이 속으로 사라지는 말에게 나는 작별을 고했다. 다시는 말로 태어나지 말라고. 어둠이 더 짙게 깔리고 늦은 시각이 되어 우리는 집으로 향했다. 제인을 보고 싶었지만 애써 참고 마장을 떠났다. 집에 오는 내내 무릎을 꿇고 앉아 머리를 흔들던 그 모습이, 너무나 측은한 그 모습이 영영 뇌리를 떠나지 않았다. 마지막으로 그는 무엇을 생각했을까. 무슨 말을 우리에게 하고 싶었던 것일까.

말의 눈을 들여다 본 적이 있는가

말의 눈을 본 적이 있는가. 커다랗게 쳐다보는 순진무구한 눈망울. 사람이 한참 쳐다보면 겁을 먹고 고개를 돌려버리거나 도망을 간다. 그래서 말의 눈을 오래 동안 응시하면 안 된다고 한다. 사람이 아무리 말을 괴롭혀도 그 순간 싫다고 앙탈을 부리지만 속이 없어 이내 사람의 말에 복종한다. 어쩌다 사람이 떨어져도 절대로 밟고 지나가지 않는다.

그게 말이다. 작년에 마사회에서 달력이 나왔는데 말 그림으로 만들어진 것이었다. 그것도 한사람의 작품이다. 이 화가는 일생을 말을 그리는 데 바친 사람이다. 이제는 아들이 아버지의 대를 잇는다고 한다. 왜 이 화가는 말에 그토록 천착하는가. 우리는 이유를 알지 못한다. 그러나 그의 그림을 보고 있으면 이해를 할 것도 같다.

6월 달력의 그림이 말의 응시하는 눈을 그린 작품이다. 아침마다 그 눈을 보고 나온다는 우리 오 여사, 모두가 사랑하는 총무님, 그 눈을 보고 나면 도무지 세상도 자신도 속일 수가 없다고 한다. 이토록 사람을 태어난 상태의 그 천진함으로 돌아가게 하는 그 눈의 비밀은 무엇일까. 가장 약한 것이 가장 강한 힘을 가진 것인가. 부드러움 속에 감춰진 그 강한 메시지, 우리는 아무도 그 비밀을 알지 못한다. 화가는 그 비밀을 본 것일까.

말은 무슨 생각을 할까

말에게 있어서 인간은 낯익은 존재다. 태어나서 죽을 때 까지 아마 그들은 자기 종족보다 더 많은 사람을 볼 것이다. 그리고 사람을 자기 시중을 드는 존재로 이해할 것이다. 말이 보기에 사람은 이해할 수 없는 우스운 존재일 것이다. 다른 모든 동물들은 자기 자신이나 새끼들만 돌보며, 가끔 같은 무리를 위해 보초를 선다거나 적의 공격을 막는다거나 하지만 다른 종족을 위해 봉사하는 경우는 거의 없다. 그런데 사람은 분명 같은 종족이 아닌데도 먹이도 주고 잠자리도 청소해주고 목욕도 시키면서 온갖 시중을 다 들어준다. 왜 그러는지 도무지 알 수가 없다.

베릴은 말에게 있어 사람은 도무지 알 수 없는 존재일 거라고 이야기한다. 그런데 더 우스꽝스러운 것은 괜히 남의 등에 올라타고는 어딘가로 가자고 하는 것이다. 대부분의 경우 가고 싶을 때도 있지만 싫은 때가 더 많다. 그러나 사람은 말의 생각은 아랑곳 하지 않고 자기가 원하는 곳으로 가자고 한다. 천천히 걸어 가자고도 하다가 빨리 뛰어 가자고도 한다. 말을 안 들으면 끝까지 보챈다.

결국은 그 청을 들어준다. 청을 안 들어주면 보채는 수준이 점점 올라가기 때문이다. 또 그 외에는 별다른 요구가 없기 때문이기도 하다. 말이 사람의 소리를 좋아하는지는 알 길이 없다. 전문가들은 말이 바리톤의 남자 음성을 좋아한다고 말한다 (내 목소리가 바리톤이라 말이 내 목소리를 좋아할 것이라는 검증되지 않는 믿음을 그래서 나는 가지고 있다).

말은 자주 화를 낸다. 대부분의 경우 말을 놀라게 하거나 화를 내게 만드는 그 무엇이 있지만 사람들은 그것을 이해하려고 하지 않는다. 그것이 더욱 말을 흥분하게 한다. 그래서 사람이 등에 타고 있으면 뒷발을 차올리거나 몸을 흔들어 떨어뜨린다. 그러면서도 조금도 미안하다거나 잘못했다는 생각을 하지 않는다.

쓰러진 사람을 밟지 않았다고 해서 잘 했다고 생각하지도 않는다. 그러면서도 금방 사람 몸에 얼굴을 비벼댄다. 사실 땀으로 근지러운 얼굴을 부비는 것이지만 사람들은 자기가 좋아서 애정 표현을 하는 것이라고 쉽게 단정해 버린다. 말이 사람에게 무슨 애정이 그리 있겠는가. 그리고 앞발을 들어 바닥을 긁으면 기분이 좋아서 당근을 준다. 어떤 사람은 뽀뽀도 한다.

하이드 파크에서 말 타는 런던 사람이 되어

런던의 하이드 파크에서 말을 탄 적이 있다. 출장으로 런던에 머물게 되었는데 시간이 남아서 하이드 파크로 산책을 나가다 생각해 보니 가까이 승마장이 있을 법했다. 호텔 프런트에 물었더니 있기는 한 것 같은데 어디 있는지 모른다고 했다. 그래서 무작정 하이드 파크로 갔다.

한참을 걸었더니 갑자기 말 냄새가 났다. 나도 모르게 그 냄새를 따라 또 한참을 가자 말 발자국 소리가 들렸다. 얼른 달려가 보니 한 무리의 사람들이 말을 타고 돌아오고 있었다. 나는 그 무리를 따라 걸음을 빨리했다. 작은 승마장이 있었다. 여러 번 런던을 가고 하이드 파크를 찾았지만 승마장을 본 것은 처음이었다. 원장 같은 사람한테 말을 탈 수 있느냐고 물었다. 탈 줄 아느냐고 하기에 한 일 년 되었고 매일 탄다고 했더니 승낙이다. 몸무게를 물었다. 주로 어린아이들 교육용이라 말이 작다는 것이다. 그래서 몸무게를 대니 탈 말이 있다고 하며 그 중에서 가장 큰 말을 내주었다.

말을 타고 공원을 가로질러 걷다가 달리다가 하니 사람들이 모두 쳐다보고 신기해한다. 나는 그저 우쭐했다. 생각해보라. 그냥 관광객으로 공원을 걸어서 둘러만 보다가 말을 타고 마치 이 동네 사람처럼 공원을 달린다는 것이…. 그때만 해도 우리나라의 살림이 영국처럼 넉넉하지 못했을 때라 세상 어디를 가도 이름 없는 약소국의 조그만 동양인이 여기 선진국의 시민들마저 부럽게 쳐다보는 그 대열에 끼었으니 말이다. 마치 런던 사람이 된 것처럼 내가 얼마나 의젓했겠는가. 말은 사람을 건방지게도 만들고 의젓하게 만들기도 하는 것이니 기분전환에는 최고라고 할 수 있다.

코타키나발루의 해변을 달리다

말을 타게 되면서 우리 부부에게 달라진 것이 있다면 그것은 승마가 없는 여행은 하지 않게 되었다는 것이다. 아내도 나도 해외를 나가면 반드시 근처에 승마장이 있는지 찾는 것이 버릇이 되었다. 그래서 결혼 30주년 기념 여행도 말을 탈 수 있는 곳을 찾게 되었고, 아내가 코타키나발루라는 이름도 길고 복잡한 장소를 찾아냈다. 이제는 나이가 들어 돌아다니는 것을 싫어하는 나에게 한 장소에서 여러 가지 활동을 다 할 수 있다는 매력으로 우리는 가볍게 여행을 떠났다.

덥기는 했지만 도착하자마자 이제 막 골프에 빠져있던 아내와 같이 라운딩을 한 후 목욕으로 흘린 땀을 씻어냈다. 그리고 수영장으로 나가 벤치에 누워 영화에서나 보던 장면대로 칵테일을 시키고 여유로운 휴가를 마치 부자나 된 듯 즐겼다. 그런데 사실 열대지방의 수영장은 영화 속에서처럼 즐겁기만 한 것이 아니었다. 뜨거운 햇볕, 그리고 모기…. 우리는 잠시 있다가 다시 방으로 돌아왔다.

해질 무렵 우리는 석양을 맞으면서 해변에서 말을 탔다. 역시 그게 백미였다. 두 사람의 가이드가 앞뒤로 붙고 우리는 한 시간 이상을 백사장을 달리며 걸으며 그렇게 남국의 석양과 저녁을 즐겼다. 생각해 보라. 모든 사람이 쳐다보는 것 같고, 모든 사람이 나의 부하 같기도 하고, 시종 같기도 하고, 모두가 나의 사랑하는 백성들로 느껴지는, 그래서 왕과 왕비가 된 것 같은 착각에 빠지기도 하는 이 한 시간짜리 귀족 역할을 누군들 쉽게 잊을 것인가.

그 둘,
마리 이야기

마리는 어미 강아지다. 하얀색 토이 푸들로 체중이 1kg밖에 되지 않는 쪼그만 녀석이다. 미셸 또는 쟝은 그 새끼다. 이 녀석이 두 개의 이름을 가지게 된 것은 우리 식구들이 고집이 세서이다. 정확히 말하면 내가 무식하게 고집불통이라서 그렇다. 쟝 또는 미셸이 태어난 것은 12월 2일, 내가 병원에 데리고 가서 제왕절개를 해서 낳았기 때문에 날짜를 잊지 않고 있다. 두 마리를 낳았는데 젖이 모자라 서로 다투다가 힘이 약한 암컷이 생존경쟁에 밀려 보름 만에 죽고 말았다. 앞산에 고이 묻어주고 온 날은 온 세상이 슬펐다.

이름을 지으려고 온 식구가 머리를 짰는데 최종적으로 쟝과 미셸이 후보로 남았다. 나는 예전부터 좋아하던 서양 영화의 어떤 주인공을 생각하고 미셸을 좋아했고 아내와 아이들은 여자 이름이라고 하면서 쟝을 선호했다. 내가 양보해야 당연하겠지만 미안하게도 고집이 꺾이지 않아 결국 쟝 미셸(Jean Michell de Clair)이 되고 말았다. 다행히도 내가 "미셸"하고 불러도 오고 아이들이 "쟝"하고 불러도 온다.

강아지 이름이 프랑스 이름을 가지게 된 것은 내가 대학 다닐 때 알랭 들롱이 나오는 프랑스 영화를 즐겨 보러 다닌 데서 연유한다. 그때는 프랑스하면 왠지 동경의 대상이었고 꿈속의 나라였다. 처음 파리에 가던 날 일주일을 미리 설레던 기억이 아직도 생생하다. 내가 불문학을 전공한 아내에게 빠진 것도 평소 프랑스를 좋아했던 것이 그 이유의 하나가 아닐까 생각도 한다. 마르셀 프루스트의 〈잃어버린 때를 찾아서〉에 반해서 프랑스어에 1년 이상 매달렸던 때도 있었지만(그때는 번역서가 없었다) 결국 남은 것은 지금의 아내밖에 없다.

첫 만남

그가 내게로 온 날은 하늘이 무척이나 맑았다. 추석을 앞두고 사람들이 분주히 오가는 길을 지나 원효로로 처음 그를 만나러 간 애견센터는 대로변이기는 하지만 건물이 낡았고 빛바랜 간

판으로 마치 불우한 고아원을 방문하는 느낌이었다. 별로 세련되지 못하고 왠지 덜 떨어진 듯 강아지에 빠져버린 주인 남자(바로 지금의 내 모습이렸다)가 "얘는 뽀뽀도 합니다"라면서 "뽀뽀, 뽀뽀" 하고 쫓아가니까 못 이긴 듯 입을 내밀던 그의 모습이 지금도 잊히지 않는다. 그가 바로 어미 강아지 마리였다.

처음에 아내가 강아지 이야기를 꺼냈을 때 아이들은 물론 나도 크게 반대했다. 그럼에도 아내는 아랑곳없이 강아지를 사기로 했고 예약한 강아지를 보여 주겠다고 나를 데려간 것이다. 그런데도 내가 아무 불평 없이 순순히 따라 나선 것도 이상했지만, 예방접종 탓으로 일주일 있다가 데려가라는 말에 섭섭한 생각마저 드는 것은 정말 이해하기 어려운 일이었다. 그런데 나는 자신이 이상하다는 그 생각조차 하지 못했다. 처음에 반대했던 그 생각은 강아지를 만나는 순간 어디론가 흔적도 없이 사라져버렸는지 나는 한참동안 내가 싫어했다는 그 생각마저 기억하지 못했다. 처음 만났을 때의 특별한 느낌 또한 지금 나는 기억하지 못한다. 그저 무척이나 작다는 느낌뿐으로 우리의 첫 만남은 그렇게 끝났다.

일주일 뒤 강아지를 데리고 오는데 키가 크고 너무도 마음 좋아 보이는 주인 여자가 도무지 웃음을 잃고 기운이 다 빠진 표정으로 밖까지 나와서 깊게 허리를 숙여 인사를 했다. 차가 멀리 떠나도록 그 자리에 서서 이윽히 바라보는 모습이 마치 딸을 시집보내는 어머니의 표정이었다. 그 주인 내외의 모습이 어쩌면 우리의 내일 모습일지도 모르겠다는 생각이 들면서 마치 아끼던 보물을 훔쳐오는 듯 미안한 마음이 들었다. 그렇지만 안타깝게도 그 뒤로 주인 내외의 얼굴을 다시 보지는 못했다.

돌아오는 차 안에서 나는 어찌할 줄을 몰랐다. 너무 작아서 두 손으로 안고 있었는데, 참새처럼 여린 그를 꽉 잡으면 계란마냥 깨어질세라 잡지도 못하고, 잘못하면 떨어질까 불안해 이러지도 저러지도 못하고 어정쩡하게 안고 집으로 왔다. 온 식구가 깜짝 놀라는 첫 만남의 시간, 세웅이는 "으악!" 하고는 제 방으로 들어가고, 다른 식구들과 식탁에 둘러앉아 새 손님을 무슨 신기한 보물 보듯이 쳐다보았다. 한참 들여다보다가 내가 실수하는 바람에 무릎에서 떨어졌는데 그냥 아무 소리도 없이 기절하고 마는 것이 아니가. 한참을 안고 흔들어서 깨어난 그를 자기 집에다 뉘였다. 꼼짝도 않고 그냥 엎드려 있는 그 모습이 어찌나 가련하던지 그때의 가엾음이 두고두고 내게 남은 마리의 인상이 되었다.

그리고 나의 작명 과업이 시작되었다. 아내를 선택한 첫 번째 조건이 프랑스일 만큼 프랑스에 대한 낭만적 동경이 컸던 까닭에 나는 당연히 그의 이름을 프랑스 이름으로 짓기로 했다. 그것도 내가 나의 아내를 아직도 환상의 공주로 생각하듯이 공주 이름으로 말이다. 그래서 결정된 이름이 'Marie

Antionet de Claire' 였고 그날부터 마리는 내가 평생 섬기고 사랑하여야 할 나의 공주님이 되어 버렸다.

마리의 하루

모두가 출근하거나 학교에 가고 나면 마리는 텅 빈 집을 지키는 고독한, 그리고 충실한 집지기가 된다. 그리고 혼자서 돌아오는 세웅이의 더 없는 친구가 된다. 이제 마리는 세웅이의

책임이 되었다. 학교 갔다 오면 유일하게 반겨주는 마리가 세웅이의 친구이고 자식이 되었다. 마리가 세웅이와 단 둘이 있는 동안 어떻게 지내는지 나는 알지 못한다. 세웅이가 말을 하지 않기 때문이다. 그래도 우리는 별 불평이 없는 것으로 보아 좋은 모양이라고 단정해 버린다. 세웅이마저 없을 때는 어떻게 지내는지 궁금해 감시 카메라라도 설치해야겠다고 생각한 적도 있었다.

어릴 적의 마리는 아주 명랑했다. 활달하고 동작이 가벼워 움직이는 작은 인형 같았다. 집에 오면 하루 종일을 기다린 탓인지 반가워 어쩔 줄 모른다. 막 매달리고 왔다 갔다 하다가 자리에 앉으면 먼저 내 양말을 물고 늘어진다. 양말을 벗어주면 재미있는 장난감인양 물어뜯고 함께 뒹굴고 하면서 논다. 목욕을 시키면 버둥대면서 싫어하고, 외출했다가 돌아와 발을 씻길 땐 네 발을 바둥거리는 모습이 꼭 깨물어주고 싶도록 앙증맞고 귀엽다. 방에서 앉아있는 모습을 보면 하얀 몸에 두 눈과 코가 새까만 것이 마치 조그만 눈 뭉치에 검은 점 세 개가 박혀 있는 듯해 강아지라기보다는 차라리 하얀 보석처럼 보인다.

어느덧 마리는 세웅이의 가장 친한 친구가 되었다. 그보다는 세웅이가 늘 보살피고 돌봐주는 마리의 엄마가 되었다. 먹이도 주고 씻겨도 주고…. 세웅이가 마리에 대해 시를 쓴 적도 있다. '하얀 눈 덩이 까만 세 점…' 하면서. 아무도 없는 텅 빈 집에 혼자 돌아오는 가엾은 세웅이. 평소에도 말이 없는 세웅이에게 있어서 마리는 얼마나 큰 위안이고 벗이 되었을까. 우리는 항상 그 점에 감사한다.

처음에는 사료를 몇 개씩만 주었다. 그러다가 2주일 정도 지나 자유급식을 하기 시작했다. 몇 번인가 병원에 가서 예방주사도 맞혔다. 마리가 싫어하는 것이 목욕과 귀청소이다. 목욕을 억지로 시키고 수건으로 닦은 후 헤어드라이어로 말려주는데 털이 너무 가늘어 서로 엉키는 것이 관리하기가 여간 어렵지 않다. 만지면 보드랍기 말할 수 없지만 털을 빗기려면 마리가 아주 고생을 한다.

하는 수 없이 많이 엉킨 것을 가위로 잘라 버리는데, 하루는 실수로 살을 자르고 말았다. 병원에 데려가서 두 바늘인가 꿰매는데 그보다 더 애처로운 것은 마취를 한다는 사실이었다. 마음이 너무도 아팠다. 그 다음부터는 털을 관리하기가 무서워졌다. 너무 깨끗하게 하려다 오히려 애를 괴롭히는 것은 아닌지. 그래도 목욕과 빗질이 끝나고 마리를 안고 있으면 그 감촉이 얼마나 좋고 행복한지 모른다. 나는 집에 오면 마리만 안고 산다. 생각해 보면 세웅이 때문에 강아지를 샀는데 내가 독차지했으니 미안한 마음뿐이다. 사실 마리는 나를 더 좋아하지도 않는데 내가 억지로 껴안고 사는 것이다.

집안에서는 얌전한 마리이지만 밖에만 나가면 여전사로 돌변

한다. 결코 안기는 법이 없고 아무리 힘든 길도 스스로 가야하고 항상 달린다. 비둘기를 보면 끝까지 쫓아가고 베란다 창밖으로 앉기라도 하면 마구 짖어대 쫓아버리고 만다. 마장에 데리고 가면 말을 끝까지 쫓아온다. 말에 밟힐까봐 걱정이 되어 오지 말라고 그렇게 소리를 쳐도 악착같이 쫓아온다. 저보다 큰 강아지한테도 지는 법이 없다. 교하승마장에 있던 둘리가 마리가 하도 작으니까 위를 훌쩍훌쩍 넘으며 장난을 치면 마구 짖으면서 악착같이 덤벼든다.

둘리는 새끼 때부터 우리를 무척 따랐다. 한번은 차를 후진하다가 다리를 치어 병원으로 데리고 갔다. 다행히 크게 다치지는 않았지만 미안한 마음에 먹을 것을 사주면서 달랬다. 그때부터 친해졌는지 나만 보면 반가워 어쩔 줄을 모른다. 그런데 다 자라고부터 이웃집 오리를 자꾸 물어서 할 수 없이 묶어두게 되었다. 얼마나 갑갑했겠는가. 나만 보면 거의 미치려고 해서 틈틈이 줄을 풀어 데리고 다녔다. 어찌나 힘이 센지 내가 끌려가다시피 했는데 그 시간이 너무 짧은 듯 다시 묶으려 하면 얼마나 슬퍼하는지. 헤어질 때는 매달려서 놓지 않으려고 해 그때마다 마음이 아팠다.

마리의 임신, 그리고 출산

어떤 사람이 강아지는 첫 월경 때 임신을 하지 않으면 다시 임신을 못한다고 해 나는 서둘러 마리를 교배시키기로 했다. 마리만큼 작은 강아지를 찾았는데 생각보다 쉬운 일이 아니었다. 어떤 사람이 강아지를 데리고 와서 조금 큰 듯했어도 교배를 시키려 했지만 끝내 이루어지지 않았다. 그렇게 첫 시도는 실패하고, 어쩔 수 없이 애견센터로 가서 역시 조금 크기는 했지만 그 집에서는 가장 작다는 놈을 골라 교배를 시켰다.

작은 강아지들은 스스로 할 줄 모르기 때문에 사람이 시켜주어야 한단다. 8만원으로 기억되는데 두 번 해준다는 조건이었다. 그래서 내가 마리를 안고 수컷이 위로 올라오게 하여 교배를 시켰다. 끝나고도 마리가 수컷을 놓아주지 않으니까 주인 여자가 "아주 밝히네" 하고 놀렸다.

그렇게 해서 마리는 어린 나이에 임신을 하게 되었다. 이것이 나의 잘못이었다. 너무 빨리 새끼를 낳은 탓에 마리는 좋은 싱글 시절을 너무 빨리 마감해 버린 것이다. 출산을 하고는 마리의 성격이 확 달라졌다. 그리 명랑하던 성격이 조용하고 얌전한 성격으로 변해버린 것이다. 마리의 어릴 적 씩씩하고 활달한 모습은 많이 기억나지 않고 항상 방 한켠에 은둔하는 조용한 모습으로 기억되는 것도 그 탓이다.

행복한 마리의 아빠가 되어

마리는 정말이지 인형이라도 그렇게 귀여울 수가 없을 정도였다. 마리를 안고 가면 아이들은 말할 것도 없고 모든 사람이 쳐다보고 만져보고 싶어 했다. 한번은 공항에 가서 아내를 기다리는데 눈부시게 예쁜 젊은 아가씨가 밝고 환한 웃음을 지으면서 나한테 빠른 걸음으로 다가오는 것이었다. "아니, 내가 아는 사람인가" 놀라서 쳐다보는데 다가와서는 다짜고짜 마리를 만지고 귀여워서 어쩔 줄 몰라 한다. 마리 덕분에 나는 미인과 만나는 즐거움도 누렸다.

가끔 동네 약국을 가는데 여자 약사가 마리를 만지려하니까 남자 약사가 더러운 손으로 만지려고 한다면서 못 만지게 했다. 그처럼 마리는 백설같이 하얗다. 그래도 여자 약사는 "내 손이 왜 더러워" 하면서 만져보고 싶어 했다. 내가 만져도 좋다고 했지만 막상 만지지는 못했다. 너무 희다는 것이다. 그런 마리를 내가 독차지하고 있으니 모두들 얼마나 부러워했을까 싶다.

미셸이 태어나던 날

아침에 출근하면서 이상한 느낌이 들었다. 마리의 태도가 어쩐지 여느 때와 달랐다. 아내가 새끼를 놓을지 모른다고 말했다. 걱정이 되어 일찍 퇴근했다. 역시 마리가 새끼를 놓지 못해 이리저리 다니고 있었다. 얼른 데리고 동물병원으로 갔다. 그 어린 것을 마취를 하는 것이 영 마음이 아팠다. 금방 마리는 잠이 들고 제왕절개 수술을 했다. 마취가 덜 된 것인지 중간에 마리가 소리도 지르지 못하고 입만 벌리는 것이 정말 보기 힘들었다.

새끼는 두 마리였다. 계란만한 두 마리를 닦고 포대에 싸서 마리와 함께 집으로 데리고 왔다. 새끼는 눈도 뜨지 못하고 마리 품에 안겨 젖을 찾는다. 그러나 마리는 꿰맨 곳이 많이 아픈지 적극적으로 수유를 하지 못하고 그냥 널브러져 누웠다. 새끼를 품에 안겨도 마냥 기운을 차리지 못한다.

마리는 도무지 기운이 없다. 많이 아파한다. 꿰맨 곳이 터져서 상처에서 피가 난다. 병원에 데리고 갔으나 뾰족한 수가 없다며 그냥 한 번 더 꿰맨다. 아파하는 모습이 불쌍해서 볼 수가 없다. 새끼는 젖이 부족해 영양실조 상태다. 결국 강아지 젖을 사서 먹인다. 그래도 한 마리는 제대로 먹지 못하고 점점 늘어진다. 마리도 불쌍하고 새끼도 불쌍하다.

비타민 C와 칼슘을 사서 갈아 먹인다. 그래도 새끼들은 여전히 기운 없이 늘어진다. 그나마 한 마리는 악착같이 마리 품에 파고들어 젖을 먹지만 한 마리는 밀려서 먹지도 못한다. 급기야 축 늘어져 움직이지도 못한다. 하다하다 안되어 병원으로 간다.

가던 병원이 문을 닫아 할 수 없이 다른 병원으로 간다. 맡기고 돌아오는데 전화가 온다. 죽었다는 것이다.

정신이 아득했다. 기어이. 아, 그냥 집에 있었으면 어쩌면 살 수도 있었을 텐데…. 의사가 잘못해 죽은 것만 같았다. 그 어린 것에 커다란 주사기를 놓으니 쇼크로 죽은 것인지도 몰랐다. 의사가 너무도 원망스러웠다. 그 어린 것을 관산에 묻고 오는데 발걸음이 떨어지지 않는다. 세상을 채 보지도 못하고 죽다니….

미셸의 시대, 침잠하는 마리

미셸이 태어나고 한동안 마리는 행복해 보였다. 수술상처에서 몸이 회복되고 미셸도 젖을 먹으며 건강히 자랐다. 마리는 연신 미셸을 핥아주고 또 장난을 치는 것인지 훈련을 시키는 것인지 줄곧 같이 놀았다. 눈처럼 하얀 두 마리가 이불 위에서 서로 물고 당기고 잡고 하면서 장난치는 것을 보고 있으면 시간 가는 줄 모른다.

강아지는 태어나면서 어미 강아지와 같이 지내지만 금방 사람하고 더 친해진다고 한다. 미셸도 그랬다. 마리와 같이 지내는 것도 잠시, 젖이 떨어지면서 미셸은 마리를 떠나 사람에게 더 가까워졌다. 그저 아내한테 매달리고 붙어 지내려고 했다.

마리는 이제 낳아준 엄마라기보다 그냥 같은 집에서 지내는 친구나 동료 이상의 아무것도 아니었다.

이제 마리의 자리를 미셸이 차지하고 마리는 한 곳으로 밀려나고 말았다. 마리는 한 구석에 혼자 처박혀서 우리들 곁으로 가까이 오지 않았다. 덩치가 더 커진 미셸이 그것을 허용하지 않았다. 잠을 잘 때도 마리는 베게 위에서 자고 미셸이 엄마 품에서 잤다. 마리는 낮이면 방 한구석에서 혼자 웅크리고 앉아 있게 되었다. 내가 집으로 돌아오면 반갑게 나오기는 하지만 금방 미셸에 밀려 다시 제 자리로 돌아가는 것이다. 그렇게 마리는 점점

활동이 줄어들고 그야말로 청상과부처럼 혼자만의 세계 속으로 침잠해 들어갔다. 그럼에도 마리의 관심은 온통 사람에게 향하고 있어서 항상 우리를 주시하고 있는 것이 안타까웠다.

반대로 미셸은 우리 집의 제2인자로 그 자리를 굳히고 있었다. 아내가 제1인자이고 미셸이 두 번째, 그리고 나, 그리고 지웅과 세웅 이런 순이었다. 누구든 아내의 침실로 들어오면 미셸이 이를 허용하지 않았다. 짖으면서 야단치고 물어뜯고, 특히 세웅이는 근처에 얼씬도 못하게 했다.

씩씩하기만 한 장애아

태어난 지 얼마 되지 않아 우리는 미셸에게서 이상한 점을 발견했다. 그것은 한 뒷 다리가 다른 다리보다 길고 걸음걸이가 이상한 것이었다. 걸을 때는 표시가 안 나는데 뛸 때는 세 다리로만 뛰었다. 처음 태어나서 눈도 못 뜨고 다리도 펴지 못하였다. 그래서 다리를 펴게 하느라고 당겨서 주물러 주기도 했는데 그때 너무 당긴 게 아니냐고 우리 부부는 서로를 의심했다.

며칠을 관찰하고 갸우뚱거리면서 지내다가 어느 날 서울대 병원으로 진찰을 갔다. x-ray 촬영을 해보니 뼈에 이상이 있었고 선천적이라는 것이었다. 주로 순종에서 많이 발생한다는 것이다. 그토록 아름다운 눈과 하얀 털의 귀염둥이가 다리 장애라니…. 고칠 방법이 없다고 했다. 그나마 아프지는 않다는 것이 얼마나 다행이었던지. 불쌍한 미셸. 우리는 그를 꼬옥 안아주었다.

그래도 미셸은 참으로 씩씩했다. 여느 강아지와 다름없이 명랑하고 씩씩하고 용감하고, 어디든 가고 그 높은 침대에도 풀쩍 뛰어 올랐다. 그러면서도 먹는 예의는 아주 밝았다. 결코 먹을 것을 달라고 짖거나 보채는 법이 없다. 그저 우리가 먹는 것을 따라 눈과 고개가 왔다 갔다 하면서 끈기 있게 기다린다. 또 미셸은 말을 잘한다. 우리는 그의 목소리를 듣고 무엇을 원하는지 금방 알 수 있다. 대략 일곱 가지 정도의 소리를 내는데 배고플 때, 용변이 마려울 때, 야단칠 때, 화가 났을 때, 나가자고 조를 때 등등 소리가 다 다르다.

밖에 나가면 마리는 언제나 사람을 뒤따라가려고 하고 미셸은 혼자서 천방지축 뛰어다닌다. 한번은 집 근처 메이필드호텔로 저녁 식사를 간 적이 있다. 식사가 끝나고 산책을 하는데 미셸이 풀쩍풀쩍 뛰어서 놀다가 그만 물속에 빠져버렸다. 물인 줄도 모르고 뛰어가다가 빠진 것이다. 그래도 풍덩풍덩 헤엄치더니 물 밖으로 기어 나왔다. 그러고도 아무 일 없었다는 듯이 씩씩하다. 수건으로 말려주고 안아주었더니 또 금방 내려서 달려간다.

그리고 나는 아무도 사랑하지 않았다

미셸은 갔습니다

지난 일요일 저녁 우리 미셸은 다시는 돌아오지 못할 길로 떠났습니다. 이별을 못내 서러워하는 우리를 남겨두고 영영 떠나갔습니다. 우리는 알고 있었습니다. 언젠가는 헤어지는 날이 오리라는 것을. 그러나 우리의 헤어짐이 이렇게 빨리 올 줄은 아무도 몰랐습니다. 나는 정말 도무지 헤어질 준비가 되어 있지 않았습니다. 우리는 아직도 함께 해야 할 일이 너무도 많이 남아 있습니다. 그런데 그는 마치 새가 앉았다 떠나듯이 훌쩍 그렇게 가버렸습니다.

이토록 급작스럽게 미셸을 보내고 나니 마음에 걸리는 일이 한두 가지가 아닙니다. 미셸이 이토록 나이가 든 지도 난 몰랐습니다. 당뇨가 걸린 것도, 그렇게 쇠약해진 줄도 전혀 몰랐습니다. 내가 얼마나 무심했던 것입니까. 가끔씩 침대에 오르지 못하는 모습을 보면서도 나는 늙어버린 미셸을 생각하지 못했습니다.

어쩌면 미셸은 혼자서 조용히 떠날 준비를 했을지도 모릅니다. 내가 모르는 사이에 자신의 죽음을 예견하고 건강하고 씩씩한 모습으로 갑자기 떠나기를 준비했는지도 모르겠습니다. 며칠이라도 좀 앓다가 내 간호도 받고 할 것이지, 그렇게 떠나지 않은 미셸이 원망스러운 것은 순전히 내 욕심일 뿐인지도 모릅니다. 끝까지 깨끗한 모습으로 남고 싶어 했던 그의 깊은 생각을 이해하지 못하고 말입니다.

그래도 너무 일찍, 조용히 떠나간 미셸이 원망이 됩니다. 1993년 12월 2일에 태어났으니 겨우 8년 4개월을 살고 간 것입니다. 아무리 그래도 10년은 살 줄 알았습니다. 함께 살면서도 그의 몸이 어떤지 모르고 지냈다는 것이 마음이 아픕니다. 힘들면서도 내색하지 않고 끝까지 씩씩하게 살다가 간 미셸이기에 더욱 마음이 아픕니다.

그것도 모르고 수요일 산책을 너무 오래 했습니다. 안아주지도 않았습니다. 얼마나 힘들었을까요. 그래도 참고 다니다가 그만 감기에 걸렸던 것은 아닌지. 무심했던 내가, 미련한 자신이 한없이 미워집니다. 미셸은 내가 죽인 것입니다. 목요일 밤늦게 돌아와 병원도 데려가지 못하고 다음날 오후에야 병원에 갔으니 모두 내 잘못입니다. 아내의 원망을 받아 마땅한 것입니다.

밤에 아무리 끌어올려 내 곁에 재워도 다시 내려가고, 담요를 깔아 주어도 평소와 달리 그 위에서 자지 않고, 내 벗어 놓은 옷 위에서도 자지 않고…. 지금 생각하니 토하거나 소변으로 옷을 젖게 할까 그렇게 한 것만 같습니다. 힘이 없어 일어나지도 못하는 미셸에게 그러한 일들이 얼마나 힘들었을까요.

우리를 생각하는 그의 마음에 아무 것도 해주지 못한 내가 원망스럽기만 합니다. 억지로 약을 먹였을 때 토하던 그의 모습이 눈에 선합니다. 무지하기만 했던 내가 그를 괴롭힌 것입니다. 자연스럽게 그의 죽음을 받아주지 못하고 고통을 준 사람들이 얼마나 섭섭하였겠습니까. 더구나 그 사람이 사랑해 마지않던 나였으니 말입니다.

금요일 민속촌에 가지만 않았어도 어두움 속에서 그렇게 외롭게 아프게 지내도록 하지 않았을 것을…. 일요일 낮에는 왜 가다가 발길을 돌렸는지 후회가 되어 견딜 수가 없습니다. 토요일 입원시키고 나서 저녁에 들렀을 때 원망스럽게 짖어대던 모습이 눈에 선합니다. 왜 혼자만 그 우리 안에 두는지 얼마나 내가 섭섭하였을까요. 이렇게 갈 줄 알았다면 집으로 데려와 하룻밤이라도 같이 지낼 것을. 밤에 아무도 지키는 사람이 없는 줄 알았더라면 어떻게든 내가 데리고 와서 지켜 줄 것을. 그렇게 하지 못하게 한 의사선생님이 너무나 원망스럽습니다. 고집을 세우지 못한 내가 한없이 미워집니다.

미셸은 정말 사람 이상의 사람입니다. 불구의 몸으로 정상의 개보다 더 씩씩하게 살았습니다. 그 높은 침대를 간단히 오르고, 한쪽 뒷다리로 달리기는 얼마나 잘 달리는지, 떠나기 전 미셸이 보여준 정신력은 정말 대단한 것이었습니다. 미셸은 떠나야 할 시간이 되었지만 정신력으로 버티면서 내가 오기를 기다리고 있었습니다. 일요일 낮 물을 먹고 토한 뒤 기진하면서 미셀은 이제 떠나려고 했습니다. 아니 전날 이미 떠나려고 했었는지도 모릅니다. 집에서 나와 함께였다면 떠났을지도 모릅니다. 집이 아닌 병원에서, 어둠 속에서 혼자 아픔과 싸우면서 외로이 내가 오기를 기다렸던 것입니다.

그의 마지막 소원대로 집에서 우리 모두가 지켜보는 가운데 내 품에 안겨서 떠나보내지 못한 것이 두고두고 마음에 걸립니다. 일요일 저녁 나를 보고 그는 작별인사를 하고 싶어 했습니다. 그러나 함께 가지 않고 다시 우리에 가두니까 마지막 순간을 나와 같이 못한다는 생각에 스스로 목숨을 거두어버린 것입니다. 피오줌을 쏟고 기진하면서도 미셸은 내게 말을 했습니다. 사랑했다고. 그리고는 나를 향해 고개를 젖히고(내가 뒤에서 안고 있으니까) 안간힘을 다해서 큰 소리로 내게 작별인사를 했습니다. 그리고 숨을 거두었습니다.

나는 미셸을 안고 집으로 왔습니다. 눈물이 앞을 가려 어떻게 집에 왔는지 모르게. 그렇게 미셸은 싸늘한 시체가 되어 그리던 집으로 돌아왔습니다. 나는 밤새 그를 안고 잤습니다. 밤새 그의 몸은 부드럽고 따뜻했습니다. 꿈에라도 나타나 내게 말을 걸어주기를 기다렸습니다. 그러나 둔한 내게 그런 행운은 주어지지 않았습니다. 아침이 오고 나는 헤어져야 했습니다.

출근했다 낮에 집으로 갔을 때 집은 텅 비어 있었습니다. 모든 것이 부질없습니다. 새로 들여놓은 붙박이장도 싫고 정리된 집도 싫습니다. 미셸이 없는데 이런 모든 것이 무슨 소용입니까. 무슨 의미가 있습니까. 비행기도 말도 악기도 다 의미가 없습니다. 베이스를 연습할 때면 언제나 발밑에 넙죽 엎으려있던 미셸이 없는데 도무지 어떻게 악기를 잡겠습니까. 미셸이 있어서 한강도 아름답고 비행기도 말도 내게 행복한 요소였던 것입니다.

생각해보면 미셸은 아내의 말대로 천사였습니다. 내 인생에 가장 커다란 축복이었습니다. 어찌 보면 나는 미셸의 떠나감을 슬퍼할 자격도 없는지 모릅니다. 미셸은 내게 과분한 선물이었습니다. 내가 어찌 무슨 자격으로 그렇게 행복할 수가 있었단 말입니까. 그런데도 자신의 분수도 모르고 슬퍼하는 내가 스스로도 불쌍합니다.

미셸은 내가 가질 수 없는 커다란 것을 주었는데 나는 미셸에게 아무것도 해주지 못했습니다. 언제부턴가 미셸에 대한 이야기도 쓰지 않고, 사진도 찍어주지 않고, 그의 달라지는 모습을 눈여겨보지도 않았습니다. 낚싯줄로 경계를 치고 베란다도 마음대로 드나들지 못하게 했습니다. 차에 태워서 식당도 같이 가지 않고 멀리 나들이도 가지 않았습니다. 이제 봄이 오면 함께 멀리 봄나들이 가야지 생각만 하면서 내 일에 매달려서 나는 그렇게 지냈습니다.

들에는 개나리가 피고 봄이 오는데, 이 화창한 봄을 보지 못하고 미셸은 떠나갔습니다. 이제 내 양팔에 행복을 안듯이 가득

안을 미셸은 없습니다. 내 몸을 간질이면서 목 뒤로 어깨 위로 기어오를 미셸은 없습니다. 일곱 가지나 되던 그의 말도 이제는 들을 수 없습니다. 집에 돌아오면 문을 열기도 전에 튀어나와 매달리던 그의 정열과 반가운 목소리, 엄마와 함께 있을 때 건드리기만 하여도 으르렁거리던, 그런데도 도무지 적의가 없는 다정한 목소리, 외출의 기미만 보이면 마구 매달리면서 흥분하여 짖던 그 목소리, 마리를 씻기면 마구 야단치던 그의 목소리, 무엇을 원할 때 애절하게 내던 목소리도, 그의 재미있는 잠꼬대도 이제는 듣지 못합니다.

먹을 것 앞에서 그렇게도 얌전히 음식을 따라 고개만 움직이던 그 모습이, 식사 때가 되면 "어서 오세요" 하면서 부르러 오던 그 모습이, 엄마 가슴에 얼굴을 묻고 내가 가까이 얼굴을 대면 고개를 돌리던 그 앙증스런 모습이며, 그래도 계속 귀찮게 굴면 으르렁거리다가 확 달려들어 무는 시늉을 하던 그 장난끼도 이제는 영영 다시 못 볼 그리운 모습으로 내 가슴에 남았습니다.

굵고 짧게 살다간 미셸. 그 짧은 기간에 내게 사랑을 가르쳐주고 간 미셸. 내 인생에, 아니 우리 모두의 인생에 가장 커다란 지워지지 않는 흔적을 남기고 간 미셸. 오직 사랑과 사랑받음을 갈구하던 미셸. 세상 물정 모르고 자란 탓에 구김살 하나 없고 눈치 볼 줄 모르던 녀석. 천방지축 힘과 정열이 넘치던 부랑아, 그러면서도 착하기 그지없는 녀석. 털을 깎느라 힘들어도 꾹 참고 무릎을 떠나지 않던 착한 녀석. 싫어도 부르면 얌전히 다가와서 무릎에 앉던 모습, 누우면 가슴에 올라와서 그저 핥으려고 하고, 잠시 엎드려도 어느새 내 팔에 납죽 엎드리고, 아침에 일어나면 슬금슬금 따라와 의자 위로 뛰어오르고 옆에 얌전히 엎드리던 녀석.

그저 잠시라도 내 곁을 떠나지 않던 미셀. 손님이 오면 그 앞에 매달리면서 끝까지 안아주기를 기다리던, 그래서 어쩔 수 없이 안아 올리게 만드는, 그리고 무릎에 얌전히 엎드려서 누구라도 사랑하지 않고는 못 배기게 만드는 그런 적극적인 녀석. 아무리 멀리 있다가도 "마리, 마리, 마리" 세 번만 부르면 잽싸게 달려와 가운데 파고드는 질투와 정열의 미셀, 나는 그 하나하나의 모습을 차마 잊지 못하겠습니다. 미셀은 떠나갔지만 나는 미셀을 보내지 않았습니다.

이제 미셀은 없다

미셀이 떠난 지 2주일이 되었다. 지금도 집에 가면 반가워 뛰어나올 것만 같은데 문을 열어도 반기는 아무도 없다. 1층 엘리베이터 소리만 듣고도 내가 오는 줄 알던 녀석, 식구 중 한사람만 안 들어와도 문가를 떠나지 않던 녀석. 늘 다니던 산책길에는 녹음이 우거지고 꽃도 예년보다 더 화려하게 피었건만 산책을 그리도 좋아하던 미셀은 없다. 아파트 뒷켠 그늘진 풀밭길,

늘 변을 보던 그 자리에 미셀은 없다. 아파트 옆길, 햇볕 쬐던 나무에 한 다리를 들고 오줌 누던 미셀도 없다.

옆 동 아파트의 뒷골목 호젓한 길도, 때로는 비도 맞으면서, 바람이 심하게 불면 뒤로 돌아서서 걷던 그리고 여름 햇살에 뜨거워하던 그 길. 금년 봄 유달리 햇살이 다정하던 도로공원의 긴 길도, 한강물 찰랑이는 강변도, 강변의 바람도, 고개를 돌리면 금방 저기서 쫓아오는 미셀의 모습이 선한데, 이리저리 뛰어다니다가 안아달라고 매달리는 모습이, 막 앞서 내달리다가 갑자기 돌아와서 마리에게 부딪히던 그 장난, 그 활발한 녀석의 모습이 가는 길의 곳곳마다 선한데, 이제 미셀은 없다. 집에도 길에도 들에도 산에도 공원에도 어디에도 미셀은 없다.

강 건너 집으로 오는 길은 얼마나 행복했던가. 푸르기만 한 하늘, 반짝이는 물결, 따뜻한 봄의 햇살, 내가 가장 좋아하는 계절 봄이 선사하는 이 아름다움, 정말 화려할 정도로 아름답기만 한 내 주변, 이 모두가 젊은 시절의 고생을 보상해주는 줄로만 알았지, 이 모두가 미셀이 있어서 행복이었던 것을 나는 몰랐었지. 그저 미셀로 인해 더 행복할 뿐이라는 생각만 했을 뿐이지 그가 이 행복의 원천인줄 나는 정말 몰랐다.

귀가길 내내 내 마음은 그저 미셀 생각으로 가득했었고, 어서 집에 가 미셀을 안고 싶은 생각으로 내 마음은 얼마나 초조하였던가. 돌아보면 미셀과 함께할 수 있다는 생각으로 나는 정말 매일을 행복 속에서 살았지. 그 행복도 이제는 끝나버렸다. 참으로 행복은 짧기만 한 것인지.

이제는 도무지 집에 오는 길이 즐겁지 않다. 집이 가까워올수록 미셸이 없다는 생각이 가슴을 죄어온다. 하늘도 강도 거리의 꽃들도 나무도, 아무 것도 내 행복과는 상관이 없다. 이 모두가 다른 사람의 것인 것만 같다. 대문을 열어도 선뜻 들어서기가 싫다. 집안이 너무 차고 허전하다.

미셸을 안은 것처럼 느껴보고 싶어 마리를 안고 얼굴에 부벼본다. 그러나 그 무게, 그 밀착에 있어서 마리는 미셸을 대신하지 못한다. 내가 옷 갈아입는 것도 못 기다려 그저 매달리던 녀석이, "마리, 마리, 마리" 세 번만 부르면 번개같이 튀어올 것만 같은데 어디에도 미셸은 없다. 미셸과 함께 내 행복의 요소도 모두 사라져 버렸다. 집안은 그냥 텅 비어 버렸다.

아무것도 미셸을 대신하지 못한다

미셸이 간 지 한 달이 되어 간다. 왜 그리도 빨리 떠나야했을까. 불쌍한 미셸, 편안하게 집에서 이별하지 못하고 병원에서 외롭게 떠나야 하다니. 도무지 내 간호도 받지 않고 그렇게 금방 떠나야 하다니. 4월 5일 금요일 저녁이, 토요일 저녁에 녀석을 병원에 혼자 두고 왔던 일이, 무엇보다 일요일 아침, 베이스 선생을 데려다 주고 미셸에게 들려야 했는데 지척에 있는 병원을 찾아가지 않았던 일이 두고두고 한스럽다.

금요일 저녁에 힘이 다 빠져 기진한 상태로 내 무릎에 한없이 안겨 있고 싶어 하던 미셸, 그 미셸을 어둠 속에 남겨두고 민속촌을 갔다 온 것이 너무도 후회가 된다. 그리도 가기 싫었는데 약속 때문에…. 하지만 지금 생각하면 나 혼자 집에 남아 있었어도 되는 것이었는데. 그 밤이 마지막 밤이 될 줄 몰랐지. 일요일에는 왜 병원에를 가다 말고 유턴이 안 된다고 그냥 왔는지, 그저 후회와 회한뿐이다. 근래에 들어 차에 태워 함께 다니지 못한 것이 무척 후회가 된다. 사진도 찍어 두지 못한 것이 못내 아쉽다.

마리가 전보다 더 내게 다정하기는 하지만 미셸의 자리를 메워주지는 못한다. 마리는 조용해 어디든 데리고 다닐 수 있어 좋지만 그래도 도무지 살아있는 그 열정의 미셸 자리를 대신할 수가 없다. 마리를 안고 얼굴에 부비면서 나는 미셸의 냄새를 맡는다. 팔에 안기는 무게와 감촉을 통해 미셸의 존재를 확인하고자 한다. 그러나 도무지 그 빈자리는 메워지지 않는다.

미셸과 함께 내 할 일도 없어지고 말았다. 아침마다 치우던 신문도 오줌도 똥도 이제는 없다. 아침이 너무 허전하다. 집에 와서도 산책이 급하지 않고 이것저것 치우는 일도 없어지고 말았다. 세상 모든 것이 의미가 없다. 내가 살아있는 이유가 무엇인지 잘 모르겠다. 다른 내 모든 삶은 남을 위한 것이었지만 미셀과 함께 하는 시간은 오직 나를 위한 시간이었다.

서든 앉든 누웠든 언제나 내 곁에 내 품에 안겨 있던 녀석, 그 무게를 어떻게 회복할지 모르겠다. 햇살이 스며드는 오후, 거실에 앉으면 얼마나 행복했던가. 내 곁에는 항상 미셸이 있었지. 지금은 도무지 아무 것도 느낌이 없다. 모든 것이 허전하고 허무할 뿐이다. 의미가 없다. 아무리 맛있는 것, 좋은 것, 새로운 것이 있어도 신이 나지 않는다. 오히려 미셸 생각만 더 날 뿐이다. 지금도 문만 열면 번개같이 튀어 나올 것만 같은데 미셸은 가고 없다.

돌아온 미셸, 아아, 제이미

부모를 잃게 된 강아지가 있단다. 늘 어두운 집에 처박혀 살고 있는. 그런데 아버지가 아파서 더 이상 키울 수 없게 되었단다. 아내의 이야기를 듣고 일단 만나보자 했다. 찾아간 곳은 비닐하우스로 위장한 컴컴한 집. 그가 슬금슬금 나에게 다가왔다. 그리고 내 무릎에 안겼다. 그리고 애무를 원했다. 엄마가 "안돼" 하고 짧게 야단치자 멈칫하더니 그냥 안겼다. 내가 그를 안았다. 당분간만 맡아달라고 했다.

차에 태웠더니 순순하게 따라온다. 집에 데려와 놓았더니 두려움과 경계의 눈빛으로 가만히 앉아 있다. 너무 다소곳하여 불쌍하다. 오줌을 오래 참았는지 노란 오줌을 싼다. 신문지를 깔아주었으나 누지 않는다. 훈련이 너무 되어 그렇단다. 절대로 침대에 올리지는 말자 했다. 정애가. 마리를 위해서란다. 어디까지나 마리가 우선이라는 것을 알게 하자는 것, 마리만의 영역을 지켜주어야 한다는 것, 그래서 침대 옆에 담요를 깔아주고 자라고 하였더니 불쌍한 눈빛으로 눕는다. 이렇게 해 제이미는 우리 집의 새 식구가 되었다.

신데렐라보다 더한 제이미

아침에 일어나 제이미를 자세히 살펴보니 아, 이것은 그야말로 병 투성이의 강아지였다. 길거리에 버려진 강아지보다 더했다. 잇몸이 부어 침을 질질 흘리고 냄새가 온 집안을 진동했다. 또 보니 달릴 때는 뒷다리를 저는 것이었다. 제이미 엄마가 거짓말을 한 것이다. 나이도 어린 것이 아니었다. 적어도 8살은 더 들어 보였다. 그런데 이 형편없는 불구의 몸이 나를 그에게 빠지게 했다. 덩치와 모양이, 특히 뒷다리를 저는 것이 죽은 미셀과 같았기 때문이다.

이는 얼마나 아프겠는가. 그날로 병원으로 데려가 치주염 수술을 받았다. 그런데 그게 잘못된 것이었다. 한꺼번에 많은 이가 빠져 버린 것이다. 치주염이 너무나 심해 어쩔 수 없었단다.

약을 일주일 정도 먹고 냄새가 많이 가셨다. 그런데 얼마 지나지 않아 다시 냄새가 심해졌다. 병원을 갔더니 다시 악화되었다고 해 다시 수술, 마취하고 귀 청소까지. 귀는 또 어찌나 불결한지. 벌레를 다 잡아내고 청소했으나 문제는 또 이가 더 빠진 것이었다. 결국 몇 개만 남기고 다 빠져 버렸다.

그런데 더욱 불쌍한 것은 수술이 끝나고 집에 오는데 차에서 내리자 토하면서 그렇게 괴로워하는 것이었다. 어찌나 불쌍한지 미칠 것 같았다. 겨우 진정시켜 집으로 데리고 와 뉘였다. 너무나 조용한 제이미. 정든 집을 나와 낯선 집에서 불안한 모습으로 눈치를 보며 있으니. 벌써 두 번째 옮겼다 한다. 그전 집이 정이 들었겠지만 자기가 살 수 없다는 현실을 알았겠지. 그래서 누군지도 모르는 사람한테 운명처럼 몸을 맡기고 달라붙었겠지. 살기 위해서. 어쨌든 나는 미셀의 모습을 많이 발견하고 그 불쌍함으로 나도 모르게 깊숙이 제이미에게 빠져 들었다. 그리고 원래 이름은 재미있다고 하여 '재미' 라고 했다는데, 그런 장난스러움이 싫어 '이' 자를 하나 더 넣어 제이미(Jamie)로 바꿨다.

단기간에 황제로 등극한 제이미

그런데 처음의 그 불쌍한 눈빛이 바로 제이미를 최단 시일에 우리 집 서열 1위로 만들어 버린 킹메이커였다. 너무 측은해 침대로 올라오게 했더니 슬금슬금 침대 속으로 들어와서는 어느

새 마리를 밀어내고 자리를 차지했다. 마리는 그만 새침하게 돌아가더니 영영 침대에 오르기를 거부했다. 아차! 그러나 때는 늦었다. 이미 위치는 역전되어 마리는 옆에서 눈치만 보는 신세가 되고 제이미가 바로 미셸의 자리를 고스란히 차지해 버린 것이다.

어찌나 적극적인지 그냥 사람한테 달라붙어 떨어지지를 않는다. 애무해달라고 머리를 손 밑으로 집어넣고, 배를 만져주면 발랑 뒤집어져서 온몸을 비비 꼰다. 누군가 먼저 침대에 오르면 바로 따라 침대에 오를 뿐 아니라 다음 사람은 얼씬도 못하게 으르렁거린다. 누구 한 사람이 정해진 것이 아니라 먼저 침대에 오른 사람, 선점자를 독식하려는 것인지 수호하려는 것인지 정말 희한한 성격이다. 그런데도 미워할 수가 없다. 처음 보는 사람한테도 그냥 안기며, 누가 오면 그저 손으로 마구 잡아당기면서 자기를 좋아해달라고 난리다. 안기라도 해줄라치면 조용해지고 일어서기만 하면 짖는다.

마리의 힘든 노년

어느 해 어머니가 우리 집을 방문했다. 비행장에서 모시고 집으로 와 방에서 옷을 갈아입으시다가 이 강아지가 이상하다고 마리를 안고 나오셨다. 보니 마리가 축 쳐져서 숨이 넘어가는 것이었다. 하필이면 어머니가 오시는데 이런 일이…. 사실 그 전 며칠간을 마리는 설사를 하면서 제대로 먹지도 못했다. 그 처치를 미리 하지 않은 것이 문제였다.

부랴부랴 병원으로 데리고 갔다. 병원에 도착하자마자 마리는 기진하여 넘어가는 것이었다. 병원에서는 이미 청색증상이 나타나서 늦었다고 했다. 그래도 부탁을 하니까 산소호흡을 시켰다. 그러자 마리가 조금씩 호흡도 하고 살아나는 것이 아닌가. 한참을 산소호흡을 시키고 다시 안고 있었다. 어머니한테 전화하고 학교도 빼고 그렇게 하루 종일을 병원에서 지냈다. 안고 있는 중에 마리가 무릎에 오줌을 쌌다. 내 양복바지가 젖었지만 더럽게 느껴지기는커녕 반가웠다. 살아나는 것이다. 그런 생각이 들었다.

입원시키라는 것을 한사코 마다하고 죽어도 내 집에서 죽게 하겠다고 고집을 부려 링겔 주사를 꽂은 채 집으로 데리고 왔다, 밤새 안고 주사를 맞혔다. 정말 잘한 결정이었다. 마리는 조금씩 회복을 했다. 아침이 되자 그래도 기운을 조금 차린 듯했다. 나는 마리를 안고 기도했다. 제발 1년만 우리와 더 있어달라고. 이렇게 아름다운 봄이 오는데 제발 이 봄을 한번만 더 우리와 지내자고.

회복이 된 뒤도 마리는 먹지를 않았다. 무엇을 주어도 입을 대지 않는다. 그냥 널브러져 누워 있기만 했다. 그러기를 며칠…. 아내가 불갈비를 가져왔다. 그 냄새를 맡더니 마리가 뛰어 나오는 것이었다. 그리고 그것을 먹기 시작했다. 얼마나 다행인가, 놀랍기도 하고…. 그 불갈비를 먹고 마리는 정상으로 회복했다. 비록 상당한 시일이 지난 후이기는 했지만.

그런데 회복하고 나서 마리의 목소리가 변했다. 목청이 터지지 않는 것이다. 그래서 억지로 소리를 내는 것이다. 딱하게도 이는 영영 회복되지 못했다. 불쌍한 마리. 그래도, 그래도 마리가 살아난 것만이라도 얼마나 고마운 일인지…. 덕분에 어머니로부터 "너희는 에미보다 강아지가 더 중요하냐"고 야단을 많이 들었다. 정말 죄송했지만 어쩔 수 없었다.

이후로도 마리는 점점 더 자기 속으로 침잠해 들어갔다. 하루종일 혼자 제 방에 처박혀 꼼작도 하지 않고 지냈다. 먹을 때나 사람이 바깥에서 돌아올 때나 겨우 제 집에서 나올 뿐이었다. 그러니 무슨 일이 생길까 언제나 불안, 불안이었다. 위기도 여러 번 넘겼다. 그래도 그러기를 3년이나 하면서 우리 곁을 지켰으니 참으로 고마운 일이다.

한번은 멀리 토평리 승마장에서 마리를 소파에 내려놓고 말을 타고 있었는데 누군가가 강아지가 이상하다고 해 급히 가 보았더니 거의 숨이 넘어가고 있는 중이었다. 회원이 운영하는 병원으로 급히 가서 기도 뚫는 수술을 하고 겨우 살려냈으나 걱정이 태산이다. 병원에서는 계속 입원시키라고 한다. 의사는 모두 같은 모양이다. 억지로 데리고 집으로 온다. 제발…, 기도하는 심정으로 조심조심 데리고 온다.

그 후로 잘 걷지도 못한다. 외출도 힘들다. 바닥이 미끄러운 듯 자주 넘어진다. 그래서 마리가 걸어 다니는 통로에 매트를 깔아주었다. 용변 보는 장소를 가까이 당겨주고 물그릇도 제 집 곁에 둔다. 그래도 잘 움직이지 않는다. 먹는 것도 줄고…. 정말 노년이 다 되었나보다. 어느 날은 보니까 앞다리 무릎이 곪았다. 감염도 시작된 모양이었다. 병원에 데려갈 수도 없고 그냥 안타깝게 보고만 있다.

마음 한구석에는 그래도 오래 살아서 제발 집 지을 때까지 만이라도 같이 있어주기를 바라고, 다른 한 구석에는 고통 없이 떠날 수 있기를 원하는 내 모습이다. 어찌해야 할까. 모든 생명 있는 것은 때가 되면 떠나야 하는 것이 이 세상의 이치요 피할 수 없는 운명의 굴레이기는 하지만…. 내게 사랑만을 주고…. 마리야….

며칠 전부터 마리가 일찍 깨어 끙끙거린다. 사료를 끊고 고기를 먹였더니 그런지 제법 기운이 나는 모습이다. 그런데 오늘은 좀 다르다. 물이 먹고 싶은가 해서 물을 주어도 먹지 않고 무엇인가 계속해서 찾아다닌다. 제이미를 찾아보니 없다. 살펴보니 세웅이 방 앞 옷통에 들어앉아 있다. 끄집어내 마리 옆에 앉혔더니 마리가 조용해진다. 제이미를 찾고 있었던 것일까.

방에 들어가 다시 잠을 청했다. 한동안 내내 조용했다. 무슨 일일까. 둘이 다투기라도 했단 말인가. 그래서 다시 찾는 것일까. 아침에 다시 사료를 주니 잘 먹는다. 제발 집을 짓기까지는 살아야 할 텐데…. 나는 늘 집에서 정원을 거니는 마리를 생각한다.

마리도 갔습니다

이제 봄이 한창인데 나들이도 못하고 그렇게 마리는 우리 곁을 떠났습니다. 그 작고 앙증맞은 모습을 이제 다시는 볼 수가 없습니다. 그래도 오래 우리 곁을 지켰습니다. 걷지도 못하면서, 종일 누워 지내면서도 정신은 어찌 그리 맑은지 죽는 그 마지막 날까지도 힘들게 멀리 걸어서 변을 보았습니다. 잠시라도 흐트러진 모습을 보여 주기 싫어했던 우리 마리, 그 힘든 모습이 너무나 안타까웠습니다. 털은 빠지고 추워하면서도 내 곁에 머물기를 거부하고 자기 집으로 내려가던 그 의연함이 마음을 아프게 했습니다. 그래도 마지막 밤은 조용히 내 품에 안겨 잠이 들었습니다. 그날 밤 나는 마리의 죽음을 예고하는 꿈을 꾸었습니다. 제이미 밖에 없는 집에서 이상하게도 마리가 떠났다는 생각을 느꼈습니다.

아침에 잠이 깨어, 나는 마리가 이제 떠나는구나 생각했습니다. 지금은 내 곁에 이렇게 잠들어 있지만 곧 떠나는구나…. 가슴이 미어지는 아픔 속에서도 마리에게 아침인사를 하고 집을 나서야 했습니다. 밤새 끙끙거리며 앓다 지쳐 이제 겨우 조용히 잠든 모습을 보면서 월요일 아침 나는 어쩔 수 없이 집을 나와야 했습니다.

아내에게서 전화가 왔습니다. 식사를 거부한다는 것이었습니다. 저는 알았습니다. 이제 떠나려는구나. 그래도 나는 집으로 갈 형편이 아니었습니다. 아내는 여행을 가야 했고. 혼자서 떠나야 하다니. 마음이 무척도 아팠지만 나는 그의 떠남을 허락했습니다. 숨이 넘어갈 것 같던 그때 응급조치로 살려내면서 나는 1년만 더 살아주기를 원했습니다. 그런데 3년을 더 우리 곁에 머물러 주었으니 얼마나 고마운 일입니까. 힘들어 하는 모습을 보며 이제는 보내주어야겠다고 나는 오래 전부터 이별을 준비했습니다. 만남이 있으면 헤어짐도 있는 것이지요.

서둘러 집으로 와 보니 세웅이가 제이미를 산책 시키고 있었습니다. 다행히도 마리는 아직 숨을 쉬고 있었습니다. 안아 일으켜 씻겨 주었습니다. 여기저기 씻기고 닦는데 또 변을 보았습니다. 다시 씻기는데 갑자기 다리가 축 늘어졌습니다. 닦고 말리려고 보니 숨을 쉬지 않았습니다. 입으로 숨을 불어넣고 가슴을 문질러 주었으나 돌아오지 않았습니다. 아까 다리가 늘어질 때 숨을 거둔 모양입니다. 아무 생각도 나지 않았습니다. 가슴에 꼬옥 안고 있으니 너무나 조용해 그냥 잠이 든 것만 같았습니다.

한숨만 나왔습니다. 그래 고생했다, 이제 가야지. 그래도 내가 오기를 마리는 기다리고 있었던 것입니다. 기운이 없어 아무 말도 못했지만 속으로 작별인사를 했을 것이라고 생각합니다. 안녕 마리, 나도 마리에게 작별인사를 했습니다. 내게 사랑만을 주고 떠난 마리, 이제 마리는 내 마음 속에 영원히 남아 있을 것입니다.

밤에 옆에 누이고 잤습니다. 여전히 따뜻했습니다. 잠든 것 같았습니다. 당장 수지로 데려 가서 거기 양지 바른 곳에 묻어 주고 싶었으나 아내를 기다려야 했습니다. 그냥 자기 집에 뉘였습니다. 그리고 다시 일찍 집을 나서야 했습니다. 요즘 와서 왜 이리 바쁜지. 마지막 날만은 마리와 함께 했어야 하는데 마음이 아픕니다. 나는 그냥 묻고 싶었으나 아들과 아내가 화장해야 한다고 해 따르기로 했습니다. 목요일 아침 나는 마리를 안고 화장장으로 향했습니다. 가는 내내 마리가 봄날의 경치를 감상하기를 기대했습니다.

화장장에서 많이 위로해 주었습니다. 그리고 마지막 모습을 언제까지나 보도록 허락했습니다. 그리고는 마리를 깨끗한 종이로 쌌습니다. 이제 마리는 소각로로 들어갔습니다. 불이 붙고 아, 이제 마리는 불길에 휩싸이는 모습입니다. 나는 그 마지막 한순간도 놓치고 싶지 않아 낱낱이 지켜보았습니다. 마침내 마리는 하얀 뼈로 내 눈앞에 나타났습니다. 너무도 작아서 생선뼈처럼 보였습니다. 그렇게 작은 체구로 우리를 이렇게 행복하게 해주다니. 그것은 정말이지 기적이고 은총이었습니다. 이제 마리는 한줌의 재가 되어 엄마 방에 놓여 있습니다.

미셸 때처럼 눈물은 나오지 않았으나 왜 이리 집이 텅 빈 것 같은지요. 아무 것도 손에 잡히지 않습니다. 그래도 일은 해야 합니다. 마리를 그리워할 시간이 너무도 없군요. 어쩌면 바쁜 것이 나를 구해주는지도 모르겠습니다. 마리는 죽어서도 아빠를 챙기는 것 같습니다. 언제나 우리 가족의 보호자로 역할을 해 온 마리. 그 작지만 당찬 모습이 너무도, 너무도 보고 싶습니다. 그러나 마리는 이제 정말 우리를 떠났습니다.

얼마 후, 여행에서 돌아온 나는 마리부터 찾았습니다. 보이지 않았습니다. 보일 리 없지요. 그래도 나는 김포공항에서 아내의 차를 보자 마리가 나오겠거니 생각하고 있었던 것입니다. 제이미가 너무도 반가웠지만 마리가 없다는 사실이 나를 너무도 허전하게 했습니다. 새털처럼 가벼운 무게로 내 팔에 안겨 있던 그 마리는 이제 영영 없는 것입니다. 비디오에서 나오는 미셸의 소리를 듣고 막 짖어대던 마리가 생각납니다. 얼마나 미셸이 그리웠을까요. 내가 지금 마리를 그리워하는 것처럼 말입니다.

집에만 돌아오면 양말을 물어 당기며 장난하던 어릴 적 모습, 미셸과 장난하던 그 모습, 새만 보면 짖어대던 그 모습, 비둘기 쫓기, 산책길에 항상 제일 뒤에 서서 가족들을 챙기던 그 모습, 밖에만 나가면 어디서 힘이 나오는지 용감한 전사였던 마리, 그리고 많은 세월을 혼자서 외로워하며 고독 속에 침잠하던 마리의 모습…. 공항에서 집으로 오는 짧은 순간에 마리의 생전 모습들이 주마등처럼 스쳐 지나갔습니다. 집에 들어가서도 마리가 있던 텅 빈 자리, 어디에도 마음 둘 곳을 나는 찾지 못했습니다.

제이미도 떠나고 내 마음 어디에

2008. 3. 29 (토)

제이미 입에서 냄새가 나서 병원으로 갔다. 의사가 배를 만지더니 암이라고 한다. 믿어지지 않는다. 어제까지만 해도 괜찮았는데 배가 딱딱한 것이 불룩하다. 그 말랑말랑하던 배가 이렇게 변할 수가 있는가. 기가 차서 그냥 데려가기로 했다. 발톱을 깎아 달라 했더니 무슨 의미가 있겠느냐고 한다. 그래도 애가 얼마나 깔끔한데 하면서 나는 해달라고 한다. 집으로 와서도 여전히 기운은 없으나 아직은 잘 모르겠다.

2008. 3. 30 (일)

제이미가 식욕이 없다. 아무리 맛있는 것을 주어도 잘 먹지 않는다. 억지로 먹이면 겨우 조금만 먹는다. 제발 조금만 더 버티어 주면 좋으련만.

2008. 4. 3 (목)

오늘은 처형과 여행을 떠났다. 양평으로 제이미도 데리고 갔다. 차안에서 그래도 잘 견디며 비교적 건강한 모습이다. 소시지를 먹였더니 받아먹는다. 조금 나아지는 것인가. 옥천 냉면집에서 빈대떡을 조금 남겨 주었으나 그것은 먹지 않는다. 제이미를 마지막으로 전 주인한테 보여주자고 했다. 전화를 했더니 바쁘다고 나중에 오란다. 그리고 죽을지도 모르지만 너무 슬퍼하지 말라고 한다. 마지막으로 한번 보면 좋으련만, 그래도 어쩔 수 없다는 생각이 들었다.

2008. 4. 4 (금)

맛있는 소고기를 주어도 먹지 않는다. 의자 위에서 먹이려니 얼른 뛰어서 옆으로 가버린다. 곡기를 끊으면 마지막이라는데, 불길한 생각이 든다. 제이미, 너도 떠나려는 것이냐.

2008. 4. 5 (토)

아침에 제이미를 오줌 누이고 오는데 약간 혀를 내밀고 있었다. 불현듯 마지막이구나 하는 생각이 들었다. 제이미를 남겨둔 채 나가고 싶지 않았지만 아침 운동은 빠질 수 없는 일이라 몇 시간은 견디겠지 생각하며 억지로 집을 나왔다. 기운이 하나도 없는 모습으로 나를 하염없이 쳐다보던 모습이 끝내 머리에서 떠나지 않는다.

오늘 따라 운동시간이 길어서 30분 더 늦게 집에 오니 제이미가 TV 앞에 엎으려져 있는 것이 아닌가. 가슴이 철렁해 안아 일으켰으나 이미 아무 의식이 없다. 안고서 주물러 주니까 오줌을 약간 누었다. 그래도 숨을 쉬지 않는다. 금방 숨을 거두었나보다. 세웅이가 아침에 식탁에 앉아 있는데 걸어 나오더란다. 그래서 안아서 다시 제 자리에 데려다 놓았단다. 세웅이가 아쉬워한다. 불쌍한 제이미, 작별인사도 못하고 혼자서 떠나다니. 가슴이 막혀 눈물도 나오지 않는다. 이렇게 허무하게 보내다니.

갑자기 뱃속에 든 손자 둥이 생각이 났다. 강아지가 아기에게 치명적이라는 지웅이 이야기, 그 이야기를 제이미가 들은 모양일까. 아무래도 제이미는 둥이를 위해 먼저 떠나간 것만 같다. 얼마나 사려 깊은 강아지인가. 그래도 나는 야속했다. 아직도 몇 달이나 남았는데 조금만, 조금만 더 있다 떠나지. 정말 마음 둘 곳이 없어 미칠 것 같았다.

나는 하루만이라도 더 내 곁에 두고 싶었으나 아파 죽은 강아지를 오래 두지 못한다고 해 할 수 없이 페트나라로 향했다. 세웅이가 동행해 주었다. 가는 길은 더 없이 햇빛이 맑았다. 이 좋은 것을 그냥 두고 가다니…. 나는 못내 아쉬웠다. 다시 한줌의 재로 변해버린 제이미. 사람보다 더 사람 같았던 그의 눈치, 손동작, 그 애교덩어리, 내 살 속에 언제나 붙어있던 그가 그만 떠나 버린 것이다. 영영 떠나버린 것이다. 이제 제이미마저 한줌의 재가 되어 다시 마리와 미셸과 같이 자리하고 있다.

2008. 4. 7 (월)

정애는 황산으로 여행을 떠났다. 이제 집에는 아무도 없다. 문을 열면 문간에서 기다리던, 반갑고 반가워 발등을 딛고 올라서던 그 제이미가 없다. 이제는 수지도 새 집도 아무 의미가 없다. 진작 집을 지었더라면 다만 얼마만이라도 제이미를 새 집에서 마음 놓고 놀게 했을 텐데, 모두가 야속하기만 하다.

이렇게 제이미마저 떠났다. 이제 우리에게는 아무도 없다. 내 마음 어디에 두어야 하는 것인가. 이제 나도 이 세상을 떠나야 하는 것인가. 너무 오래 머물렀나. 내 사랑하던 모두가 이렇게 떠났는데 나는 혼자 여기에 남아야 하다니….

못다 한 이야기

– 미셸의 생각 속으로 그의 회고를 들으며(우리가 이 세상을 떠난 먼 후일에 다시 살아 돌아와 사람들에게 이야기를 해준다면)

"우리 어머니, 마리, 더 정확하게 Marie Entoinette de Claire는 우리 집의 여왕입니다. 엄마가 자는 침대는 푹신하기 그지없는 라텍스 매트리스에 하얀 린넨을 씌우고, 장미나무 프레임에 4개의 기둥으로 캐노피를 달고, 사방을 하늘거리는 비단망사로 감싼 호화 이태리 침대입니다. 아침이면 주인아저씨가 침대 밖에서 아침인사를 합니다. 그러면 우리 엄마는 기품있는 모습으로 앞쪽으로 낮게 경사진 계단을 사뿐히 내려와 기지개를 켭니다. 아저씨는 기다렸다가 기지개가 끝나면 안아 올려서 입맞춤을 하고 같이 아침 산책을 나갑니다. 전용 문을 열고 잔디밭으로 나서면 먼저 개울가 모래밭에서 용변을 보고 아침 이슬이 촉촉한 둑을 걸으며 이것저것 살피면서 정겹게 나들이를 갑니다. 그 뒤를 아빠와 내가 따라가지요."

제4부

내 마음의 사치

그 하나,

유리알 유희

헤세의 유리알 유희, 그 회랑

생각해 보면 나의 초등학교 시절이 골방에 처박혀 세상과 등진 채 공상만을 먹고 산 유폐의 시절이었다면, 중 · 고 시절은 문학에 심취해 학교 공부고 뭐고 모든 것을 다 잊어버리고 소설만 읽으면서 젊음을 낭비한 또 다른 유폐의 세월이었다. 가난한 집안 살림에 주말은 항상 공사판에 나가 일을 해야 했었기에 내가 책을 읽을 수 있는 시간은 수업시간뿐이었다. 때문에 미안하게도(선생님은 내가 당연히 입시공부에 몰두하리라고 믿어 의심치 않았기에 마음 한구석에는 늘 배신의 죄책감에 사로잡혀 있었다) 공부시간에 몰래 소설책을 탐닉했다.

그 시절 즐겨 읽던 것들은 포우와 헤세와 포크너, 토마스 만, 도스토옙스키 등이었을 텐데 워낙 가리지 않고 읽어서 거의 모든 문학전집은 다 읽었다고 생각된다. 그 중 내 기억에 오래 남고 깊이 영향을 준 것은 도스토옙스키로, 나를 오래 동안 침울하고 염세적인 성격으로 몰아간 원인이었던 것 같다. 내가 사교성이 떨어지고, 밖으로는 활달한 듯하면서도 기실 내성적인데다 내적으로 우울한 것은 바로 이 독서의 편식이 원인이라고 여겨진다.

그런 어둡고 우울한 독서생활 중에 기이하게도 헤세의 〈유리알 유희〉는 전혀 다른 성격이면서 기억에 오래 남아 내 일생에 지속적인 영향을 미쳐온 것 같다. 〈유리알 유희〉를 읽으면서 나는 늘 요제프크네히트와 그의 스승이 유리알 유희를 연주하던 그 밝은 회랑에 실제로 앉아있는 착각에 빠져 있었다. 그러면서 나는 내 머리 속에 그 회랑과 그 시간을 재구성하기 시작했고, 지금도 그 회랑을 가끔 찾아가곤 한다. 그런데 유희와 회랑에 대한 이러한 내 생각은 자꾸만 변하는 것이라 내가 만들어 낸 유희는 아마도 헤세의 그것과는 사뭇 다르리라고 생각한다.

어쨌건 〈유리알 유희〉와 그 유희가 이루어지는 회랑은 내게 있어 꿈속에서 꾸는 꿈과 같은 것이어서 유희를 한다는 생각만 해도 나는 하루 종일 행복에 잠긴다. 상상 속에서 내가 좋아하는 것은 이 유리라는 어휘가 가져다주는 투명과, 유희가 전해주는 기쁨, 그리고 햇빛이 깊숙이 파고드는 회랑의 낭만적 모습으로. 구체적으로 유희가 춤인지, 음악인지, 자연현상인지, 생각을 만들어내는 신경다발의 떨림 현상인지, 그 전파의 흐름인지 도무지 종잡을 수 없는 것이 내 유희이지만 나는 단지 유희라는 그 생각만으로 행복해진다.

유희는 어떤 때는 음악적 선율로 내게 다가오고, 어떤 때는 몸짓과 율동으로 비쳐지며, 이따금 현란한 빛의 희롱으로, 한없이 부드러운 바람의 휘감김이나 물의 장난으로, 내 몸과 온 방을 너울져 날아오르며 때로는 〈마의 산〉에서 지인들이 나누던 대화, 그리고 바흐의 대위법적 음률처럼 서로 교호하는 지성의 어울림으로 방을 가득 채우는 천상의 춤과 같은 형상으로 내게 다가오는데, 이 유희가 펼쳐지는 공간은 내 공상 속의 성에서 가장 중요한 부분으로 남아있다.

그러나 유희가 펼쳐지는 방, 예의 그 회랑은 현실에서 구현하기 어려운 방이다. 때로는 4면 벽이 모두 유리로 만들어진 공간이 되거나 유리로 만든 구슬 속 같은 완전한 구체로 나타나기도 하고, 앉은 자리에서 모든 방안의 사물을 만질 수 있는 정도이면서도 무한히 넓어지는 방, 앉은 채로 가볍게 위로 날아올라 대화하는 자신과 상대를 내려다볼 수도 있는 방, 단층이면서 이층이고 작으면서 큰 방, 벽을 이루는 창을 통해 세상의 모든 모습과 모든 소리를 한 폭의 그림으로 담아내며, 그 빛과 소리에 감추어진 사람들의 생각까지 전달해주는 방이다.

이렇게 유희와 유희 공간은 어우러져 서로가 서로에게 속하여 하나의 존재로 이루어진다. 유희를 하는 사람의 생각을 전달해 주는 소리와 빛은 우리의 유희 속에 어우러져 다른 유희를 만들어 낸다. 그리고 그 창을 통해 들어오는 빛 속에서 사물의 존재를 표현하는 색깔 요소를 제외한 투명한 빛은 유희를 보다 투명하게 만드는 요소가 된다.

나의 유희

내가 고1때 교내에서 입상한 글이 있다. 사실은 중학교 때 쓴 서사시 형식의 글인데(건방지게도) 사람들이 이해하기 어려울 것이라 생각하고 산문으로 고쳐 써낸 것이었다. 그 제목이 〈유리알 환상〉이었던 것으로 기억하는데, 지금 생각해보니 유리알 유희는 아주 오래 전부터 내 마음속에 자리한 개념이었던 것 같다. 왜 내가 유리에 집착하는 것일까. 그 투명성에? 빛의 직진성과 굴절성의 법칙을 그대로 여과 없이 전해주는 그 정직한 전달에? 그래서 빛의 신비를 더 아름답게 만들어주는 그 작가적 역할에? 나는 지금은 잘 기억이 나지 않는 그 글의 내용을 기억하려고 애쓰면서 어두운 동굴과 유리알에 천착하는 주인공의 존재에 대한 회의, 어둠 속으로의 추락과 상실을 통한 재발견의 회귀와 같은 편린들을 엮어 나의 유희를 재구성해 보았다. 그래도 아직은 그 실체가 잡히지 않는 것을 보면 역시 내 생각은 가능하지 않은 현실에 대한 단순한 천착에 불과하다는 생각을 지울 수 없다.

그래도 나는 아직 생의 순간, 순간에 찰나의 지나가는 일상의 모퉁이에서 환영과도 같은, 그 모습의 편린인 듯, 실루엣인 듯 스치는 모습을 느끼고는 한다. 마치 프루스트로 하여금 과거로 돌아가 그 많은 기억들을 오늘의 생각으로 끝없이 이어지게 만드는 마들렌느 과자처럼. 이 생각은 내 바쁜 일상에서 느닷없이 떠올라서 나를 멍하니 서 있게 만들고는 한다.

사람은 누구나 일생 헤어나지 못하는 몇 가지의 개인적인 생각이나 관념 혹은 감정을 가지고 있겠지만, 그러한 것 중의 하나로 내게도 이런 유리알 유희라는 말도 안 되는 관념이 나를 잡고 있겠지 하는 생각이다. 다만 이 엉터리 관념은 나를 힘들게 하거나 괴롭히는 것이 아니라 마치 닿지 못할 무지개 너머 아름다운 어떤 곳처럼 생각만으로도 나를 즐겁게 한다. 그래서 나는 그 유리알 유희를 찾는 일을 멈추지는 않을 생각이다. 내가 언제나 상상하는 미래, 시간과 공간의 개념이 어우러져 형태가 잡히지 않는 초공간, 상상의 한계가 만나는 나 혼자만의 실험실, 과거와 미래가 함께하는, 그래서 과거의 결정으로부터 미래가 자유로운, 존재의 굴레를 벗어나 한없는 자유를 누리는 그런 공간에서 시간을 넘어 빛과 희롱하는 무정형의 운동, 나는 그 유희를 찾아 남은 생을 참으로 행복하게 살 것이다.

그 둘,

음악 이야기

햇살이 맑게 비치는 일요일의 아침
창밖의 잔디와 분수 위로 피어나는 아침의 커피 향

그때 나는 생상의 〈백조〉를 들어도 좋다.
〈황제〉의 2악장을 들으며
멀리 떠나간 환상의 소녀를 생각해도 좋다.

하이페츠의 귀를 찢어지게 하는 〈샤콘느〉도
게리카의 심장을 울리는 〈콜 니드라이〉도

몇 시간이고 몇 날이고

그렇게 음악에 취하고 싶다.

먹지도 않고 자지도 않고
그냥 음악을 먹고
음악과 함께 자면서
그렇게 지내고 싶다.

그리고 내 음악실을 가득 채운
모양만큼이나 투명한 크리스털 악기의 음율
장미의 아름다움으로

물결 동그라미를 그리며 다가오는
마림바의 두드림

내 귀여운 딸애가 들려주는
하프의 청아한 울림

그랜드 피아노
현,
그리고 오보에

이따금 울리는 뮤직 박스의 낭만과 향수

내 이 작은 사치를 사랑하는 사람들과 나누고 싶다.

마림바 이야기(Marimba Story)

나는 참 소원이 많다. 남들처럼 부자로 살고 싶다거나 높은 자리에 앉아보고 싶다는 소원을 빼고도 작은, 어쩌면 보통사람들에 있어서도 어렵지 않게 성취할 수 있는 정말 작은 소원들이 많다는 말이다. 늘 다른 사람에게는 소원의 90%는 마음만 먹으면 금방 이룰 수 있는 것이라고 하면서도 정작 나 자신은 그렇게 하지 못해 마음속에 담아둔 작은 소원들이 무척도 많다. 도무지 얼마나 많은가 알고 싶어 한번은 내 소원의 목록을 종이 위에 심심풀이로 적어 본 적이 있다. A4 용지로 한 페이지를 넘고 그러고도 더 많은 소원이 남아 있었다. 인간의 욕망은 무한한 것이기는 하지만 내게 이렇게 많은 작은 소원들이 들어 있었는지는 몰랐다.

대부분 다른 사람들이 들으면 시시한 소원들이다. 예컨대 벽난로가 있는 집에서 살아보고 싶다든가, 고급 만년필로 편지를 써보고 싶다든가, 이런 것들이다. 그 중에는 실천이 어려운 것도 있다. 피아노를 치면서 노래를 불러 보고 싶다든가, 헬기를 타고 알프스 꼭대기로 올라가 스키를 타고 내려오고 싶다든가, 6면이 유리인 집을 짓고 싶다든가 하는 것은 거의 불가능에 가까운 소원들이다. 또, 다른 사람들이 무얼 그런 것이 하고 싶은가 하고 이상하게 생각하는 소원도 있다.

그런데 이런 이상한 소원은 느닷없이 나타나서 굉장히 오랫동안 내 마음에 자리 잡고 앉아 다른 생각이 들어설 자리를 없애 버린다. 오랫동안이라고 하지만 그 소원이 이루어지기 전까지는 늘 그런 것이니 몇 년, 몇 십 년 아니 평생을 갈 수도 있다. 한번 하나의 생각에 빠지면 자나 깨나 그 생각뿐으로 다른 생각이 도무지 들지 않는다.

이런 기막힌 소원 중에 마림바라는 악기를 가지고 싶다는 소원이 있었다. 몇 년 전인지 오래 되어 연도도 기억이 나지 않지만 KBS 홀에서 '가곡의 밤'을 공연한 적이 있었는데 우연히 거기 갔다가 특별 순서로 마림바 연주를 감상하게 되었다. 그런데 그 연주 내용보다 악기 자체의 모습에 내가 반해버린 것이다. 사회를 맡은 황인용 아나운서가 "야, 그거 신기하네요. 하나 집에다 들여놓으면 보기 좋겠는데요" 하면서 감탄했다. 나하고 똑 같은 생각이 들었던 모양이다.

그 아름다운 모습에서 울려 나오는 영롱한 소리라니. 나는 그만 완전히 빠져들고 말았다. 그래, 나도 저걸 하나 집에다 놓았으면 좋겠다. 이런 한 순간의 생각이 그냥 지나가는 것이 아니라 정말 가지고 싶은 욕망으로 바뀌어 버린 것은 그날 내내 머릿속에 그 악기 모습만 떠올랐다는 사실이다. 그 이튿날도 그 다음날도. 그렇지만 실제로 내가 이 악기를 소유한다는 것은 어불성설이었다. 악기 연주자도 아니오, 악기상도 아니며, 더더구나 악기 수집가도 아닌 내가 무슨 이유로 이걸 사겠는가. 피아노나 기타 같은 흔한 악기도 아닌데…. 그래서 오랫동안 말도 안 되는 소원이라고 꽉 눌러 두었다.

그런데 참으로 기가 막히게도 이 소원이 누를수록 더 커지는 것이 아닌가. 심심하면 이 악기 생각이 나는 것이니. 그것도 몇 년을 두고 말이다. 결국 나는 나도 모르게 언젠가는 사야 할 물건의 목록 속에 마림바를 집어넣었다. 단지 너무 비싸고 용도가 없고 부피가 너무 커서 '언젠가'로 미루어진 것이지만 진정한 우선순위는 1~2위나 다름없었다.

그러고도 몇 년, 어느 날 이런 생각이 들었다. 어차피 살 것이면 어느 정도 연주도 할 줄 알아야 하는 것이 아닌가. 그래서 조금만, 아주 기초만 배우자 그런 생각을 하게 되었고, 그리고 1~2년 뒤 음악과 선생님께 부탁해 마침내 레슨을 시작하게 되었다. 그럭저럭 2년 이상 배우고 있는데, 이 역시 간단한 것이 아니어서 내 실력은 아직 형편없다. 그럼에도 아주 기초만 배우겠다는 처음의 생각은 사라지고 대학원으로 진학해 타악기 연주자가 되고 싶다는 생각까지 하고 있으니 내가 미치기는 단단히 미쳐버린 모양이다. 어쨌든 그렇게 마림바를 배우게 되었고, 그러다 보니 악기의 필요성이 당연시되어 드디어 대망의 마림바가 우리 집에 오게 되었다.

이조차 정말 몇 년의 세월을 기다려 얻어진 것이다. 당장 새것을 사면 좋으련만 전공자도 아닌 내가 이 특이한 악기를 거금을 들여 살 수가 있겠는가. 그래서 중고를 사려고 했지만 중고가 또 얼마나 귀한지. 일 년을 찾고 기다린 끝에 부천 교향악단

의 주자가 사용하던, 독일제 studio를 사게 되었다. 4옥타브이지만 고음부가 한 옥타브 더 있는 대형이라 내 작은 음악실을 가득 채워 버렸지만, 그만큼 내 마음도 가득 채워버렸다. 이는 내 58세 생일날 내가 나한테 한 선물이었다. 나는 가족들에게 말했다. 역시 나는 내가 제일 사랑하는 거야. 이렇게 해서 나는 작지만 사치하기 그지없는 소원을 이룬 셈이다.

아아, 콘트라바스

내가 왜 하필 베이스를 하게 되었는가? 건방진 이야기같이 들리겠지만 이놈 생긴 것이 꼭 나 같기 때문이다. 덩치만 클 뿐 (나는 덩치가 작지만) 소리는 둔한 것이 나하고 꼭 같다. 그래서 나는 이놈을 'Dummy' 라고 한다. 내가 'Dummer' 니까. 내가 연습할 때는 바로 언젠가 제목만 본 영화 〈Dummy vs Dummer〉가 되는 것이다. 이름 하여 나는 모든 면에서 탁월한 재능을 가진 '~치' 아닌가. 음악에서도 예외는 아니어서 나는 음치로 분류된다.

아내의 분석에 의하면 나는 음치의 충분요건을 갖추었다고 한다. 우선 박자가 기가 찬다. 우리 아들 녀석이 어쩌다 내가 노래방 기기에 맞춰 노래를 부르면 한 박자 틀리는 사람은 봤어도 한 마디씩 틀리는 사람은 처음 본다고 한다. 다음으로 음정이 불안하다. 입으로는 '라' 소리를 내지만 들리는 음은 '솔'에서 '도'까지 왔다 갔다 한다. 그러면서도 때와 장소를 가리지 않고 노래를 부른다. 거기다 목소리가 큰 탓에 온 식구가 제발 노래 좀 부르지 말라고 하지만 나는 또 아랑곳 않는다. 내 노래는 내가 못 들으니까 다행히도 나는 내가 얼마나 다른 사람에게 피해를 주는지 모른다. 들어서 괴롭고 불러서 즐거운 것이 나의 노래. 한마디로 나는 못 말리는 가수. 이런 내가 그 커다란 덩치를 들고 그것도 진지한 표정으로(?) 찡찡거리고 있으니 가관이 아니겠는가.

그래서 보통은 방에 들어가 문을 꼭 닫고 연습한다. 깜빡 잊고 문을 열어놓고 연습하거나 마루에서 연습할라치면 아이들

과 아내는 신경질이 터진다. 워낙이 예민한 귀를 가져서인지 내가 연습하는 것을 매우 싫어한다. 내 소리에 다른 사람이 얼마나 피곤해 하는지 모를 정도로 내가 둔한 것에 대해서 참기 어려워한다.

제발 그만두면 어떠냐고 충고한다. 그 충고를 들은 척 만척하고 나는 그만 두지 않는다. 그렇게 소질이 없으면서도 싫증을 안 내고 오래 하는 것이 무척이나 신기하단다. 스스로 얼마나 소질이 없는지 모를 정도로 그만치 둔하단다. 그런데 사실은 나도 아주 둔하기만 한 건 아니어서 때로는, 아니 자주 왜 내게는 음악을 하고 싶은 마음만 주고 재능을 안 주는지 살리에르적 원망을 한다.

내가 어느 하나를 시작하면 오래 하는 것은 내가 싫증을 잘 내지 않고 둔하기 때문이기도 하지만, 사실은 나 자신을 누구보다 잘 알기 때문이다. 나는 어느 것에도 소질이 없지만, 그럼에도 무엇이든 새로운 것은 해보고 싶어 한다. 남이 하는 것은 다 하고 싶어 하고 남이 안 하는 것조차 다 해보고 싶어 한다. 그렇게 많은 것들을 해보지만 아직 어느 하나도 소질 있는 것을 찾지는 못했다. 결국 내가 한 가지를 오래 하는 것은 내게 소질 있는 것을 찾는 일은 불가능하다는 것을 잘 알기 때문이다. 나는 그저 한번 시작한 것을 오래 할 뿐이다. 이런 사정을 모르고 아내는 내가 참 인내성이 높다고 한다. 사실은 나는 참을성이 없는데 말이다.

어쨌든 내가 이 악기를 하는 것은 그렇게 낭만적이 아니다. 나는 그저 환상에 빠져 내가 소리를 낸다는 사실을 즐길 뿐이다. 이렇게 하여 나는 청중도 없이 연주하고, 언제나 혼자 연습한다. 그런데 내게도 충성스러운 청중이 하나 있다. 미셸이다. 이 녀석은 내가 연습할 때는 악기 바로 아래 넙죽 엎드려서 한 시간이고 두 시간이고 꿈쩍도 않는다. 음악을 즐기는 것인지 아닌지 모르겠지만, 즐기는 것이 아니라면 어찌 그토록 오랫동안 취해서(?) 움직이지도 못하는가. 어쩌면 나를 닮아서 미련한지도 모르지. 하지만 청중이 없는 것보다는 낫지 않는가.

그래도 요즈음은 이 Dummy가 변하고 있다. 새로 맞은 선생님 덕분인지 아내 말이 소리가 아주 좋아졌다고 한다. 아직 거실까지 나와서 연습할 수준은 아니지만. 우리 선생님은 이제 대학 신입생이다. 그런데도 쟁쟁한 선배를 물리치고 협주 오디션에 패스한 재원이다. 우리 선생님의 소리를 들으면 정말 감동된다. 애들 말로 '쿨' 하다. 언젠간 나도 저런 소리를 낼 수 있으리라 희망을 가지기도 하면서. 그래서 언젠가 게리카와 그의 친구(아마티)처럼 될 수도 있지 않을까 꿈도 꾸면서. 사람이란 꿈을 꾸거나 공상에 잠길 때가 가장 행복하지 않을까. 꿈 이야기가 나왔으니까 말이지 내가 알란 들롱 영화를 좋아하는 이유는 영화를 보는 동안은 내가 알란 들롱이 된 착각에 빠져 살기 때문이다. 영화를 보고 온 날은 나는 절대로 거울을 보지 않는다. 착각에는 원래 커트라인이 없다고 하지 않았던가.

한 꿈에서 다른 꿈으로(Into another dream)

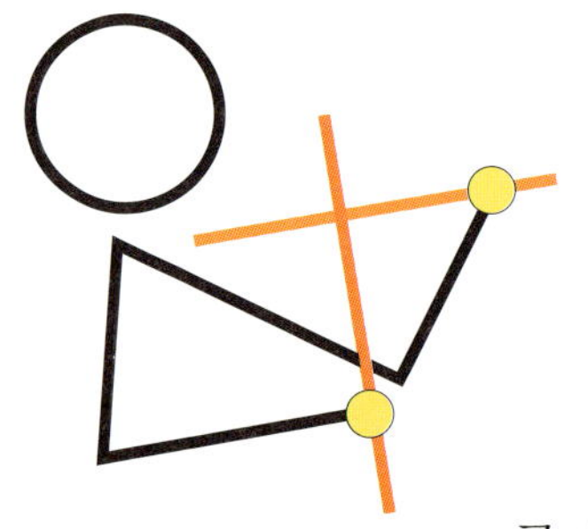

베이스 이야기가 나왔으니 우리 동네 작은 오케스트라 이야기도 해야겠다. 우리 온누리 앙상블 팀은 다 나오면 20명 가까이 되는데 평균 10명 안팎으로 나온다. 주로 아줌마들이지만 그래도 미씨족들이다. 내가 보기에는 다 아가씨 같은데 그래도 아줌마라고 한다. 나는 원래가 말이 적은 편이라 별로 이야기도 않지만 밥 먹을 때 자기들끼리 하는 이야기를 듣고 있으면 재미있고 귀여울 때가 많다.

바이올린을 하는 은퇴한 교수님도 나오시는데 언제나 부럽다. 그 나이에 전국을 다니며 연주하고 가르치는데 일본까지도 간단다. 원래 전공은 사회학인데도 말이다. 그분을 보면 나도 희망이 있다 싶기도 하지만, 글쎄다. 그 분은 젊은 여인네들을 좋아해서 이야기도 잘 붙이고 여인네들이 잘 따른다. 그러나 나는 워낙 여자 앞에서는 주눅이 들어 별로 말을 붙이지 못한다. 이 늙은 나이에도 말이다. 요즈음은 여자들이 늙은 남자를 제일 싫어한다고 해서 우연이라도 가까이 가는 것을 삼간다. 나는 주책이라는 소리를 들을까 그것이 가장 두렵다. 그냥 멀리서 관상만 하면서 혼자 좋아한다.

우리 앙상블 팀은 내가 들어오기 전에는 연주회를 여러 차례 가졌다고 하는데 내가 들어 온 이후로는 한 번도 발표회를 갖지 못했다. 계획은 세웠지만 사정이 여의치 않았다. 솔직히 실력도 연습도 부족하고(내가 베이스 주자니 더 이상 말이 필요한가). 사실 우리는 따로 청중이 필요하지 않다. 아이들, 아내와 남편들, 가까운 친구들만 해도 우리 능력으로 빌릴 수 있는 홀쯤이야 가득 채우고도 남지 않겠는가.

우리의 지휘자 김 원장님은 아마도 내심 Neville Mariner를 꿈꾸고 있지는 않는지. 그렇다면 이 몸도 Academy of Saint-Martin-in-the-Fields의 한 단원이 되는 것이 아닐까. 착각에는 커트라인이 없으니까 말이다. 어쨌든 이 Dummy와 씨름하며 이놈의 둔한 소리를 들으면 나는 세상 시름을 잊는다. 내가 사랑하여 마지않는 우리 경제학도들이여, Why don't you join me in my journey to the paradise.

내가 좋아하는 사람

나는 여기서 온누리학원의 원장선생님을 이야기하지 않고 지나갈 수가 없다. 나보다 한 살 아래지만 항상 나보다 더 위로 생각이 드는 것은 내가 그 분을 좋아하고 존경하기 때문이라고 생각된다. 선생님은 음악 가르치는 일 이외에는 아무것도 관심이 없다. 자동차 운전도 않고 그 흔한 휴대폰도 최근에야 장만했다. 그렇지만 음악 가르치는 일에 있어서는 최첨단을 달린다.

1980년에 내가 미국에서 cakewalk라는 작곡 프로그램을 가지고 와 알려 주었더니 그것을 배워서는 금방 나보다 더 잘 응용해 작곡도 하고 교육 자료도 만들었다. 지금은 컴퓨터 음악에 완전히 도사가 되었지만 아직도 종종 밤을 새우며 작업을 한다. 선생님처럼 음악 교육방법의 개발을 위해 쉼 없이 일하는 사람도 찾기 어려울 것이다. 음악을 좋아하고 레코드판을 모으는 것은 여느 마니아나 다를 바 없지만 음악에 대한 끊임없는 열정, 아이들에 대한 헌신은 내가 꼭 본받고 싶은 것들이나 천성적으로 게

으르고 호기심이 많아 이것저것 건드리는 내게 있어서는 언감생심일 뿐이다.

어쨌든 선생님 덕분에 두 아들은 음악을 하게 되었고, 어느 학원도 안 받아주던 우리 둘째를 음악으로 이끌어주어 지금은 음악에 빠지게 만들기도 했다. 나도 늦었지만 음악에 입문하게 되었고, 내 소원의 하나가 가족 앙상블을 만드는 것이 되어 버렸다.

뮤토, 우리들의 어린 음악대

최근에 와서 늘어난 나의 즐거움의 하나는 현악 앙상블의 단원이 되었다는 것이다. 그것도 아들과 함께 연주하는. '뮤토'는 바이올린, 비올라, 첼로, 더블베이스 등으로 구성된 순수한 아마추어 연주 동호회이다. 2005년 온누리 원장님이 같이 가자고 해 마포 구민회관에서 이들의 첫 정기연주회를 감상하게 된 것이 인연이 되었다. 원장님이 앙상블에 마땅한 베이스가 없다며 나를 소개해 줄까 그래서 좋다고 했다. 연주회가 끝나고 식사 자리까지 동석하게 되었는데 거기서 나를 소개했다. 나이가 많아도 괜찮으냐고, 실력은 잘 모르겠지만 악기는 있다고.

그래서 젊은이들이 주축인 뮤토에 늙은 내가 합류하게 되었다. 그리고 둘째도 끌어넣었다. 첼로를 하고 싶어 했지만 첼로 멤버는 다 차서 비올라로 바꾸어 가입했다. 지금은 편곡과 악보 수집을 담당하고 있는데 내심 실력 발휘를 하면서 즐거워하고 있다. 아이가 진정으로 좋아하고 자신 있는 일을 하는 것을 지켜보는 것이 아비로서의 즐거움이다.

현재 회원으로 등록한 사람은 많지만 실제 연습에 참여하는 인원은 많이 모여야 12~13명 정도로 매주 일요일에 중곡동에 있는 음악학원을 빌려서 연습을 한다. 연주하는 음악은 정통 클래식부터 영화음악까지 제한을 두지 않지만, 하고 싶은 음악은 어렵고, 쉬운 것은 재미가 없어 약간 혼란을 겪고 있다. 우리도 이제 재즈와 같은 신나는 음악으로 바뀌갔으면 하는 바람이다.

내가 가입한 후 첫 행사는 순애원으로 위문 연주를 간 것이었다. 나이 드신 분들에게 젊은 사람들의 재롱은 하나의 심심풀이는 되겠지만 과연 고전음악을 이해는 하는 것인지 궁금했다. 그야말로 연주자만 즐거운 연주회가 아닌가 생각되었다. 그래도 크리스마스 캐럴과 아리랑 등은 좀 재미있어하지 않을까 생각되었지만 역시 별로 호응이 없다. 나이가 너무 들어 매사에 그런 것인지 우리 음악이 재미가 없어서인지 도통 알 수가 없었다.

첫 연주회

카페 음악을 하자, 연주회를 하자, 그러면서 논의가 한창인 중에 우연히 연습실 음악학원 원장 소개로 성은교회에서 연주회 청탁이 들어왔다. 그리하여 우리 뮤토 사상 처음으로 초청 연주회를 갖게 되었다. 둘째와 나로서는 첫 공개 연주회라 참으로 설레는 것이었다. 처음으로 지휘자도 맞게 되었고.

우리가 정한 곡은 모차르트와 〈맘마미아〉. 연습은 어려웠다. 특히 내 수준에 맞지 않는 어려운 곡에다 박자와 음정이 다 같이 틀리는데 나로 인해 다른 음이 깨어질까 바짝 긴장해서 몇 시간씩 연습해도 힘든 줄 몰랐다. 어느 날은 밤 열시가 넘도록 연습하고, 하루 종일 연습하기도 하고. 그러는 사이에 불가능처럼 여겨졌던 모차르트도 되고, 〈맘마미아〉의 어려운 박자를 따라갈 수준도 되었다. 그럼에도 정작 연주 시에는 박자를 잠깐 놓치기도 했다. 어찌나 긴장하였던지 가족들이 다 안타까워했단다.

연주회를 기억하는 것은 우리가 무엇인가를 해냈다는 성취감 때문이다. 오랜 시간에 걸친 연습, 혼자만의 연습이 아닌 소리를 맞추는 고된 훈련을 통해서 우리는 모두 하나가 된다. 그 하나됨의 이룸, 이것이 우리 아마추어 음악인들의 보람이라고 한다면 나 혼자만의 생각인지도 모르겠다. 또한 무대에 오르기 전의 긴장, 자리를 하고 튜닝을 하는 순간의 적막과, 작은 바이올린 소리에서 시작해 모든 악기 소리로 점차 커지는 그 소리 울림의 반향, 나는 그 모든 순간을 평생 잊지 못할 것이다. 그리고 연주가 끝나고 박수를 받을 때 와 우리가 해 냈구나 하는 안도와 성취감과 충만함, 이것이 바로 우리가 음악을 못 끊는 이유이다.

메시아

2007년의 연말은 공연으로 몸도 마음도 바빴다. 지난번 공연으로 인연이 맺어진 지휘자가 성은교회에서 〈메시아〉 공연 섭외가 들어와 우리는 흔쾌히 승낙했다. 같은 지휘자와 함께 우리들의 연습은 다시 시작되었다. 너무 익숙한 곡이기는 하지만 그래도 내게는 어려웠다. 연말이라 시간이 없어서 생각뿐이지 개인연습이 되지 않았다. 공동연습 때에만 겨우 맞추어서 따라가려니 연습이 끝날 무렵에야 어렵게 감이 잡히는 식이었다. 그래도 연습은 꾸준히 이루어졌고 공연도 무사히 치르게 되었다. 검은 복장으로 통일하고 합창단과 함께 하니 마치 프로가 되어 무대에 선 기분이었다.

끝나고 들으니 합창단보다 우리가 훨씬 나았다고 했다. 안심도 되고 기분도 좋았다. 가족들이 와서 음악도 들어주고 사진도 찍어주었다. “멋있어요!” 하면서 젊은 아가씨들이 달려들어 사진도 같이 찍었다. 마치 진짜 연주자가 된 기분이었다. 약속한 출연료는 제대로 받지 못했지만 저녁을 먹으면서 우리 단원들은 그저 행복했다.

이제는 흩어진 뮤토

즐거움은 언제나 오래 가지 못하는 법이다. 〈메시아〉 공연 이후 다시 한 번 성은교회로부터 출연 요청이 있었는데 연습 중에 그 요청이 취소되는 사건이 일어났다. 이 일로 단원들의 의욕은 많이 상실되었고, 연습실을 옮기면서 문제들이 연이어 발생했다. 단원들 간에 갈등도 생기고….

그래서 완성된 상태는 아니지만 우리 집에서 연습하기로 했다. 처음 몇 번은 적은 단원들이지만 와서 연습도 했다. 그러나 단원 수가 너무 적었다. 강북이 본거지인 단원들이 수지까지 오기는 너무 힘들었다. 한 시간, 두 시간씩 걸려서 오기가 힘들어 하나둘씩 단원이 줄더니 결국 바비큐 파티 한번 하고 끝나버렸다. 다시 모아야 하는지 아니면 새로운 앙상블 팀을 만들어야 하는지 아들과 나는 고심 중에 있지만 집이 완성되면 언제고 시작할 생각에는 변함이 없다.

그 셋,
나의 작은 성으로의 초대

남들이 하지 않는 일을 하는 사람이 있다.
남들이 다 하는 일을 마다하는 사람이 있다.
세상은 이런 사람들을 고립시킨다.

어쩔 수 없이 왕따가 되건
스스로 왕따가 되건
왕따는 외롭다.

사람이 외로운 건 자기와 같은 사람이 없다는 것이다.

그러나 이 넓은 우주공간에서

나와 같은 동족이 없을 수는 없다.
우리는 단지 이 넓은 세상에서
우리의 동족이 어디에 있는지
알 수 없을 따름이다.

우리가 사는 이 세상은 고립된 섬의 세계와도 같다.
안개 낀 도회의 바다에서 나는 혼자일 수밖에 없다.

그러나 안개가 걷히면
다른 많은 섬에서
나와 같은 고독한 영혼을
발견한다.

그런 고독한 영혼들이
함께 모여 살 수만 있다면
적어도 나와 같은 사람이
한 사람이라도 있다는 것
그 사실만으로도 우리는 얼마나
크나큰 위안을 얻을 수 있는가.

이제 여기 가상의 세계에

외로운 사람들을 위한
성을 지으려고 한다.

누구든 남과 다르다고 느끼는 사람
동족을 찾는 외로운 영혼들의 쉼터로
이 성이 바쳐지기를 원한다.

유리알 유희를 위한 극장

빛과 소리, 그 실험적 상상의 공간

앞에서도 이야기하였지만 나에게서 가장 사치한 오락은 유리알 유희를 하는 것이다. 내가 사치하다고 하는 것은 내게 있어서 가장 비싼 시간을 바쳐 이루어지는 것이기 때문이다. 그런데 최근에 와서 나는 상상이 아닌 현실의 세계에서 이런 유희를 하고 싶다는 열망을 가지게 되었고, 그런 유희를 할 수 있는 공간을 가지고 싶다는 생각까지 하게 되었다. 그런데 이 생각은 내가 생각해도 참으로 난감한 것이었다. 유희의 개념도 완전히 정립되지 않은 상태에서 그 유희를 위한 공간이라니….

유희가 펼쳐지는 방의 현실적 대응을 찾기가 어려운 것은 유리알 유희를 위한 공간은 단순히 유희가 이루어질 수 있는 공간적 영역을 제공하는데 그치지 않고 유희와 함께 어우러져 서로가 서로에게 속하면서 하나의 존재로 이루어져야 하기 때문이다. 진정한 유희 공간은 유희를 한 공간의 영역 속에 제한하기를 거부하고 유희와 함께 어우러져 새로운 유희를 만들어 내기도 해야 하기 때문이다.

이처럼 황당한 유희공간을 어떻게 현실 속에서 구현할 것인가. 생각다 못해 고안해 낸 것이 바로 상상적 실험의 공간이다. 그래, 상상적 실험의 공간을 만들어 보자. 이것은 이렇게 하는 것이다. 먼저 유희의 결과 얻어지는 것을 생각하고 거꾸로 그 결과물이 만들어질 수 있는 어떤 사건을 구상한 다음, 그 사건이 일어날 수 있는 공간을 만든다면 그것이 일단 유희를 위한 공간이라고 할 수 있을 것이다. 충분조건은 아니지만 필요조건의 일부는 찾아낸 것이니까 말이다.

그러면 그 결과물은 무엇인가. 이렇게 찾아보자. 유희가 무엇이든 유희의 결과 나는 가장 큰 기쁨을 얻게 될 것이고, 그런 기쁨의 순간이 오래 지속되기를 내가 원할 것이니 결국 끊임없이 변하고 싶어 하는 나의 생애에서 머무르고 싶은 한 순간으로 정의할 수 있을 것이다. 즉, 유희를 위한 공간이란 어떤 머무르고 싶은 순간에 내가 존재하는 공간 – 나와 같이 머물러 주었으면 하는 모든 존재를 담은 공간이 될 것이다.

결국 내가 유리알 유희를 위한 극장을 고안하는 방법은 바로 머무르고 싶은 순간을 만들어내는 방법이 되었다. 어떤 상황이 머무르고 싶은 순간이 될 것인가? 이제 나의 머무르고 싶은 순간은 이렇게 그려진다.

머무르고 싶은 순간이 있다면
지금의 한때,

햇살이 거실 깊숙이 파고들어
바닥 위에 현란한 희롱을 그리고
G선의 날카로운 소리가
내 마음의 창을 지나갈 때
그 한 순간,

그리고 창밖으로
시선을 던지고 정원을 거니는
등 뒤로 가만히 다가와
가벼운 입맞춤을 주고
다시 조용히 멀어져가는
그를 느낄 때.
유리 상자 속의 불란서 인형
병정들의 행진

여인들의 춤

그리고 내 귀여운 강아지들
내 무릎에 잠겨 꿈쩍도 않는.

저 멀리 출입구에서부터 돌아 올라가는 나선형의 계단
계단 난간의 기둥은 하프의 오색 현으로 이루어져 있고
계단 판은 녹색의 환상적 투명으로 만들어진
그 계단을 걸어 올라가는 실루엣을 느낄 때.

정원으로 향한 큰 창을 가진 욕조에 몸을 담그고
붉은 빛 커다란 싱크대 위에
내 사랑하는 가족을 위한 요리의 재료들이 늘어 놓여진

또 혼이 나를 떠나 나를 내려다보는
2층의 난간

그리고 돌아 와
작은 책상 위에 노트북을 펼치고
무엇인가 끄적거리는
내 상념 속의 낙서

이 짧은 그림 같은 장면 속에 머무르고 싶다.

Picnic at Hanging Rock에서 천사가 떠나듯
사라진 소녀, 황제 2악장, 그리고 백조

요제프크네히트가 음악의 대가와 함께 하던 그 아침의
신선한 회랑
햇살과 음률의 현란한 교호
지성과 예술의 유희
그 사치한 카스탈리안의 세상

나르시스가 꿈꾸던
물의 요정과의 희롱
빛의 환상과 맑은 소리의 정령

투명 유리 속에 내 영혼을 뽑아 던지고
프리즘 빛 현란한 적막의 순간에

흔적도 없이
나,
그렇게 떠나고 싶다.

카드의 집

어린 시절 읽은 동화 중에 〈카드의 성〉이라는 이야기가 있었다. 카드로 성을 만들어 노는 이야기였는데, 이 카드의 성이 어릴 적부터 내가 살고 싶어 하던 곳이었다.

성은 어려서부터 나의 꿈이었다. 오욕에 물든 일상의 삶에서 떠나 자유로운 삶을 구가할 수 있는 곳, 사색과 명상, 끝없는 지적 탐구, 동화의 나라처럼 기다림도 걱정도 없는, 내 모든 영혼을 맡길 수 있는 정지된 시간의 세계, 그 성에 가보고 싶었다. 그리고 아무도 건드리지 않는 나만의 성을 갖고 싶었다. 그러나 성은 언제나 다가 갈 수 없는 꿈이었다.

언제부터 내가 이런 꿈을 꾸게 되었는가. 우습게도 아주 어린 시절 하루 한 끼의 밥도 못 먹던 가난의 질곡 속에서 나는 이미 이런 황당한 꿈을 꾸고 있었다. 아무런 능력이 없는 어린 나에게 있어서 내 황폐한 삶을 잠시라도 잊을 수 있게 하는 것은 그저 공상 속에 빠져드는 것뿐이었다.

사친회비 내지 않았다고 학교에서 쫓겨나 집에도 못 가고 학교 근처 야산에서 혼자 배회할 때, 도시락 쌀 형편이 못되어 친구들이 소풍을 떠난 날은 혼자 텅 빈 학교에서 이리저리 내 세상처럼 기웃거리며 혼자만의 시간을 보낼 때 나를 지켜주던 것은 꿈이었다. 저녁마다 벌어지는 부모님들의 전쟁, 저녁거리가 없는 날은 보챌 기운도 없어진 동생들을 데리고 천장만 보고 있던 어머니를 차마 볼 수가 없어 나는 집을 뛰쳐나왔다. 갈 데도 없어 어두운 골목길을 혼자서 돌아다니면서도 나는 끊임없이 꿈을 꾸었다.

나는 어린 시절의 대부분을 내가 만든 유리성에서 칩거하며 세상과 등지고 살았다. 그 유리성에는 가난도 싸움도 없었다. 유리성에서는 나는 왕자였고 귀족의 아들이었다. 나에게는 내 전용의 백마도 있었고 내 방도 있었고, 내 방에는 그리도 갖고 싶어 하던 책들이 가득 꽂혀 있었다. 또 나는 부잣집 아들이었다. 나는 여름이면 요트를 타고 아버지와 대양을 항해했다. 섬들을 돌아보며 세상을 즐기고 있었다.

유리 성을 나오면 그냥 꿈을 깨는 것이 아니라 악몽을 꾸는 것이었다. 나는 도무지 내 현실을 받아들일 수 없었다. 언제나 나는 어느 날 나를 잃어버린 부모님이 나타나 데리고 가는 꿈을 꾸고 있었다. 나는 그저 내가 우리 아버지의 아들이라는 사실이 서글펐다. 사람들이 아버지를 너무 닮았다고 할 때 나는 절망을 느꼈다. 내가 어른이 된다 해도 도대체 돈을 벌 수 있을까, 내가 가족을 부양할 능력을 가질 수 있을까, 이것이 어린 나의 걱정이었다.

꿈속의 도피로 보낸 어린 시절은 끝나고, 청년이 되고 결혼을 하면서 나는 한동안 꿈을 꾸지 않게 되었다. 현실이 꿈을 꿀 여유를 앗아간 탓도 있지만 이제는 더 이상 도피처가 필요 없게 된 탓도 있을 것이다. 지금 돌이켜 보면 어쩌면 나의 어릴 적 유리성이 조금은 나의 현실로 들어오고 있는 것이 아닐까 생각한다. 비록 백마도 요트도 아직 없지만, 크지 않은 싸구려 아파트 한 채가 나의 가진 모든 것이지만, 그래도 나는 지금 나는 나의 성을 가지고 있다.

언제나 내 생에 은총처럼 생각되는 아내와 아이들, 그리고 강아지들이 나의 성을 환상의 동화성으로 만들고 있다. 대학시절 언제나 라스코리니코프를 자처하며 고독과 음침과 은둔 속에 침잠하던 나에게 아내는 밝은 햇볕과 녹색 잔디의 평화를, 그리고 모차르트와 베토벤을 선물해 주었다. 내 작은 유리성의 주인공은 이 사람이다. 그로 인해 나는 나날이 아름다운 꿈속에서 산다. 이제는 어린 시절의 악몽을 그저 추억처럼 떠올릴 뿐이다.

이따금 생각하면 내 주위에는 나를 행복하게 해 주는 것이 너무도 많다. 햇살이 가득한 나의 거실, 영롱한 햇볕 속에 여울지는 하이페츠의 선율, 흔들의자에 앉아 빠져드는 헤세의 유리알 유희, 랭보, 폴 발레리의 나르시스, 그리고 보들레르, 내 젊은 시절을 방황하게 했던 그 영혼의 울림들, 나는 이제 그 울림의 기쁜 잔상만 가지고 있을 뿐이다. 이것들만으로도 나는 행복하다.

아내가 갖다 주는 한 잔의 차, 가끔씩 내 책상에 꽂혀지는 장미 한 송이, 내 무릎을 떠나지 않는 마리와 미셀, 주말이면 함께하는 제인, 그리고 나의 미련한 친구 바스(Bass), 그 깊은 음률의 다정함에서 브람스의 생각을 듣고, 나의 애무를 기다리는 마리의 앙증맞은 모습에서 나는 이 꿈이 언제까지나 깨지 않기를 기도한다.

내 서재에는 어릴 적 그리도 그리워하던 많은 책들이 이제는 정말 나의 소유가 되어 가지런히 꽂혀서 나의 손을 기다리고 있다. 문학전집을 가지고 있다는 것이 정말 믿어지지 않는 때도 있다. 창밖으로 보이는 한강, 그리고 10여년을 한결같이 나와 함께 해온 코란도, 그들도 나를 행복하게 해주는 나의 분신이다.

그러나 무엇보다도 나를 행복하게 해주는 것은 우리 집의 왕녀이다. 이른 아침 침상에서 깨어나 작은 웃음으로 그 모습을 떠 올리게 하는 여인. 차이코프스키가 그리워지는 비 오는 밤에 내 곁에서 끝없는 말벗이 되어주는 어머니 같은 여자. 말이고 강아지고 할 것 없이 모든 동물들을 끌어 모으는 마력의 여인. 때로는 검정 스포츠카를 몰고 스피드를 즐기는 그녀. 말 위에 올라타면 갑자기 활력으로 가득 차는 만년 소녀. 집시 무희처럼 정열로 나를 사로잡는 여인. 그리고 나날이 새로운 새침함과 다감함으로 온 나의 성을 향기처럼 장식하는 내 환상의 여인. 나는 기적과도 같은 지금의 꿈에서 정말이지 깨어나고 싶지 않다.

우리 집

몇 년간의 설계 작업과 건축 공사 끝에 우리 집이 완성되었다. 설계부터 많은 반대에도 불구하고 내 고집과 건축가의 넓은 이해심으로 모든 사람이 이상하다고 하는 집이 탄생한 것이다. 그래도 집이 다 되고나니까 가장 반대하던 아내가 가장 좋아하고, 가끔 신기해하며 들리는 사람들이 "와, 멋지다! 바로 이런 집에서 살아야 해" 하는 말을 들으면서 나는 참으로 기분이 좋다. 내 생각이 완전히 틀리지는 않았구나 안도하면서.

나는 친구들에게 내 집을 지으면서 가졌던 생각을 세 가지로 요약해 주었다. 그것은 첫째로 열린 집이어야 한다는 것이다. 나 혼자 혹은 내 가족만이 사는 집이 아니라 모든 사람에게 열려 있는 공간. 대문은 항상 열려 있고 누구든지 지나가는 사람이든 방문하는 사람이든 주인의 허락을 받지 않고 들어와 쉴 수 있는 집. 둘째로 안과 밖의 경계가 없는 집. 집 안으로 바깥을 끌어들여 집 안에 있어도 밖에 있는 것 같고 밖에 있어도 집 안처럼 느껴지는 집. 창은 차경을 위한 커다란 캔버스로, 문은 바깥을 집 안으로 이어주는 통로로, 햇빛과 달빛이 언제나 집안에 머무는 집. 셋째로 집 안에서도 공간 간의 경계가 없는 집. 모든 공간이 하나로 되어 방의 개념이 없는 집. 어떤 공간도 정해진 기능이 없는 언제나 가변적이고 정형에 매이지 않는 텅 빈 공간의 집.

이런 나의 의도가 제대로 집에 반영되었는지는 자신이 없다. 그저 현대의 건축기술이 허여하는 범위 내에서 이런 나의 비현실적이고 초현실적인 희망이 지금의 우리 집이라고 하는 공간 속에 조금이나마 반영되어 있으면 하는 바람이다. 그래서 내가 아닌 나의 손자의 시각에서 우리 집을 묘사한 글을 한번 써보았다. 영어라서 좀 미안한 마음이지만 영어가 어쩐지 그 집의 모습을 더 낭만적으로 표현할 것 같은 생각이 들어서…. 엉터리 글이지만 원래가 엉뚱한 나를 잘 아는 친구들은 고개를 끄덕이리라고 생각한다.

On the moment of hearing a bell sound of a church on the hill to the small town, an image of the house suddenly jumped up out of my long dead memories. The House- we called our house as this, where our big family had lived for a long time. Though I call it our house, this was actually my grandfather' s. He designed this house all by himself and he devoted all of his precious time and passion to building our house. We all called his house as the house because my grandfather has long insisted a house should be like his house to be called a house, but his house was quite different from the ordinary houses in the external shapes as well as in its inner structure.

Our house looked like a big cube with glasses on four sides of the wall. It has a glass window on its roof, too. It looked like a storage or just a box rather than a house where people can sleep and eat. My grandfather designed his house all by himself for the whole period of two years, though he could spare little time for the design work due to the busy works of him.

He completed his design after two years struggling against limited time and so strong objections from my grandmother and other numerous people who were, according to my grandfather, preoccupied by the old concept of houses. All these people have complained continually about the odd structure of the house. But my grandfather has finally succeeded to persuade the builder and other family members to get his house completed as he wished, after spending another period of two years for the construction work. He has been proud of his house very much despite of all the critics by the just ordinary people as he calls with a little bit sarcasm.

The house had three floors; the third, top floor which my father and mother occupied most of the time with me and my brother had from one to five rooms, which did not have fixed sizes, with movable and changeable compartment panels, so any time one room can be removed by opening up the panel or can have extra rooms by closing the panels when we have guests which my grandmother complained so often not good for privacy but grandfather liked this changeability.

Second floor was used by grandparents and grand-grand mother, having more fixed three rooms as my grandmother insisted so strong that my grandfather could not make her agree on his first idea. First floor, a grand hall with a small bedroom which my uncle slept was used as a concert hall equipped with all the musical instruments for orchestra. On sundays the small orchestra team members gathered to have a regular practice for three or four hours. All the members of from 10 to 20 said hello to me first 'cause I was the first to see them. When they began to play I used to sit in front of them to listen to their playing, and the members were pleased teasing I was their conductor. I actually conducted them with so energetic gesture though none of them followed my instruction.

The sound of chime bell among the many percussion instruments which my grandfather was most fond of has remained in my childhood memories for a long time. Our family, big family at that time, with grandfather and grandmother, grand-grand mother at the age of 90 and uncle, grand aunts, me and my brothers and sisters, cuisines, moved to this house at my age of two. I, according to my grandfather, was brought about with music at the house filled with so many musical instruments and audio systems. I myself began to play drums and marimba at my age of three with the teaching of my grandfather and uncle. On holidays my father and mother used to play the piano, a big, black grand piano, the sound of which echoed so solemn that I felt my heart beat wild any time, while the bell sound gave me a peace I could make a sleep hearing the sound and I, myself used to play the bell with various hammers. My grand father was pleased any time watching me playing the instruments.

태어나지 않은 집들, 그 몽환의 신 유목민을 위하여

나는 너무도 자주 허황된 꿈을 꾼다. 이 허황된 꿈의 많은 부분이 내가 살고 싶은 집에 관한 것이다. 거기서 죽음을 맞고 싶은 집이다. 당연히 그렇듯이 이런 것들은 사치한 것들이다. 도무지 실현할 수 없는…. 나는 틈만 나면 소중한 시간을 아낌없이 할애하여 설계도를 그린다. 가끔 아내에게 보여주지만 반응은 언제나 실망이다. 내가 꼭 지으려고 하는 것도 아니고 그냥 재미로 그려 보는 것이지만 언제나 찬물을 끼얹고 만다. 그래서 언제부턴가 나는 아내에게 집 이야기를 하지 않게 되었다.

그래도 나는 최근에 한 칼럼에서 첼리스트 정명화씨의 취미가 집 설계라는 말을 듣고 매우 고무되었다. 그라고 하여 꼭 지을 집을 설계하는 것은 아닐 것이다. 짓는 것과는 상관이 없이 그냥 그려 보는 것이리라. 나도 그렇다. 내가 꾸는 꿈은 실현이 중요한 것이 아니다. 그냥 꿈을 꾸는 것이다. 여기 이 나의 작은 메모장, 내 작은 숨겨진 성안에 내 꿈들을 모아두고 혼자서 감상하는 것이다. 그것이 한없이 아름다운 꿈이든 한없이 슬픈 꿈이든 그냥 내 세상 속에 간직된 것들은 그 자체로 내 존재이며 내 생명이며 내 영혼이다. 세상을 거스르면서 고집스럽게 남과 다르게 살아가는 내 고독한 삶에 있어서 이 꿈꾸는 성은 내 존재와 내 삶을 지탱해 주는 모든 것이다. 그래서 여기 몇 가지 내 집을 보여주고 싶을 뿐이다.

하나의 집 – 가장 허황된 공상의 집

작은 섬을 사리라. 육지에서 멀지 않은 곳에, 작은 보트로 한 시간이면 닿는 곳에, 섬은 온통 풀밭으로 채우고 가운데 가로 세로로 교차하는 작은 활주로를 만들리라. 활주로 끝에는 격납고와 창고를 짓고 내 작업장을 만들리라. 각종 공구와 기계와 연장들로 가득한 내 스튜디오에서 기름내를 맡으며 나는 행복하리라. 섬 한쪽에는 선착장을 만들고 선착장 끝에는 빨간 날개의 엑스 에어(X-air)를 물위에 띄워 놓을 것이다. 언제고 생각나면 선착장을 걸어 비행기에 몸을 싣고 엔진에 시동을 걸어본다. 섬 주위를 날며 그리고 육지를 지나 열린 바다로, 멀리 하늘과 인사하며 나는 붉은 돼지의 꿈을 꿀 것이다.

선착장을 잇는 섬 한쪽 끝에는 하얀 지붕의 선고를 짓고, 바람이 심한 날이면 내 사랑하는 Kol-Nidrei호를 편안히 쉬게 하리라. 가을바람이 소슬히 불어 나를 유혹하면 나는 그 유혹을 따라 Kol-Nidrei와 함께 바람에 몸과 마음을 다 맡기고 한 시간이고 두 시간이고 바람과 희롱하며 즐기리라. 선착장 앞, 섬 한가운데는 이층집을 짓고, 집 옆으로는 호사스런 마사를 짓고, 연못을 파서 하루 종일이라도 우리 해피와 백설이 풀을 뜯으며 물을 마시고 온몸을 태양빛에 뒹굴며 그렇게 마음껏 놀게 하리라. 이따금 이들과 함께 달리고 섬 주위를 돌면서 내 성의 주인임을 만끽하리라.

그 이층집은 하얀 대리석으로 단장하고 커다란 유리창이 집 앞과 옆을 모두 감싸게 하여 태양의 집으로 만들리라. 밤이면 천장으로 난 크지 않은 창으로 달과 별이 보이고 비 오는 날이면 창에 빗물이 흘러내리는 낭만을 즐기고 싶다. 침실은 밖으로 열리고 정원은 집 안으로 들어오며 거실 바닥으로는 물이 흘러 작은 내가 밖으로 이어지고 안과 밖이 하나가 되는, 하루 종일 햇빛이 집안에 머무는 그런 집을 짓고 싶다.

거실 한쪽으로는 우리 마리와 미셀과 제이미의 호사스런 집을 짓고, 푹신한 벨벳의 매트 위에서 편안히 왕자와 공주로 잠들게 하리라. 낮이면 언제라도 집 밖으로 나가 풀밭을 산책하게 하고, 거실 햇빛에 몸을 맡기고 사색하게 하리라. 부엌에는 정원을 내다보는 싱크대를 두고 옆 찬장에는 모든 유리그릇과 크리스털 잔과 병이 가지런히 놓여 있고 작은 진열대에는 전 세계의 조미료가 유리병 속에 늘어서 있는 요리 실험실을 만들리라. 작은 노트북에는 래시피를 저장하여 두고 언제라도 출력하여 요리를 즐기는 예술가가 되고 싶다. 2층의 침실 옆으로는 큼직한 방을 마련하여 정애의 옷 방을 만들고 마음대로 흩어 놓고 살게 하리라. 한 벽면 가득 그의 좋아하는 모자를 걸어주고 때로는 혼자서 모델이 되어 패션쇼도 하게하고 몰래 사진을 찍으면서 혼자 즐거워하리라. 욕실은 밖이 내다보이는 통창을 달 것이다. 스파가 달린 둥근 바닥 욕조에 몸을 담그고 정원을 내다보면서 거품 목욕을 즐기는 그 모습을 보고 싶다.

2층은 갤러리로 만들 것이다. 연주 홀도 되었다가 전시관도 되었다가 영화관도 되는 빨갛고 노란 의자들이 여기저기 흩어져 있는 하얀 벽의, 음의 여운만이 공간을 채우는 그저 텅 빈 공간. 그리고 한쪽 끝으로 작게 만들어진 2층 내 실험실에는 오실로스코프와 전자 기기들이 제멋대로 흩어져 있는 그런 넋 나간 연구자의 세계를 만들리라. 그 2층 난간에 서서 가끔씩 내려다보는 홀에는 아내와 아이들과 그리고 지인들이 차를 들며 베토벤을 듣고 있고 마리가 옆에서 너부죽이 엎드려 상념에 잠겨 있는. 자유와 약간의 무질서가 나를 편안하게 하는 그런 집에서 지내고 싶다.

친구가 혼자 오면 비행기로 그를 맞을 것이다. 함께 섬 주위를 돌며 바닷물에 인사를 시키고. 잔디에 나가 우리가 늘어지게 늦잠을 즐길 때 옆방에서는 의대생들이 밤새 공부하던 명륜동 하숙방 이야기를 할 것이다. 또 다른 친구와는 작은 하숙방 벽 가득히 테니스 선수의 사진을 걸어두고, 집을 지으면 테니스장을 만들자고 했던 치기어린 그 약속을 기억할 것이다. 시를 쓰며 저항의 어두운 시절을 함께했던 후배와는 빛바랜 사진을 한 장 꺼내 함께 보며 체 게바라의 이야기를 할 것이다. 맑스와 앙드레 말로에 미쳐 있던 그 시절, 마로니에 그늘에서 한 잔의 소주와 돼지머리로 이상주의자의 울분을 삭여야 했던, 그래서 언제나 가지지 못한 자의 편에 서고 싶어 했으면서도 중세 유럽의 성과 영주와 공주를 동경하여 마지않던 모순과 치기로 가득 찼던 시절을 내 거실 한 소파에서 웃음으로 부끄러워하리라. 공상만이 가장 큰 행복이었던 찌든 가난의 시절을. 지금도 공상이 크나큰 위안인 세상에서 누나와 함께 밤새워 이야기하고 싶다.

아이들이 손자를 데리고 오면 배로 나가 맞으리라. 아이들과 함께 물위를 달리며 내 사랑하는 바람을 그들에게 소개해 주리라. 씩씩한 손자에게는 파일럿의 꿈을 키워주고 손녀에게는 백설을 태워주며 아내의 꿈을 그에게 주리라. 강아지들과 햇살 가득한 거실을 뒹굴게 하고 그랜드 피아노, 마림바, 비브라폰, 벨을 두드리며 할아버지의 꿈을 엿보게 하리라. 오후면 아이들과 함께 하는 현악 4중주, 밤이면 모닥불 앞에 모여 우리의 대학시절과 아이들의 대학시절을 함께할 것이다.

아이들이 지쳐 잠들거나 가버리고 나면 정원의 하얀 벤치에 앉아 아내의 머리를 내 어깨에 기대게 하고 도데의 별 이야기를 하며 목동처럼 그렇게 밤을 지새우리라. 5월이면 섬 한켠으로 우거진 장미들의 내음을 맡으며 덕수궁 돌담길과 유니짜장, 그리고 벌에 쏘여 모처럼의 휴가를 퉁퉁 부은 몸으로 방에서 뒹굴던 이야기를 하며 웃을 것이다. 눈 쌓인 날에는 발자국으로 그림을 그리고, 덜렁 누워서 엔젤도 만들며 힘들었던 어린 시절, 꿈만 같던 처음의 유학시절, 영원히 돌아가고 싶지 않던 두 번째의 유학시절, 그리고 젊은 시절 다니던 외국의 풍물들, 사람들, 샹젤리제 거리에서의 부부싸움, 호텔 정문에서 좌절되었던 세부섬 나들이, 가보지 못한 나라들에 대한 동경을 그리면서 우리는 그렇게 노년을 보낼 것이다.

주말이면 내 성에서 친구와 아이들을 맞이하고 주중에는 바깥세상으로 나들이를 하면서 글도 쓰고 음악을 들으며, 바람과 말과 강아지와 오로지 자연과 고요만이 있는 곳, 그런 나의 세상을 만들리라. 그 세상에서의 나의 남은 삶이 하루가 되었든 몇 년이 되었든 나는 나의 햇볕 나라에서 편안하고 행복할 것이다. 그리고 아무도 오지 않는 혼자만의 일요일 아침에 더 없는 고요와 평온함과 침잠 속에 한 마리 새가 앉았다 떠나듯이 그렇게 이 세상을 떠날 것이다.

두번째 집

앞마당에는 요트를 한척 세워 두고 싶다. 물 위는 아니지만 바람이 불면 앉아서 상상으로 여행을 떠날 수 있는 곳, 회전 판 위에 요트를 장착해 두고 태킹과 자이빙을 연습하고, 방향을 바꾸어 가면서 상상의 여행을 떠나는 것이다. 또 말 조각을 두고 싶다. 세종문화회관 전시장에서 보았던 폐타이어로 만든 근육질의 말- 가끔씩 올라타고 벌판을 내 달리고 싶다. 침실은 넓게 3면으로 창을 둥글게 내고 그리고 숨겨진 오디오로 바깥세상에서 들려오는 것 같은 음악을 즐길 것이다. 침실 앞으로는 베란다를 두고 차를 마시는 작은 탁자와 정원을 내려다보는 작은 식탁에 언제나 장미를 한 송이 꽂아두고 둘이서 식사를 할 것이다.

음악실을 만들 것이다. 천장과 4면 벽을 모두 유리로 만들어 낮으로는 햇살이 밤이면 달빛과 별빛이 거침없이 쏟아져 들어오는 유리의 집. 커다란 혼 스피커와 유리로 만든 앰프, 전위예술작품 같은 기기들로 방을 채울 것이다. 각국의 오르골과 크리스털 작품을 주렁주렁 늘어놓고 넓은 방을 어슬렁거리면서 창가에 걸린 풍경과 차임벨을 뚱땅거려 보면서 그 맑은 음향에 한없이 젖어드는 행복을 즐길 것이다.

창 사이의 벽에는 펜싱 검과 옷, 검도 검과 호면을 걸어 두고 아이들이 오면 시합도 할 것이다. 옆으로 딸린 창고에는 승마용구실과, 스키 장비실, 스쿠버와 요트 장비실을 둘 것이다. 작은 실험실이 붙은 서재도 갖고 싶다. 바닥부터 천장까지 닿은 서가에 가득히 책을 꽂아두고 온갖 실험장비와 잡동사니들이 가득 쌓인 그 방에서 상상과 사고 실험으로 하루 밤낮을 유폐된 연구자의 삶을 누려보고 싶다. 종일토록 파인만의 강의록을 펼쳐 놓고 읽고 싶다.

그리고 아이들의 방을 만들 것이다. 일 년 내내 비어 있어도 아이들이 제 취향대로 꾸며두고 어쩌다 와서 흩어놓고 간대도 그저 간단한 청소만 해주는. 그래서 아이들이 집에 오면 언제나 엊그제 자고 간 것 같은 생각이 드는. 항상 아이들이 함께 있는 것 같은 그런 집으로 꾸미고 싶다.

세 번째 집 – 상상적 실험의 공간

유리의 집. 벽도 천장도 모두 유리창으로 만들어진, 아무 것도 없는 텅 빈, 숨만 쉬어도 그 울림이 반향 되어 돌아올 것 같은 적막의 공간. 낮이면 햇살이 깊숙이 파고들어 붉은 카펫 바닥 위에 너울거리는 환영을 만들고 밤이면 달빛의 요정들이 신비의 춤을 추는 빈집.

그러나 이 집은 생각만으로 음악회가 열리는 마술의 집이다. 정지한 시간이 지나 마법의 시각이 되면 어디서부턴가 갑자기 그랜드 피아노가 나오고 마림바와 비브라폰과 각종의 현악기와 북이 등장하여 오케스트라 무대가 펼쳐진다. 그리고 실내가 떠나갈듯 한 음향으로 이 텅 빈 공간을 우리들의 극장과 공연장으로 가득 채워버린다.

때로는 현대 추상화와 모빌들의 전시관으로, 때로는 작은 댄스 경연장으로, 크리스마스 칵테일 파티장으로, 또 바닥에 누워 하늘을 보면 생각만으로 헤밍웨이의 아프리카 해안이 나타나고 드넓은 초원이 펼쳐지는 집. 그 초원에서 사자와 기린과 얼룩말과 하나가 되어 나는 달린다. 나는 또 비행기를 타고 새들 위를 나른다. 높지 않은 언덕과 계곡을 바람을 맞으며 철부지 아이가 되어 나른다.

집 안에는 텐트와 같은 작은 이동식 방을 비치해두고 손님이 오면 원하는 대로 방의 어디로든 옮겨가서 잠을 자는, 나의 모든 손님이 가상 속의 유목민이 되는 집- 이제 내 집이 존재하는 시간도 공간도 없는 이 상상적 실험의 공간에서 죽음과 삶을 아우르는 장난으로 나는 그렇게 한 생을 마치리라. 사랑하는 사람들의 환희의 찬가를 들으며 텐트를 옮기듯 그렇게 떠나가리라. 이 은하의 작은 세상에서.

에필로그

: 이제는 떠남을 위하여

생각해 보면 나보다 더 행복한 사람은 없다. 형편없는 외모에 (나는 아직 나보다 못생긴 사람을 보지 못했다) 바르지 못한 성격과 부족한 능력으로 태어났으면서도 이렇게 죽지 않고 살아남았고, 남들처럼 결혼도 하고 자식을 두고 그리고 별 걱정 없이 살고 있으니 말이다.

그리고 이처럼 자유로운 나만의 공간을 가진 사람이 있을까. 결코 부족하지 않은 내 모든 소유를 포용할 수 있는 나의 성, 생각이 필요하면 언제라도 혼자서 숲을 바라보며 사색할 수 있는 내 연구실, 음악과 유희가 넘치는 혼자만의 공간, 그리고 마음만 먹으면 언제든 내 것이 되는 햇볕과 바람의 온 세상이 나의 것인 이 행성을.

이제 이런 행복을 언제까지고 누릴 수는 없다는 생각이 든다. 모든 것은 시작이 있고 끝이 있다. 이제는 다시 내 윤회의 수레바퀴 속으로 들어가야 할 때. 나의 사랑하는 이들이 허락한다면 나는 이 긴 여정을 혼자서 끝내고 싶다. 내 사랑하는 사람들을 생각하며 그리고 그들의 행복 속에 같이 하도록 내 일생의 한때를 허락했던 그 영혼들에 감사하면서 그들에게서 조용히 잊혀져가고 싶다. 언제까지나 행복한 그들이 되기를 바라면서. 처음부터 몰랐던 외계인이 되어 내 돌아왔던 우주의 그 어느 별 속으로 돌아가고 싶다.

언젠가 지인에게 말한 적이 있다. 나는 가난하게 태어나 이만큼의 소유를 가지게 되었지만 언제라도 내가 속해야 할 세상을 정하라고 한다면 가난한 자의 편에 서게 될 것이라고. 내 모든 것을 버리고라도 그들 가난한 영혼의 무리에 속할 것을 나는 염원하여 왔다. 아내와 아이들이 이해해 준다면 이제 저들을 떠나 나의 세상으로 돌아갈 것이다. 내가 속해야 하는 나의 세상, 나의 종족한테로.

나는 그곳이 어디인지 안다. 일생을 두고 나는 같은 종류의 꿈을 지속적으로 꾸는데 그 중 하나가 가본 적이 없는 어떤 동네로 찾아가는 것이다. 그런데 이상한 것은 그 찾아가는 동네가 처음이지만 전혀 낯설지 않다는 것이다. 마치 내가 거기서 태어나고 자란 것처럼 그저 편안하고 그곳 사람들이 너무 낯익고 편하다는 것이다. 그곳이 지구상의 어디에 있는지 나는 아직 모른다.

그러나 어딘가 있다고 나는 느낀다. 그 곳이 중국 오지의 소수민족이 사는 어느 작은 마을이든, 아프리카의 밀림 속 문명을 등진 사람들의 고향이든, 킬리만자로의 눈 덮인 산봉우리이든, 해변이든, 어디든, 어디라든 나는 갈 것이다. 가난한 영혼들이 모여 사는 곳, 내가 낯설음을 느끼지 않고 자연스럽게 동화될 수 있는, 내 세움도, 부러움도, 다름도 느끼지 않는, 다 같은 바보들의 세상이기만 하면 나는 갈 것이다.

바보들만의 세상. 그곳이 내가 꿈꾸는 유토피아다. 나 같은 바보도, 엉뚱한 사람도, 이상한, 덜떨어진 사람으로 생각하지 않는 그런 세상으로 갈 것이다. 그 곳에서 나는 내 동족과 함께 바람을 맞고 한 가닥 눈에 비치는 햇빛을 감사하며 아무것도 가진 것이 없으면서도 세상 모든 것을 가진 그런 가난한 자들의 삶을 살 것이다. 내 영원한 안식처, 지구상 어느 이름 모를 그곳에서 나는 조용히 잊혀갈 것이다. 이 도회의 영원한 이방인으로 기억되는 내 이름을 바람에 흩날리면서….